스타니슬랍스키 배우교육 Ⅰ

An Actor Prepares

스타니슬랍스키 배우교육 I

STANISLAVSKY

| G. 크리스티 지음 | 박상하 · 윤현숙 옮김 |

도서출판 | 동인

훌륭한 연기교본이 될 책을 기리며

김윤철
한국예술종합학교 연극원 원장

〈스타니슬랍스키 배우교육〉의 출판을 축하하며, 이 책을 번역한 박상하 교수의 노고에 박수를 보낸다.

꽤 오래 전, 그러니까 대학교 1학년이던 1968년에 스타니슬랍스키 시스템의 내용을 일부 학습하면서 그 천재적 통찰과 집요한 탐구정신에 매료되어 나는 그에 관한 영문책을 샅샅이 수집하기 시작해왔다. 석사논문까지 그의 성격창조론을 주제로 했을 만큼, 나는 스타니슬랍스키를 깊이 신봉한다. 특히 그의 자서전 〈나의 예술인생〉은 나에게는 성경 다음으로 귀중한 책이 되었다. 연극에 대한 집념과 애정, 헌신도 감동스러웠거니와 철학, 심리학, 과학, 사회학 등 폭넓은 인문학적, 사회과학적 지식섭렵을 통해 연기훈련의 체계를 과학적으로 수립해나가는 과정이 경탄스러웠다. 천재는 천재만이 알아볼 수 있는지, 그는 동시대 천재연기자들을 관찰 분석하면서, 천재적이지 못한 수많은 배우지망생들이 천재적 연기를 실현할 수 있는 방법을 천착했고, 그 덕분에 오늘날 수많은 위대한 배우들이 그의 시스템으로 양육될 수 있었던 것이다.

국제연극평론가협회의 일을 참여하면서 15년 이상 유럽 각국의 국제연극제와 학교를 순방해보니 스타니슬랍스키 시스템은 아직도 러시아뿐만 아니라 유럽 전체의 연기교육프로그램에서 가장 중요한 부분을 차지하고 있음을 알게 되었다. 아무리 현대연극의 흐름이 아리스토텔레스의 미학에서, 언어중심, 이성중심의 철학에서 이탈하고 있다 하여도 그의 연기훈련시스템은 변화 없이 연기교육의 핵심이 되고 있는 것이다. 한국의 경우 스타니슬랍스키에 대한 지적인 관심은 강했지만 성질 급한 한국연극인들은 머리로 아는 데 그치고 오랜 시간 동안 연마하고 훈련해야 하는 그의 프로그램을 끈기 있게 실현하는 데 그다지 열성이 없었다. 지금 한국의 80여개에 대학에서 연기를 가르칠 때 과연 스타니슬랍스키의 무엇을 어떻게 가르치고 있는지 궁금하지만, 듣기로는 아직도 '수박 겉핥기'에 지나지 않는 모양이다. 짐작하기에 아마도 스타니슬랍스키 시스템을 가르치는 방법지가 부족하거나, 체계적으로 훈련할 만한 교과과정에 대한 이해가 없기 때문이 아닐까 싶다.

박상하 교수가 이번에 옮긴 〈스타니슬랍스키 배우교육〉은 우리의 결여를 채워주는 데 크게 기여할 것으로 믿는다. 스타니슬랍스키의 가르침을 대학 4년 과정의 학년별로 구성하여 무대예술이론, 배우의 테크닉, 희곡 및 역할에 대한 작업 메소드 등 3개의 맥락을 유기적으로 연계하고 있기 때문에 교사와 학생들의 의욕과 끈기만 따른다면 매우 필요하고 훌륭한 연기교본이 될 수 있다고 믿는다. 무엇보다 이 책은 영어번역본을 중역하지 않고 직접 러시아본을 우리말로 옮긴 것이어서 좀 더 충실하게 스타니슬랍스키의 가르침을 체험할 수 있게 해준다. 부디 이 책이 한국대학의 연기교육 프로그램을 진일보시켜 위대한 배우를 양성하는 데 기여하기를 기대한다. 최근 박상하 교수는 스타니슬랍스키의 수제자였던 박탄고프에 대한 저서를 내었고, 러시아현대희곡도 번역하여 소개하는 등 러시아의 풍부한 연극유산을 한국에 접목시키는 데 많은 노력을 경주하고 있다. 그의 노력이 교육계에서, 연극현장에서 유의미한 결실을 맺기 바란다.

창작의 자세로!

1994년 2월, 〈모스크바 예술극장(MXT)〉 건물 옆의 책방.

그 책방은 문학, 연극, 무용, 영화, 음악, 미술 등의 책들이 꽤 많이 진열되어 있는 그런 곳이었다. '찔레쉬까(장바구니용 카트)'를 끌고 눈보라와 맞서 싸우며 겨우 책방에 도착했다. 아직까지 『스타니슬랍스키 전집 8권』 중 5, 6, 7, 8권을 구입하지 못해 최근 며칠 동안 모스크바의 책방들을 눈을 부라리며 기웃거리고 있었다. 방학 중에도 학교에서 자율작업(방학 중에 학생배우들이 단편 작업을 하여 학기 초에 발표를 하는 작업)을 하고 있던 차, 자상한 책방 아저씨의 전화 한 통이 이 눈보라를 뚫고 찔레쉬까를 끌고 오게 만들었다.

드디어 『스타니슬랍스키 전집 8권』을 몽땅 구입한 날이었다. 덤으로, 책장 구석에 꽂혀있는 G. 크리스티의 『스타니슬랍스키 배우교육』도 구입했다. 역자가 이 책을 만난 날이다.

귀국하여 몇 년이 지난 뒤, 이 책을 번역하기 시작했다. 서울과 지방을 돌아다니며 강의를 하면서 남는 자투리 시간에 나의 애마(아토스) 안에서 초안 번역작업에 착수했던 기억이 새록새록 하다. 그렇게 10여년이 지나 마침내 끝

낼 수 있었던 책이어서 나에게는 무척 시원섭섭한 애물단지다.

본 저서 G. 크리스티의 『스타니슬랍스키 배우교육』은 다른 연기서와는 달리 연극학교에서 스타니슬랍스키의 가르침을 학년별로 일목요연하게 서술하고 있는 책이다.

G. 크리스티는 스타니슬랍스키의 학생 중 한명이었고, 후에 명예 문화종사자이자 예술학박사로서 1930년대 〈오페라-드라마 스튜디오〉와 〈스타니슬랍스키 오페라극장〉에서 스타니슬랍스키의 새로운 메소드에 대한 실험적-교육적 작업에 조교-교육자로서 적극 참여하였다. 스타니슬랍스키는 연극교육에 대한 자신의 생각을 크리스티와 나누었으며, 새로운 학교프로그램 계발에 그를 초청하였고, 스튜디오의 배우교육을 그에게 위임하였다. 이후 크리스티―연출가이자 연극교육자―는 스타니슬랍스키의 유산을 전파하는데 헌신하였으며, 그의 업적을 학문적으로 기술하여 출판하였다.*

이 책은 스타니슬랍스키의 연극교육 원칙과 메소드, 역할 및 희곡에 대한 그의 새로운 작업 메소드가 서술되어 있다. 크리스티는 학문적으로 완전히 반영되지 못한 스타니슬랍스키의 창조적-교육적 성과에 바탕을 두고 있다.**

본 저서는 3개의 서로 관련된 부분으로 이루어져 있는데, 즉 무대예술이론, 배우의 테크닉, 희곡 및 역할에 대한 작업 메소드로 구성되어 있다. 각 부분은 스타니슬랍스키의 일관된 가르침이다.

이 책의 목표는 초보배우가 자신의 배우 기술습득을 위해 의식적으로 접근할 수 있도록 도와준다. 또한 직업적으로 숙련되어야 하는 배우에게 필수적인 최소한의 이론적 지식 또한 제시되어 있다. 여기서 말하는 이론은 실기와 긴밀한 관련을 맺고 있으며, 이론은 본질상 실기에 대한 이해이다.***

역자가 이 책을 번역하게 된 이유는 다음과 같다.

---

* 이 책의 서문에서 재인용
** 이 책의 서문에서 재인용
*** 이 책의 서문에서 재인용

1. 국내에는 아직까지 〈스타니슬랍스키의 시스템〉을 소름끼칠 정도로 정확히 소개하지 않고 있다. 물론 스타니슬랍스키의 전집 중 몇 권이 출판되어 있지만, 이것은 영어본의 번역이라는 근본적인 한계를 가지고 있다. 그래서 러시아본과 비교해 볼 때, 현저한 차이를 보이는 것이 사실이다.

2. 이 책은 스타니슬랍스키의 배우교육을 형식적으로 소개하는데 그치지 않고 스타니슬랍스키와 공동 작업을 했던 저자의 직접적인 경험에서 서술되어 있으며, 그래서 저자의 연기학적 관점이 분명하게 제시되어 있다. 따라서 시스템의 연구에 대한 구체적인 자료가 될 것이다.

3. 이 책은 배우를 위해 활용되어지는 실기를 위한 지침서이자 안내서이다. 따라서 배우를 창조하기 위한 교육의 단계를 주 내용으로 하고 있어서 학교나 현장에서 그 유용성은 크다고 할 수 있다.

크리스티의 『스타니슬랍스키 배우교육』은 연극학교에서 1학년, 2학년, 3학년, 4학년의 배우교육 프로그램으로 나누어져 구성되어 있지만, 그 분량이 방대하여 역자는 1학년, 2학년 부분과 3학년, 4학년 부분으로 나누었다. 또한 현실적으로 저학년(1, 2학년), 고학년(3, 4학년)으로 분리하여 출판하는 것이 이상적이라고 판단했기 때문이다.

문학작품이 아니기에 번역상의 문제는 크게 없었지만, 멋진 자극을 지속적으로 제공한 인서에게 고마움을 맘껏 드러내고 싶다. 또한 컴맹인 역자를 위해 기꺼이 시간을 할애한 혜진, 아름, 새별, 은후, 효주, 재성, 준기, 수정, 기연, 은지에게도 고마움을 전한다.

동인의 이성모 대표님께 '감사합니다'라는 말 이상을 찾고 싶은데 어찌하오리까?

'작은 진실이 모여 큰 진실을 만든다'라는 스타니슬랍스키의 명언은 오늘도 역자에게 여전히 유용한 말이다.

2011년 겨울

박상하 · 은현숙

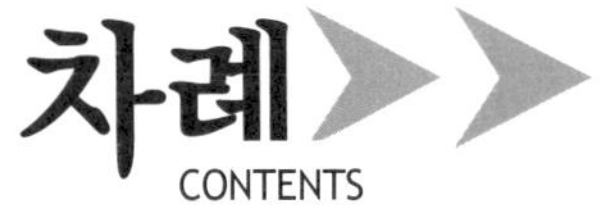

CONTENTS

2학년

서문 序文

각각의 직업은 그 일에 대한 최소한의 지식, 숙련, 능력을 전제로 하며, 그것 없이는 결코 자신이 선택한 분야에서 전문가가 될 수 없다. 예술직업 또한 이러한 의미에서 예외가 아니다. 음악가는 음악이론, 화음, 리듬, 대위법의 원칙과 음악적 기술에 의존하며, 미술학교에서는 이미 레오나르도 다빈치 시대부터 원근법, 명암, 구성, 색의 결합 등이 연구되었고, 그리는 기술 또한 연마되어 왔다.

이처럼 음악, 노래, 회화, 발레를 위한 기본기 습득은 지극히 당연한 일이다. 그러나 배우라는 직업은 수많은 주석들이 발생한다. 재능 있는 배우는 학교교육 없이도 훌륭하게 연기하지만, 무능한 배우는 그 어떤 학교도 도움이 못된다고 말한다. 이것으로부터 결론을 도출해 보면 '배우예술은 배워서 될 문제가 아니라, 타고날 필요가 있다'라고 말할 수 있다.

'배우는 재능이 필요하다'라는 말에는 이견이 있을 수 없다. 그러나 재능 있는 성악가, 가수, 발레무용수, 화가들은 예술의 기술습득을 위해 불굴의 노력으로 수많은 세월을 보내지 않는가? 그렇다면 연극은 그것만의 특별한 본질, 즉 다른 종류의 예술과 구별되는 연극만의 예외적인 위치가 있는가? 이러한 질문에 대해 M. 고리키는 명쾌하게 답변한다.

재능－순종의 말馬. 우리는 그것을 다루는 법을 배울 필요가 있다. 그러나 만일 사방에서 말고삐를 끌어당긴다면, 말은 여윈 말로 변모할 것이다.

주지하다시피 진정한 예술은 재능과 훈련의 결합에서 잉태되고, 훈련은 최고의 전통과 수세대의 경험이 축적된 학교에 의해 만들어진다. 학교는 학생의 천부적 소질을 개발, 연마하고, 필수적인 지식과 숙련을 제공하고, 재능을 조직하고, 그것을 모든 창조적 목표에 유연하게 응답할 수 있도록 만들어야 한다. 선구적인 연극 예술가들이 재능 발전에 있어서 학교의 중요한 역할을 인정하고, 이를 위해 싸우면서 힘닿는 데까지 배우예술의 이론과 기술을 개발한 것은 결코 우연이 아니다. A. N. 오스트롭스키의 견해에 따르면, 자신의 예술 기술에 대한 연구 없이는 예술가는 물론 훌륭한 수공업자도 결코 될 수 없다.

세대를 거쳐 연극교육은 점진적으로 이루어졌지만, 이것은 항상 난해하고 모순적이며 그렇다고 목표가 명확히 있는 것도 아니었다. 예전의 연극학교에서는 유명한 배우의 연기 중에서 외적 방법들을 소중히 수립하였으나, 창조의 내적인 본질을 펼쳐내고 전달하는 데는 무력하였다. 그리고 역할의 수행 시, 이미 형성되어 있는 전통적 방법으로 어떤 역할이 어떻게 연기되는지는 자주 가르쳤지만, 예술자체나 예술의 기술, 역할에 대한 메소드는 가르치지 않았다. 연극교육은 인접 예술(노래, 시, 무용)의 업적에 의지하면서도 아직 자신의 전문적인 기반을 마련하지 못했다. 교수법에서도 많은 무체계성과 주관주의가 난무했다.

그러나 경험론을 극복하고 체계적이고 학문적인 시스템의 틀 속에서 연극교육을 실시하려는 시도가 이루어졌다. 이러한 목적을 위해 무대예술에 대한 수많은 지침이 생겨났고, 거기에는 무대적 표현력에 대한 세밀하게 작업된 정본canon, 正本에 의거하여 무대에서의 행동 원칙을 자세하게 설명하고 있다. 그리하여 사람의 감정과 성격의 표현을 위한 외적인 방법의 완성된 모형도가 배우에게 제시되었다. 이러한 방법들 중 많은 것은 그것의 내적인 본질과 분리된 억양적, 율동적 상투성으로 인해 내적 체험이 결여된 형태로 퇴화되기도 했다. 그리하여 기능공 유형과 같은 특정 종류의 프로페셔널리즘이 생겨났다.

예전의 연극교육에서 가장 가치 있는 것은 연기교육자나 연출가에 의해 권장된 연기의 정본canon으로부터가 아니라, 세대를 거쳐 내려온 전통적인 장인의 기술과 학생들과의 직접적인 교감이었다. 그러나 M.S. 쉐프킨의 조언은 오늘날까지도 그 의미를 상실하지 않고 있는데, 그것은 무대적 사실주의의 원칙들 때문이다. 그렇지만 원칙을 아는 것과 그것을 자신의 창조 속에서 구현할 줄 아는 것은 별개의 것이다. 이를 위해 재능뿐만 아니라, (예전의 연극교육에서는 미처 알지 못했던) 훌륭하게 개발된 배우의 정신공학 및 역할에 대한 작업을 위하여 학문적으로 인정받는 메소드 또한 필요했다.

현대 배우예술의 형성 공로는 당연히 K.S. 스타니슬랍스키에게 돌려져야 한다. 왜냐하면 그에 의해서 연극 역사상 처음으로 총체적인 배우 창조에 대한 무대예술 이론, 메소드, 배우기술 등이 심도 있게 연구되었기 때문이다. 이 연구는 〈스타니슬랍스키 시스템〉이라는 이름으로 세계적인 명성을 획득하였다.

시스템의 목표는 무대의 배우로 하여금 살아 있고 올바른 형상을 통해 역할의 '인간 영혼의 삶'을 구현할 수 있도록 돕는 것이다. 이 목표를 위해 실제적인 방법들이 탐구되었고, 그래서 연극교육학이 형성되었다.

〈스타니슬랍스키 시스템〉은 창조의 표준성과는 관계가 없다. 〈스타니슬랍스키 시스템〉은 형식과 내용의 통일을 요구하지만, 예술적 형식이라는 측면에서 그 어떤 표본을 제시하는 것은 아니다.

수많은 연극 시스템과는 달리 〈스타니슬랍스키 시스템〉은 미학적 표본이 아니라 배우-인간이 유기적 본성의 창조라는 객관적인 법칙을 인식하고 있음을 전제로 하고 있다. 이에 대해 스타니슬랍스키는 다음과 같이 기록한 바 있다.

> 시스템 건설의 법칙은 모든 사람에 대해, 그리고 모든 방향성에 대해 한 가지이다. 이러한 창조적 법칙이 시스템의 주제이기에 우리 모두는 서로 서로 친족 관계이다.

그의 시스템은 연구자, 특히 자연 연구가의 일이다. 그 속에서 창조의 무의식적인 문제, 그리고 의식적인 습득의 문제가 해결되었고, 또한 배우의 인물형상을 위한 유기적인 변신의 여정이 연구되었다.

〈스타니슬랍스키 시스템〉은 배우의 연기에 대한 새로운 개념들을 창출했다. 그것은 생물역학적인 연기법은 심리로, 가장假裝 연기는 내적 체험으로, 꼭두각시 인형은 무대에서 살아 있는 배우로, 작가의 생각의 보고寶庫는 성격의 형성으로, 서술이나 변신은 행동으로 바꿀 것을 제안한 것이다.

수많은 연극 시스템 중에서 많은 개념들이 저자 자신들보다 오래 남지 못했으며, 실험실이라는 경향을 넘지 못하고 결국 시들어갔다. 또 다른 것들은 시간의 시련은 지나왔지만, 그것들 중 그 어떤 것도 20세기 무대 예술의 근본적인 이론이 되지 못했다. 비록 그것에 대해 주장을 한다하더라도 스타니슬랍스키의 천재성에 의해 이루어진 것을 없앨 수는 없을 것이며, 대신할 수는 더 더욱 없을 것이다.

〈스타니슬랍스키 시스템〉이 시들지 않는 이유는 이것이 배우의 창조라는 의미에서 볼 때, 신체적 및 정신적 본성의 객관적 법칙에 의거한다는 데 있다. 그 속에는 수많은 연극세대들의 창조 경험과 사실적인 무대예술의 선구적이며 미학적인 업적들이 종합되어 있다. 그리하여 〈스타니슬랍스키 시스템〉은 진정한 학문성의 자질 또한 부여 받고 있는 것이다.

시스템은 오랫동안 구술로 전해져왔다. 스타니슬랍스키는 자신의 발견이 실제에서 면밀히 검증되기 전까지 서둘러 결과를 출판하지 않았기에, 그와 함께 작업해 보지 못한 배우와 연출가 대부분이 시스템에 대해 소문으로만 알게 되었고, 결국 시스템에 대해 올바르지 못한 이해를 낳았으며, 때로는 심하게 왜곡되기도 하였다.

스타니슬랍스키의 노력은 십여 년의 공백 뒤에 세상으로 나오게 되었는데, 처음에는 많은 오해를 불러일으켰다. 그의 저서, 『자신에 대한 배우의 작업』 첫 권은 많은 사람들로 하여금 시스템은 창조를 위하여 심리에만 배타적으로 관계를 맺고 있으며, 무대적 구현, 예술형식의 표현력에 대한 문제에는 관심을 가지지 않았기에, 배우는 역할을 올바르게 내적 체험만 하면 충분하고, 그 밖의 모든 것들은 저절로 온다는 잘못된 결론으로 이끌었다. 시스템에 대한 이와 같은 오해는 실제로 연극예술의 형식에 대하여 과소평가를 초래하게끔 했다.

40년대 말에 출판된 책, 『자신에 대한 배우의 작업』 두 번째 권은 구현에 관한 것이었는데, 많은 연출가와 교육자들에게 강렬한 인상을 심어주었다. 유명한 미국 잡지 *Tulane Drama, Review*는 1964년 12월에 "5년 전에 이 책이 나왔더라면, 스타니슬랍스키의 목소리는 미국 연극의 모든 방향을 바꾸어 놓았을 것이다"라고 기록하고 있다.

『자신에 대한 배우의 작업』이라는 두 권의 책이 출판된 후, 역할 및 희곡에 대한 작업인 시스템의 두 번째 부분에 해당되는 스타니슬랍스키의 원고는 연극 예술가들에게 이미 회자되고 있었다. 그의 새로운 메소드에 대하여 많은 소문들이 나돌았으며, 이것은 50년대 초 소비에트 및 서구의 출판 지면을 뜨겁게 달구면서 스타니슬랍스키의 유산에 대한 커다란 창조적 논쟁을 불러 일으켰다. 마침내 『스타니슬랍스키의 8권 전집』이 세상에 나오자 시스템의 중요한 업적과 함께 광범위한 연극적 사상을 만날 수 있게 되었고, 자료에 대한 무지로 인해 잉태된 수많은 오해들을 불식시킬 수 있게 되었다.

그래서 스타니슬랍스키의 업적으로 말미암아 배우교육에 대한 교과서를 만들 필요성이 없어진 것처럼 보였다. 스타니슬랍스키에 의해 이러한 과제가 남김없이 그리고 심오하게 해결되었다면 더 이상 배우교육의 원칙과 메소드에 대한 서술을 시작할 필요가 없을 것이다. 그러나 현대 연극교육에 대한 그의 업적이 아무리 대단하다 할지라도 배우 작업의 모든 문제점들을 해결할 수 없기에, 미래 세대들의 역할은 오직 그의 노력의 결실을 사용하는 것뿐이라는 생각은 하지 않아야 한다. 정작 스타니슬랍스키는 항상 예술 속에서 해결책보다는 문제점들을 더 많이 보았다. 따라서 그가 발견한 것은 방법들의 절대성이 아니라, 끊임없는 연구와 발전이라는 과제 하에 무대예술, 이론, 메소드, 배우기술의 완성을 요구했던 것이다. 여기에 스타니슬랍스키의 진정한 가르침이 있는 것이다.

그는 한때 옳은 것이라고 생각했던 것들을 탐색과정에서 재검토하고 거부한 적이 한두 번이 아니었다. 역할 및 희곡에 대한 그의 작업 메소드는 특히 심한 변화를 겪었다. 배우의 창조를 보다 견고한 궤도위에 올려 놓고자 하는 염원으로 스타니슬랍스키는 말년에 근본적으로 새롭고 중요한 발견을 하였는데, 그 발견은 그로 하여금 수많은 예전의 방법들을 재검토하도록 만들었고, 창조에 대한 다른 접근방법을 제시하도록 했다. 그렇지만 그는 새로운 메소드의 주된 원칙에 근거는 부여했지만 그의 연구를 끝까지 완성하지는 못했다.

스타니슬랍스키는 그의 연구를 끝까지 마치지 못한데다가 학생들과 아낌없이 나누었던 내용들 또한 기록하지도 않았다. 이처럼 그의 연극 교육적 유산 중 가치 있는 부분은 아직 연구되지도 못했을 뿐만 아니라, 충분히 기록되지도 못하고 있다. 특히, 그의 시스템의 발전에 대한 이해를 위해 중요한 의미를 가지는 〈오페라-드라마 스튜디오〉에서 스타니슬랍스키의 마지막 연극 교육적 실험은 그 누구에 의해서도 아직 깊이 있게 분석되지도 못하고 있는 실정이다.

스타니슬랍스키 학파의 연극-실기적 업적은 연극-문학적 업적보다 훨씬 광범위하고 풍성하다. 그러나 그는 많은 것에 대해 미처 다 기록하지 못했으며, 기록된 내용 모두가 그를 만족시킨 것도 아니었다. 그는 『자신에 대한 배우의 작업』의 첫 권을 인쇄소에 넘기자마자 곧장 이 책에 대한 정정과 추가 내용의 기록에 착수했을 정도이다.

스타니슬랍스키 사후 30년 동안 연극교육은 배우교육에 대하여 많은 경험을 축적하였다. 무엇을 가지고 시스템을 수정하고 발전시킬 것이며, 무엇을 가지고 교육과제를 단순화 할 것인가? 현대 연극교육은 전문적인 배우양성의 기반으로서 스타니슬랍스키에 의해 개발된 시스템을 활용해왔지만, 실상 연기교수법은 창조기술과 메소드를 완전하게 습득하는 예술가로서 학생들을 교육하는 대신에 요점만을 재빨리 가르치고 마는데, 이것은 연기교육자로서가 아니라 연출가로서의 잔재들이 아직도 강하게 남아있음을 의미한다.

한편 시스템은 오래전부터 주로 배우의 내적 기술로 귀착되어, 외적 표현력의 요소들은 제대로 평가받지 못하고 있다. 결과적으로 형식의 희미함과 생기 없음이 학파의 중요한 본질이라는 믿음을 주어 그 신용을 실추시켰다. 그러나 시스템의 정확한 수행으로 인해 변신, 성격특징묘사 등과 같은 어려운 창조적 문제들을 간단하게 해결하는 경우가 실제로 허다하다.

젊고 재능 있는 배우와 연출에 대한 필요성의 증가는 연극교육의 신속한 성장을 이끌었다. 그리하여 새로운 연극대학, 전문학교, 스튜디오, 극장 부설학교, 심화과정기관 등이 문을 열고, 창작세미나 연기훈련 연구실이 조직되고, 다양한 형태의 정규 및 통신교육이 형성되었다. 그리하여 미래의 무대예술 교육자라는 어려운 직업을 획득하기 위해 많은 배우와 연출가들이 연극교육으로 몰려들었다.

연극교육의 깊이 있는 발전에 필수적으로 병행하는 교과과정이 수반된다면, 연극학교는 자신의 목표를 성공적으로 수행할 수 있을 것이다. 연극교육의 깊이 있는 발전은 교육자의 경험과 재능만이 아니라, 우리의 교육적 상황, 연극이론의 연구 상태, 배우기술, 배우예술 교육 메소드에도 달려있는 것이다.

현재 연극교육은 〈스타니슬랍스키 시스템〉의 발전 단계를 반영해 줄 수 있는, 연극학교의 작업 경험을 개괄할 수 있는, 그리고 교육과정의 조직과 진행에서 올바른 방향설정을 할 수 있도록 해주는 새로운 프로그램과 교과서를 필요로 하고 있다.

그리하여 소비에트 시절, 연기전공 교과서를 만들려는 시도가 몇 차례 있었던 것이 사실이다. 30년대 말 B. 자하바의 편집 하에 Y. 크렌케의 『배우교육의 실기과정』이 나왔고, I. 라포포르트의 방법론적 교과서인 『배우의 작업』이 출판되었다. 이 책들은 박탄고프 학생들의 교육경험이 반영되어 있고, 많은 방법론적 법칙과 실제적인 권장사항이 포함되어 있다. 그러나 스타니슬랍스키의 재능 있는 제자인 박탄고프가 시스템을 어떻게 받아들이고, 가르쳤는지에 대해 서술함에 있어서 저자들은 소비에트 시절 〈스타니슬랍스키 시스템〉의 발전을 특징짓는 것들만 기록하는데 그치고 말았다.

최근 시스템의 발전을 위해 보다 높은 차원에서 연극교육적 측면을 재조명하는 새로운 작업들이 나타났다. V. 토포르코프의『배우의 기술에 대해』, B. 자하바의『배우와 연출을 위한 훈련』, M. 크네벨의『실제적인 분석에 대해』와『언어적 행동』, P. 예르쇼프의『배우예술의 테크닉』, N. 데미도프의『무대에서 사는 예술』, I. 쉬흐마토프의『무대 에튜드』, S. 기피우스의『감정의 체조』등의 저서들이 여기에 해당한다. 열거된 모든 책들이 학문적 측면에서 논쟁의 여지가 없는 것은 아니며, 그 중 몇몇은 동의하기 어려운 이론적 입장과 방법론적 권장사항을 내포하고 있기도 하다.

위의 저서들은 공통적으로 현대연극 스타일을 내적 체험의 예술과 재현의 예술로서의 통합이라고 정의하고 있고, 무엇보다도 덜 연구된 시스템의 측면들을 펼쳐 이론적인 근거를 부여하려고 노력했으며, 또한 스타니슬랍스키의 유산에 의의를 부여하여 거기에 자신의 경험의 일부를 첨부하고 있다. 그러나 이러한 저서 중 몇몇은 학교 교육자 및 현장 예술가들의 관심을 끌었다.

교과서의 필요성에 대해서는 스타니슬랍스키 또한 언급한 바 있다.『자신에 대한 배우의 작업』에서 스타니슬랍스키는 '단지 시스템의 핵심적인 기본만이 전달될 것이다'라고 기록하면서, 많은 연습과제들과 함께 배우예술에 대한 실기 지도서인『일종의 문제집』의 편찬에 즉시 착수하였다. 여기에는 반드시 '초보이자 전혀 경험 없는 학생들과 첫 번째, 두 번째,

세 번째 기간 동안 무엇을 할 필요가 있는지…… 창조적인 감정 및 내적 체험의 발전을 위해 어떠한 음계와 아르페지오가 배우에게 필요한가? 학교와 가정에서 체계적인 연습을 위해 문제집에 명확히 번호를 붙여 열거할 필요가 있다'라고 기록되어 있다.

말년에 스타니슬랍스키는 시스템 교수법에 대한 실제지침을 만드는 과제를 자신의 학교에 있는 조력자들에게 맡겼다. 본 저서『스타니슬랍스키 배우교육』은 본질적으로 그러한 실제지침을 만들고자 한 첫 번째 시도 중 하나이다.

이 책의 저자는 스타니슬랍스키의 학생 중 한 사람이었으며, 명예 문화종사자이자 예술학 박사인 G.V. 크리스티이다. 30년대 크리스티는 〈오페라-드라마 스튜디오〉와 〈스타니슬랍스키 오페라극장〉에서 새로운 메소드에 대한 스타니슬랍스키의 실험적-교육적 작업에서 조교-교육자로서 적극적으로 참여하였다. 스타니슬랍스키는 연극교육에 대한 자신의 생각을 그와 나누었으며 새로운 학교의 프로그램 계발에 그를 초청하였고, 스튜디오 젊은이들의 교육을 그에게 위임하였다. 이후 크리스티-연출가이자 연극교육자-는 스타니슬랍스키 유산의 전파에 헌신하였다. 그래서 스타니슬랍스키의 업적을 학문적으로 출판할 수 있게 된 것은 그의 공로라고 할 수 있다.

이 책에는 스타니슬랍스키의 연극교육의 원칙과 메소드, 역할 및 희곡에 대한 그의 새로운 작업 메소드가 서술되어 있다. 저자는 학문적으로 완전히 반영되지 못한 스타니슬랍스키의 창조적-교육적 성과에 바탕을 두고 있다. 크리스티는 스타니슬랍스키의 모든 활동으로부터 이 성과물을 분리시키지 않으며, 〈예술극장〉 및 그의 스튜디오에서 탐구된 귀중한 모든 것을 조심스럽게 이용하고 있다.

스타니슬랍스키의 생각과 언급 이외에도 독자는 이 책에서 단첸코를 필두로 한 〈예술극장〉의 동료들과 학생들의 생각 또한 발견할 수 있을 것이다. 극작품에 대한 접근 및 배우와의 작업 방법에서의 몇몇 차이점에도 불구하고 〈예술극장〉의 두 설립자(스타니슬랍스키와 네미로비치-단첸코)는 가장 중요한 것, 즉 무대예술의 본질, 목적, 목표에 대한 이해 등에서 일치하고 있다.

그리고 이 저서에는 이미 스타니슬랍스키 사후 연극교육의 발전과 현재 러시아의 연극학교를 대표하는 많은 학생들과 추종자들의 작업 경험이 인용되어 있다. 그러나 저자는 다양한 교육 메소드와 방법들을 통합하여 절충한 것이 아니라, 그것들 중에서 스타니슬랍스키 학파의 현대적 이해를 통해 학파의 입장에 부응하는 것들만 추출하였다. 스타니슬랍스키 학파라는 말은 그 어떤 구체적인 교육성과나 교육 단체가 아니라, 〈스타니슬랍스키 시스템〉 및 〈모스크바 예술극장〉의 훌륭한 전통과 관련된 연극예술에서의 특정 방향을 의미하는 것이다.

또한 크리스티의 책은 연극교육과 무대작업 메소드에 대한 스타니슬랍스키의 복잡하고 기나긴 진화과정을 고려하여 저술되었다. 최근 30년 동안 한때 격론을 불러일으켰던 천재적인 장인의 수많은 '이단적인' 생각들은 광범위하게 인정을 받게 되었고, 이전에는 자명한 것처럼 보였던 다른 생각들이 점차적으로 그 자리를 새로운 발견에게 내주었다. 그리고 시스템 자체의 내부에서도 창조방법과 요소들에 대한 선택이라는 측면에서 재조명이 일어나고 있다.

배우교육의 내용과 메소드도 제자리에 있지는 않았다. 이것들은 시간, 학문, 예술의 성취에 따라 발전하고 변신하여 새로운 형식을 받아들였다. 보수적인 입장에서 낡은 규칙을 재검토하지 못하고, 새로운 사상으로 자신을 풍부하게 만들지 못하는 것은 불가피하게 예술발전의 방해물로 전락할 것이다. 따라서 시스템에 대한 보수적이고 교리적인 접근은 스타니슬랍스키를 연구하는 것과는 거리가 멀다.

본 저서『스타니슬랍스키 배우교육』은 시스템에 대한 스타니슬랍스키의 유명한 저술에 포함된 것의 요약서이자 다시 말하기가 아니다. 이 책은 오래전부터 무르익어 온 과제, 즉 스타니슬랍스키의 발전된 메소드에 의거하여 〈스타니슬랍스키 시스템〉의 첫 번째 부분인『자신에 대한 배우의 작업』과 함께 두 번째 부분인『역할 및 희곡에 대한 배우의 작업』의 도입을 정확하게 실현하려는 첫 번째 시도이다.

『자신에 대한 배우의 작업』에서 행동을 포함한 시스템의 모든 요소들은 스타니슬랍스키에 의해 배우의 내적 및 외적인 무대적 자감으로 간주되었다. 말년에 스타니슬랍스키는 자신의 시스템에 대해 본질적인 수정을 가하는데 역할에 대한 작업에서 그는 자감을 우리의 의지나 인식에 별로 종속되지 않는 심리적 상태로부터 벗어나는 것이 아니라, 논리의 올바른 실행 시에 그에 합당한 감정의 논리로서 반사적으로 불러내어 잠재의식과 더불어 우리의 내면에 영향을 미칠 수 있는 것으로 제안하고 있다.

또한 배우의 창조에 대한 스타니슬랍스키의 새로운 시각 및 새로운 메소드에 따라 〈오페라-드라마 스튜디오〉에서의 그의 마지막 교육적 작업 경험에 의거하여, 크리스티의 책에는 시스템의 요소들이 살아 있는 유기적 행동의 요소로서 전개된다.

이 책의 기본인 창조라는 개념은 시스템의 요소들 자체와 요소들의 위치와 의미에 대한 본질적인 재평가를 하도록 만들고, 그리고 교육과정의 내용과 일관성에 대한 재검토를 시도하고 있다. 첫 번째로 필요한 것은, 예술적 상상의 조건에서 발휘되는 감각기관의 지각知覺 트레이닝인데, 그것은 감각을 통한 지각으로부터 모든 살아 있는 유기적인 행동이 시작되기 때문이다. 무대에서는 이러한 법칙에 대한 작은 위반이라 할지라도 배우를 이탈시키고, 배우의 연기를 외적인 표현의 방법으로만 국한된 것으로 바꾸어버린다.

그리하여 신체적 및 심리적 통합체로서의 행동이라는 스타니슬랍스키의 관점은 과거의 개념인 내적/외적, 육체적/정신적인 요소의 분리를 거부하고, 그래서 그는 배우의 메소드와 테크닉간의 상실된 관계를 복구하도록 도와주었다.

이 책은 3개의 서로 관련된 부분으로 구성되어 있다. 즉, 무대예술이론, 배우 테크닉, 희곡 및 역할에 대한 작업 메소드가 그것이다. 각각의 부분은 스타니슬랍스키의 일관된 가르침의 측면 중 하나이다. 무대예술 이론의 목표는 초보배우가 자신의 작업에 대한 습득을 위해 의식적으로 접근할 수 있도록 도와준다. 본 저서에는 직업적으로 숙련되어야 하는 배우에게 필수적인 최소한의 이론적 지식도 제시되어 있다. 여기서 말하는 이론은 실기와 긴밀한 관련을 맺고 있으며, 이론은 본질상 실기에 대한 이해이다.

만약 이론을 충분히 공부하여 배우의 테크닉과 메소드를 습득할 필요가 있다면, 모든 습득은 일정한 실기적 숙련을 전제로 한다. 이것은 장기간의 체계적인 트레이닝을 통해 달성된다. 배우의 테크닉이 잠재의식, 반사행동의 단계까지 이르지 못했을 때, 몇몇의 현대 연극교육자들의 실기 교육은 크리스티에 의해 비평을 받았다. 저자가 '대부분의 경우 학생들은 시스템의 요소들과 인사를 나눌 뿐이다. 그것 또한 1학년 때에서만'이라고 언급한 것은 그 좋은 예이다. 그러나 연극학교의 목표는 학생들로 하여금 1학년 학업과정에서 자신에 대한 일상적인 작업만을 익히는 것이 아니라, 배우의 삶 전체에서 연기훈련을 해야 할 필요성을 학생들에게 심어주는 것이다.

이 책에서 트레이닝은 배우교육의 모든 단계를 거쳐 엄격하고, 규칙적으로 실행되어야 한다고 서술되어 있다. 트레이닝은 역할에 대한 작업과 병행하여 스스로를 확고히 하고 풍요롭게 한다. 그러나 트레이닝은 배우 테크닉의 기본을 형성하는 처음 두 학년에서 우선적인 관심의 대상이다. 그 다음 트레이닝은 희곡 및 역할에 대한 작업 메소드, 무대적 인물형상의 형성이라는 새로운 교육과제에 자리를 양보하고, 점차로 〈배우의 화장실〉이라 불리는 것으로 넘어간다.

〈배우의 화장실〉이라는 의미는 배우에게 있어서 자신의 발전은 물론 예술적 테크닉의 유지를 위해 필수적인 것으로써 개인적, 집단적 트레이닝의 특정 형식이다. 그리하여 〈배우의 화장실〉은 스타니슬랍스키에 의해 처음으로 연극교육 프로그램에 포함되었다.

또한 본 저서는 배우의 무대적 구현 테크닉이라는 측면에서 스타니슬랍스키 학파를 과소평가함을, 그리고 예술의 외적 표현력이라는 측면에서 스타니슬랍스키 학파를 불충분하게 이해하고 있음을 해소하는데 도움을 준다. 사실 무대적 구현의 문제는 무대예술의 그 어떤 다른 장르보다 〈스타니슬랍스키 시스템〉에서 더 깊이 연구되었다. 그래서 스타니슬랍스키의 실기교육과 말년의 진술에 의거하여, 작가는 『자신에 대한 배우의 작업』 두 번째 권에서 미처 다 말하지 못한 것들을 풀어놓기 위해 노력하고 있다. 이것은 주로 언어적 행동, 성격특징묘사, 템포와 리듬, 배우의 율동성의 완성 등과 같은 무대적 표현력의 요소에 해당하는 것들이다.

본 저서의 〈언어적 상호행동〉 파트에서는 무대화술에 대한 스타니슬랍스키의 마지막 탐구가 매우 상세하게 서술되어 있다. 이 파트에서는 무대화술의 본질에 대하여 정의하고 있고, 언어적 행동과 신체적 행동과의 관계에 대해서 기술하고 있으며, 또한 무대에서의 살아 있는 말의 탄생이 복잡하고도 정신물리학적인 메카니즘으로 밝혀져 있고, 그리고 언어적 행동의 유기적 과정의 습득 메소드가 제시되어 있다.

무대화술을 언어적 상호행동의 예술로서 이해한 저자는 그것을 예술적 낭독과 동일시하는 것, 아울러 연기전공과는 별개로 화술을 가르치는 것에 대해서도 반대하고 있다. 그리하여 그는 배우의 표현력 중 가장 핵심적인 요소인 무대언어의 학습에 있어서 연기교육자들이 상실한 주도성을 다시 그들에게 돌려주어야 할 필요성에 대하여 문제를 제기한다.

이 책의 〈구현의 요소〉 부분에는 새로운 개념들로 가득 차 있다. 예를 들면, 무대적 그룹나누기와 미장센, '매너', 또는 다양한 시대, 민족, 사회적 범주에 따른 사람들의 외적 행동의 문화 등이 바로 그것이다. 스타니슬랍스키는 이런 것들을 배우 트레이닝에 포함시키면서 큰 관심을 표명했지만, 『자신에 대한 배우의 작업』의 부분에서 자세한 설명을 남겨놓지 않았다. 그래서 저자는 책의 다른 부분과 마찬가지로 여기에서도 스타니슬랍스키의 대담, 수업, 리허설 등과 같은 개인적인 기록을 이용하여 서술해 놓고 있다.

또한 이 책은 희곡과의 첫 만남에서부터 시작하여 공연으로 끝마치는데 있어서 스타니슬랍스키의 새로운 메소드에 따라 역할에 대한 작업과정이 연속적으로 서술되어 있다. 이 부분의 기저에는 신체적 및 언어적 행동의 메소드에 대하여, 그러나 스타니슬랍스키가 생각했으나 실현시키지 못한 그의 전집 중 4권에 발표된 책의 계획이 내포되어 있다. 그리하여 크리스티는 이 계획에 이론적인 근거를 부여하여 암호를 풀고자 했으며, 그럼으로써 시스템 발전의 마지막 단계에 대한 설명에서 중요하지만 부족하였던 고리를 일정 정도 보충하려고 노력하고 있다.

새로운 메소드 작업에 대한 기록 부재는 실제로 작업을 매우 단순화시켜 버렸으며, 특히 그 중 가장 핵심적인 과제인 무대적 형상화에 대하여 간편하면서도 단순하게 해결하도록 만들어 버렸다. 많은 교육자들이 학생들을 인물형상으로의 변신단계까지 이끌지 못하고 창조의 초기 단계(희곡의 제시된 상황 속에서 행동의 유기성)에 머물러 있다. 그리하여 자주적인 예술가, 형상의 창조자로서의 배우교육에 대한 생각은 크리스티의 책 전반에 걸쳐 서술되고 있다. 역할에 대한 예술적 구상은 옆에 있는 배우로부터 얻어지는 것이 아니라, 집단 창조의 과정에서 혹은 희곡이라는 재료 속으로 점진적인 심화의 과정에서 유기적으로 잉태되는 것이다. 연극계에 만연한 배우의 '더부살이'(다른 것의 도움으로 살아감)는 강력한 연출가로부터가 아니라, 다른 사람의 상상력을 통해 역할에 만족하는 배우자신의 정신적 빈곤 때문이다.

그리하여 배우를 교육시키는데 있어서 오로지 예술의 테크닉과 메소드로서만 그를 무장시키는 것은 불충분하다. 배우를 인간으로서 교육시켜야 하고, 인격체로 형성될 수 있도록 도와주어야 하고, 선도적인 시민 및 미학적 관점을 지닐 수 있도록 교육시켜야 한다. 그러므로 이 책에서는 전문적인 질문과 함께 스타니슬랍스키가 배우의 초-초목표라고 명명한 창조의 사상적 및 윤리적 측면에 대해서도 커다란 관심을 쏟고 있다. 이러한 바로 초-초목표가 결과적으로 예술의 정신적 가치를 결정하고, 현대 사회의 삶에서 예술을 위한 적극적인 교육의 역할을 결정하는 것이다.

앞서 언급한 것처럼 이 책은 〈스타니슬랍스키 시스템〉에 따라 배우를 교육하는 연극교육자들의 도움으로 저술되었다. 따라서 이 책 속에서는 살아 있는 유기적 창조의 관점에서 가장 합목적적인 배우 자신 및 역할에 대한 배우의 작업 메소드를 찾아볼 수 있을 것이다.

예술과 교육은 다양한 방법을 통해 공통의 목표를 향해 나아갈 수 있다. 여기서 중요한 것은, 어떤 특정 방법이 얼마나 완결한 것인가 그리고 배우로 하여금 최상의 결과를 얻을 수 있도록 얼마나 도와줄 수 있는가 하는 것이다. 각각의 방법 중 어떤 것이 배우의 창조적 본성에 가장 훌륭하게 영향을 미칠 것인가는 교육자가 결정해야만 한다. 이것은 교육자의 경험, 전술戰術, 예술적 직감에 관련된 문제다. 배우를 창조적 과정으로 불러들이기 위해서는 매우 다양하고 예상치 못한 방법을 가지고 매진해야 한다. 교육에 있어서 이러한 원칙성은 결코 현학에 의해 방향이 바뀌어져서도 안 된다. 때때로 교육자의 직접적인 암시나 비유, '보여줌'demonstration 은 배우를 창조의 불꽃으로 지피는 경우가 되기도 한다. 물론 이것은 배우를 표본에 대한 외적인 모방으로 떠밀거나, 적극적인 탐색으로의 책임감을 없애버리지 않는 한도 내에서이다. 그리고 어떤 문제가 창조에 관한 것일 때, 그 어디에서도 '예외 없는 규칙 없다'라는 속담으로 자신을 정당화할 수는 없다. 즉, 예외가 규칙으로 변하는 일만은 없어야 한다. 그렇지 않으면 예술은 수공업으로 쉽사리 바뀔 것이기 때문이다.

과목을 가르치는 교육자는 자신의 경험의 결과로서 자신만의 방법이 완성되었지만, 그것은 오히려 자신의 상투성을 형성하게끔 하기도 한다. 본 저서는 교육자 개인의 가르침의 모든 특성을 반영할 수 없으며, 물론 반영해서도 안 된다는 것은 자명하다고 서술하고 있다. 따라서 교육자의 과제는 학교의 공통원칙 및 그것의 실제적인 메소드를 만드는 것이다. 학교의 요구사항이 교육자에게 명확하게 전달될 때, 교육자는 그 요구사항들과 자신의 개인적 경험을 끊임없이 대조할 수 있으며 합당하게 교정할 수 있다. 그리하여 이 책은 지침서가 아니라 오히려 필요한 경우 교육자로 하여금 어떤 방향으로 향하게 하는 조언자이다.

한편 이 책은 어떤 상황에 대한 일목요연한 도해서로서 일련의 예시와 연습과제를 도입하고 있다. 그래서 우선 메소드의 의미를 이해한 교육자가 학생들과 가깝고 흥미를 끌 수 있는 자신만의 예시와 연습문제를 첨가한다면 그것보다 더 좋은 것은 없을 것이다.

본 저서는 현재의 중등 및 고등 연극의 교육적 실제일 뿐만 아니라, 배우의 양성을 위해 〈스타니슬랍스키 시스템〉을 반영해야 할 사명을 띠고 있다. 이러한 이상理想은 현실적으로 달성하기는 쉽지 않겠지만, 그것에 대한 염원 하나만으로도 교육과정을 상당히 개선시킬 수 있으며, 연극교육에 대한 새로운 가능성과 전망을 열 수 있을 것이다. 그래서 저자는 교육교과명에 대한 설명을 교육과정에 최대한 포함시켜 서술하고 있는 것이다. 이 과제는 책의 구성상 많은 부분에 걸쳐 기술되어 있으며, 교육내용은 학년에 따라, 혹은 스타니슬랍스키가 제안한 연극학교에서의 배우교육 프로그램에 의거한 연속성에 따라 서술되어 있다. 그것은 주목표, 수업 내용, 그리고 각 학년마다 공개 발표에 대한 내용으로 구성되어 있다.

그러나 이 책에서 교육 교과명에 대한 설명과 교수법의 과정이 전적으로 일치한다고 생각하면 잘못일 수도 있다. 왜냐하면 실제 교육에서는 많은 문제들이 병행하여 해결되지만, 책은 일정한 연속성 속에서만 그것을 펼쳐 보일 수 있기 때문이다. 그래서 책은 반복과 이전에 실행했던 내용으로 복귀가 허용되지 않지만 실제교육에서는 이것이 가능하다. 그러므로 여기에서 학년에 따른 학습내용의 분배는 어느 정도 조건적이다. 예를 들면, 화술은 연극학교에서 교육과정 처음부터 습득되지만, 학생들이 처음으로 작가의 텍스트와 긴밀하게 접촉하게 되는 2학년 때 화술에 대해 언급하는 것이 더욱 유익하다. 또한 역할에 대한 작업 방법은 부분적으로 이미 1학년 때, 특히 2학년 때 나타나지만, 그것에 대해 전적으로 설명하는 것은 3학년 때인 희곡 및 역할에 대한 작업과정에서 언급하는 것이 더욱 바람직하다. 그리고 배우의 트레이닝은 배우 교육기간 전체에 걸쳐 실행되지만, 설명은 2학년 프로그램에서 이루어지는 것이 좋다.

이와 같이 특별하고 세밀한 교육 교과명을 가진 책을 만드는 것은 배우의 예술과 마찬가지로 새롭고도 어려운 일이다. 그래서 〈스타니슬랍스키 시스템〉일지라도 연극교육에 대한 모든 문제점들이 명확하게 밝혀진 것은 아니다. 오히려 그 중 몇몇은 제기만 했을 뿐 실제적인 해결책과 실험적인 검증이 필요하다. 따라서 본 저서는 결코 현대 연극교육의 문제점들에 대하여 완전하게 해결을 요구하지 않는다. 이 책에는 아직 분명하게 말하지 못한 것들이 많이 남아있는데, 그것은 교육적 원칙이 형성되어 있는 파트도 있지만, 그것의 실현 메소드는 충분히, 그리고 구체적으로 연구되지 못했기 때문이다. 그래서 연극교육의 하얀 부분을 채우기 위해서는 실천가와 이론가의 공동의 노력이 아직도 더 필요하다.

끝으로 본 저서『스타니슬랍스키 배우교육』은 〈모스크바 예술극장 부속 단첸코 학교-스튜디오〉의 연기전공자들의 적극적인 참여로 수년에 걸쳐 완성되었음을 밝힌다. 본 저서 중 〈1학년 연기 교과과정〉은 연극교육 전숲 러시아연극교육위원회에 의해 저작권이 승인되어 1962년 러시아 문화부에서 출판되었다. 저자와 편집자는 원고의 논의와 검열에 참여한 모든 사람 및 기관에 깊은 감사를 표명한다.

В.Л. 프로코피예프

연극학교 입학허가 조건

연극학교의 성공은 어떤 학생을 뽑느냐에 따라 달려 있다. 훌륭한 교육자를 소유하고, 가장 완벽한 교육 메소드를 가지고 있지만, 학생모집이 성공적이지 못했다면 결과는 평범한 것으로 되고 만다. 연극학교는 배우의 능력을 개발하고 보다 완전한 형태로 발전시켜 주지만, 배우의 능력을 만들지는 않는다. 무대적 가능성의 결여는 학교에서 획득한 지식으로도, 경험으로도 결코 대체될 수 없다. 재능 없는 배우에게 배우예술을 가르치는 것, 이것은 질 낮은 씨를 밭에 뿌리는 것과 마찬가지다. 이 경우 최상의 농기계라고 할지라도 풍성한 수확을 보장할 수 없다.

능력 있는 사람은 모든 일에서 필요하다. 다른 직업들도 다양한 재능의 품질을 전제로 한다. 저명한 러시아 생태학자 I.P. 파블로프는 고등 신경활동의 성격에 따라 사람을 세 가지 유형, 사색적, 예술적, 혼합적 유형으로 분류하였다. 그러나 이들 사이에 예리한 경계선은 없다.

예술적 유형의 사람들 중에서 재능의 특성에 따라 잠재적인 음악가, 화가, 작가, 배우 등으로 구별할 수는 있다. 연극학교의 가장 중요한 과제는 예술에 자신을 바치고자 하는 수많은 젊은이들 중에서 배우라는 직업에 가장 잘 맞는 사람을 선별하여 그들의 무대적 재능을 추측하는 것이다.

현대과학은 아직까지 사람의 재능을 정의내리고 보여줄 만한 간단하고 신뢰할 만한 방법들을 제시해 주지 못하고 있다. 그러므로 연극학교의 입학생 선발 시, 비교선택의 방법을 사용할 수밖에 없으며 교육자의 경험과 직감에 의존하게 된다. 그렇기 때문에 입학생에 대한 자질을 평가할 때 실수가 적지 않게 발생된다. 연극사 시험에 불합격한 사람이 후에 저명한 배우가 된 경우가 적지 않기 때문이다. 이러한 실수는 명확하고 객관적인 선발 기준의 부재거나 입학시험 때의 불편한 상황 때문이다.

> 시험이라는 공식적인 상황에서 재능은 흐릿해져서 자신을 드러내지 못하게 된다…… 재능은 깊숙이 숨겨져 있기에 그것을 불러낼 줄 알아야 한다. 반대로, 평범함과 재능 없음이 용감하고 뻔뻔한 경우도 있다. 입학시험의 진지한 상황도 그들을 놀라게 만들지 못한다. 그러나 이러한 평범함과 재능 없음이 입학시험에서 진정한 재능보다 성공을 거두는 경우도 있다. (스타니슬랍스키 전집 8권 중 3권, 404쪽)

스타니슬랍스키는 세밀하게 고안되고 훌륭하게 조직된 시스템이 부재할 때, 수험생에 대한 성급하고 생각이 깊지 못한 판단에 대해 경계한다. 그래서 입학생의 재능이 정상적이고 자연스럽게 발휘될 수 있도록 도울 수 있는 편안한 상황을 만드는 것이 무엇보다도 중요하다. 입학시험의 조직은 반드시 이 목표에 따라야 한다.

시험 이전에라도 연극학교 입학 희망자와의 사전 면담과 자문이 오랫동안 진행될 수 있다. 교육자는 젊은이들과 만나서 평가 자료에 근거하여 경쟁시험에 참여해야 하는 목적에 대하여 조언할 수 있다. 이때 명백하게 신체적 자질이 되어 있지 않는 사람과 자신의 결정 없이 그냥 오게 된 사람들을 우선 걸러내는 작업이 이루어진다.

입학생들이 문학 작품을 선택할 때 자문하고 도와주는 것은 입학시험에서 허용되는 일이다. 학생들에게 그들의 재능을 전 방위적으로 드러내고 평가할 수 있도록 도와주는 다양한 문학 장르-우화, 시, 산문 등-의 작품이 권유된다. 시험을 위해 선택된 작품이 그들의 창조적 가능성에 부응하지 않는 경우도 있다. 그럴 경우 실수를 바로 잡아야 하고, 부족한 자료를 권유해 주어야 한다.

입학시험은 3단계로 진행된다. 1단계에서는 무엇보다도 쉽게 평가할 수 있는 낭독을 함으로써 그들에게 드러나는 외모, 체형, 목소리, 발성, 무대적 매력, 작품선택 취향, 작품에 대한 이해력 등에 주 관심을 기울인다. 이때 간혹 경험 많은 교육자의 도움으로 만들어진 눈에 띄게 완성된 연기의 형태가 재능의 풍부함으로 받아들여지거나, 반대로 전문적으로 아무런 도움을 받지 못한 것은 재능의 결여라고 인식됨을 경계해야 한다. 따라서 보인 결과뿐만 아니라 수험생의 잠재적 가능성 또한 반드시 고려해야 한다.

첫 번째 시험을 마친 사람은 2단계로 넘어가게 된다. 화술과 무대동작 전문가가 참여한 시험위원회는 보다 높은 평가기준을 적용하여 수험생들을 검증한다. 우화, 산문, 시의 낭독 이외에 수험생들에게는 즉흥적으로 아주 간단한 연습과제를 실행해 볼 수 있다. 예를 들어보자.

① 문을 열고 방으로 들어오기
② 방안에 있는 사람들에게 소식을 전하기 위해 들어오기
③ 눈치 채지 못하게 동료 불러내기
④ 시험위원회의 회장으로서 등장하기
⑤ 창가에 있는 상상의 땅벌을 잡기 위해 창문으로 다가가기
⑥ 방안에 있는 사람들의 관심을 거리에서 일어난 일로 돌리기

⑦ 누구에게 조건적인 신호 보내기

⑧ 얼굴표정과 제스처로써 멀리 떨어져 있는 사람에게 상황 설명하기

⑨ 비나 누군가의 추격을 피하기 위해, 누군가를 잡기 위해 군중이나 자
동차 물결을 헤치며 상상의 거리를 건너기

이러한 연습과제들의 목표는 살아 있는 유기적 행동을 보기 위함인 동시에 수험생들의 가능성을 보고, 유연한 상상력, 반응의 신속성과 직접성, 제시된 상황에서 방향설정 등을 검증해 보기 위해서이다.

2단계에서 선발된 자들은 교육자들로 하여금 더욱더 꼼꼼한 점검을 받게 된다. 그들은 목소리와 발음, 율동성, 리듬성, 음악성 그리고 전반적인 교양을 점검한다. 그 다음 수험생들은 신체검사를 받게 된다. 전반적인 건강상태, 체격의 결함, 시각, 청각 등이 판명된다.

역할 속에서 파트너와의 상호행동을 통해 수험생을 보지 못한다면 배우의 가능성에 대한 올바른 의견을 수립하는 것은 어려울 것이다. 그러므로 3단계에서는 수험생 자신이 고른 장면연극 속에서 그들을 보는 것이 바람직하다. 교육자는 그들에게 조언을 해주거나 장면에 대한 최초의 인상에 덧붙여 그 밖의 것을 더해 주게 될 수업을 진행할 수도 있다. 공개시험의 진지한 환경 속에서 학생들의 유기적 행동은 초조와 흥분에 의해 또는 반대로 경직성과 수줍음에 의해 깨어지는 경우가 적지 않다. 따라서 수업은 내밀함과 친밀한 분위기로서 쓸데없는 초조를 극복하고 보다 평범하고 자연스러운 상태에서 자신을 보여줄 수 있도록 도와주어야 한다. 이러할 때 수험생의 전문적 자질을 보다 명확하게 평가할 수 있도록 해 준다.

이에 한걸음 더 나아가 스타니슬랍스키는 수험생들이 무대에서 분장과 의상을 갖춘 상태로 장면연극을 보여줄 것을 요구하였다.

많은 경우 이렇게 함으로써만 무대성, 매력, 힘, 전염성, 공개적인 창조
에 필수적인 기타 자질과 특성, 반대로 이것의 결여나 결함 등이 나타나
기 때문이다. (3권, 405쪽)

그러나 유감스럽게도 이러한 요구는 현실적으로 실현하기가 어려워서
스타니슬랍스키 자신도 간혹 자신의 주장을 거두어 들여야만 했다.

시험에 대한 최종 결정을 내리기 전에 시험위원회는 수험생들을 점검
했고 그들과의 수업 및 면담을 진행했던 전문가들의 결론을 경청한다. 이
때 재능의 수준뿐만 아니라, 재능의 성격 또한 관심의 대상이 된다. 경험
에 의하면, 사람의 행동을 모방하고 표현하는데 자질 있는 사람이 훌륭한
배우가 되는 것은 아니다. 그런 사람은 모방가, 풍자가, 즉 다른 사람의
외적인 특성을 포착하고 그것을 날카롭게 재현하는 능력은 소유하고 있
지만, 이것이 항상 살아 있는 유기적 창조에 대한 재능을 증명해 주는 것
은 아니기 때문이다.

개성의 다양성을 고려하여 수험생을 선택하는 것 또한 중요하다. 이것
은 교과과정을 편성하는데 있어서도 유익할 수 있기 때문이다. 예를 들어
입학생들이 평범하거나 전형적인 학생들 일색으로만 형성되어 있다면,
교과과정은 아주 빈약할 것이고 조화를 이루기 힘들어 그 속에서 결코 현
대적인 배우를 교육시킬 수 없을 것이다.

학교에 입학한 사람은 1년간, 예외적인 경우는 2년간의 수습기간을 거
치는 경우도 있다. 이 기간 동안 학생의 전문적인 자질과 유용성 및 사회
적, 윤리-도덕적 자세나 태도에 대한 최종 견해가 형성된다.

연극적 경험에 따르면, 이 두 가지 조건-전문적 자질과 윤리-도덕적
태도-모두 집단적인 무대적 창조를 위해 동일하게 필수적이다. 무엇보
다도 학생의 인간적인 자질, 즉 목표 지향성, 예술에 대한 사랑, 책임감,

교육자와 동료에 대한 태도, 근면성, 확고함 등이 배우의 재능을 위한 발전을 결정짓는다. 바로 이러한 자질들이 예술가로서의 모든 어려움, 배우라는 직업의 단편적인 유혹을 극복하고 예술적 장인성을 달성할 수 있도록 도와주기 때문이다.

개인적인 출세에 대한 관심만으로 예술을 대하는 충동적이고 자질이 부족한 사람이 많다. 그리하여 스타니슬랍스키의 배우에 대한 윤리적 요구는 현재도 받아 들여져야 할 것이다. 따라서 연극학교는 원칙성이 발휘되어야 하고 그 어떤 타협도 허용되지 않아야 할 곳이다.

위에서 진술한 요구사항과 검증 시스템이 지나친 것으로 보일 수도 있다. 그러나 연극학교에서 입학생을 선발하고자 할 때 그러한 까다로움, 시간, 노력, 관심의 엄청난 소비는 추후 전적으로 보상받게 된다. 이것은 우리에게 온 젊은이들의 미래에 대한, 그리고 러시아 연극의 미래에 대한 커다란 책임감을 불러일으키기 때문이다.

이제 주의할 점은 교과과정 편성 시, 성급함과 부주의함으로 인해 추후 교육자들에게 무거운 짐이 될 것을 경계해야 한다.

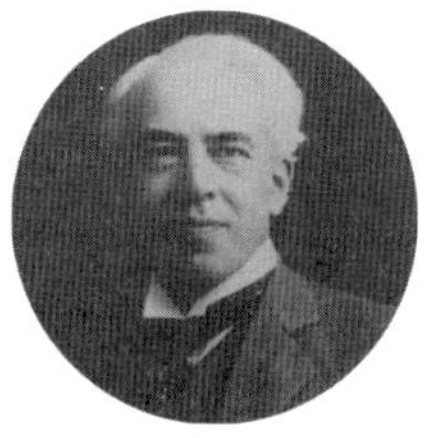

1학년

수업 내용

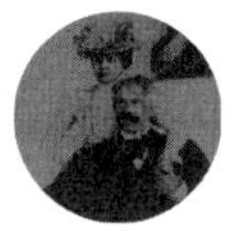

　1학년의 배우예술 기초에 대한 교육과제와 교수법은 견해가 다양하다. 대부분의 연극학교에서 1학년의 중요한 프로그램은 에튜드즉흥연습극, 즉흥상황극; 역주 작업을 토대로 하고 있다. 그것은 학생들이 자신의 일상생활을 소재로 에피소드나 작은 극적 장면을 만드는 것이다.

　그러나 어떤 연기교육자들은 배우를 양성하는데 있어서 에튜드 작업이 적합하지 않다는 견해를 피력하고 있다. 왜냐하면 배우를 양성하는 교육의 소재는 단지 양질의 극문학 소재만 가능하다고 생각하기 때문이다. 그렇기에 그들은 에튜드 작업보다 현대나 고전 희곡에서 장면을 발췌하는 것이 좋다는 견해이다.

　그러나 연극학교에서 교육과정의 첫 걸음을 에튜드에 중점을 두는 이유는 학생의 창조적 개성을 가능한 빨리 발견해내기 위함이다. 물론 학생의 창조적 개성을 발견해 내는 것은 연극교육의 중심과제 중 하나이다. 그러나 이것은 1학년에서 해결될 수 있는 것이 아니라 학교 교육과정의 전 기간에 걸쳐 또는 극장에서 작업하면서 해결되는 것이다. 이 과제를 성공적으로 해결하기 위해서 우선적으로 학생들은 미숙한 연기에서 벗어나 유기적 창조의 길로 확고히 들어서야 하는 노력이 필요하다. 이 경우 연기교육자는 학생들에게서 양질의 성과를 내기 위해 새로운 품종을 재배하는 원예가처럼 접목하고 가꾸어야 한다. 그러나 새로운 성과를 얻어내기 위해서는 일정한 시간이 필요하며, 또한 하나의 품종에서 다른 품종을 재배하는 전환기에는 풍작을 기대할 수 없음도 지극히 당연한 일이다.

이러한 전환기는 예술가를 위한 교육과정 중에도 존재하는데, 즉 예술에 대한 이전의 소박한 생각을 지각하고, 낡은 것으로부터 탈피하려고 하지만 아직까지 전문기술에 대한 기초 습득에 익숙하지 못하기 때문에 새로운 창조에 대한 입장을 확고히 하지 못하는 것이다. 전환기에 학생들은 새로운 자질에 대하여 노력하였으나 일시적으로 자신에 대한 확신을 잃어버려 결국 쇠퇴하는 경우도 있다. 젊은 배우를 교육함에 있어 창조의 결과를 섣불리 재촉하는 것 이상으로 위험한 일은 없다. 초보배우를 이렇게 잘못된 길로 밀어내는 것은 유기적 창조의 기초 습득 과정을 어렵게 하고, 예술적 재능을 발견하는데 방해가 된다. 이것은 음악가를 악보에 의해서가 아니라 청각으로 가르치는 것과 같은 것이다.

물론 배우교육은 에튜드가 아닌 장면연극으로 시작할 수도 있을 것이다. 스타니슬랍스키는 1학년 때 연극학교에서 희곡에 중점을 두고 작업할 수도 있지만, 그것은 1학년에서 역할에 대한 작업을 가르치고 곧바로 공연으로 이어지는 것이 아니라, 실제적인 기본교육을 통해 학생들이 전문가로서의 무능함도 깨달아야 할 필요가 있다고 하였다. 이것은 곧 배우예술의 기술적 습득에 대한 보다 깊은 의욕을 불러일으키기 위함이다.

또한 연기교육자들이 장면연극으로 시작한다는 것은 〈자신에 대한 배우의 작업〉을 가르치는 대신에 곧바로 〈역할에 대한 배우의 작업〉으로 들어가기 때문에 교육과정의 연관성이 깨지고, 배우기술을 익히는 기본 과제는 뒤로 물러나 2차적인 계획이 되어버리는 것이다.

만약 스타니슬랍스키 배우교육 프로그램을 따른다면 1학년의 주된 과제는 배우자신에 대한 훈련인데 이것은 배우기술의 기초를 습득하는 것이다. 이 과제는 에튜드나 장면연극에서도 반드시 이루어져야 하는 것이다. 에튜드와 장면연극은 그것 자체가 필요한 것이 아니라 배우기술을 습득하는 단계로써 〈자신에 대한 배우의 작업〉과 〈역할에 대한 배우의 작업〉 사이의 중간에 위치하는 연결 고리로써 필요한 것이다.

배우기술은 배우의 심리적, 신체적 발달과 완성을 지향하고 있다. 이것은 오감, 감각의 기억과 형상의 창조, 상상력, 제시된 상황, 행동과 사고, 감정의 논리와 일관성, 대상과의 신체적 및 언어적 상호행동, 그리고 표현의 풍부한 동작, 목소리, 언어, 성격, 리듬 감각, 미장센 등 그 밖의 자신의 모든 신체적 행동을 위한 구성요소를 포함하고 있다. 이 모든 요소를 습득한다는 것은 희곡의 허구적인 상황 속에서 진실하고 자연스러운 행동을 능숙하게 표현할 수 있도록 배우를 이끌어 감을 의미하고, 또한 '인간 정신의 생활'을 예술적이며 표현력이 풍부한 형태로 실현시킴을 의미한다. 이를 위해서 중요한 것은 배우의 표현에 있어서 진정성과 자연스러운 행동을 명확하게 하는데 도움이 되도록 정확한 진실의 감각을 습득하는 것이다.

배우기술은 배우를 스스로 자연스럽게, 무의식적으로 창조 과정 속으로 끌어당기는 완성된 단계까지 도달시켜야 한다. 배우가 무대에서 행동하는 순간에는 주의 집중, 상호행동, 논리와 일관성, 진실의 감각이나 근육 이완, 호흡, 목소리, 발음, 몸동작 등을 생각해서는 안 된다. 위의 조건을 갖춘 채 창조의 주된 목적, 즉 행동을 통하여 이끌어 내는 목표에만 집중하면 되는 것이다.

〈자신에 대한 배우의 작업〉 토대의 밑바닥에는 배우기술을 의식적으로 습득하여 잠재의식적으로 사용한다는 원칙이 깔려 있다. 스타니슬랍스키가 제자들에게 시스템이란 머릿속에 있는 것이 아니라 당신들의 근육의 기억 속에 있어야만 한다고 말한 것은 바로 이러한 의미이다.

유감스럽게도 우리의 연기교육실습은 반사적으로 잠재의식 속에서 활동하는 수준까지 아직 도달하지 못했다. 대부분의 경우 학생들에게 시스템의 요소를 소개할 뿐이며 그것도 다만 1학년에서이다. 그러나 배우기술은 학교의 교과과정의 모든 수업에서 요구된다. 뿐만 아니라 음악가, 성악가, 무용가, 서커스 배우 등과 마찬가지로 진정한 전문가가 되는 것은 자신의 일인 것이다. 그렇기에 배우의 일생을 걸쳐 자신에 대한 작업이 필요하며, 이것을 학생들에게 심어 주어야 한다.

때로는 에튜드 작업 과정이 학생들에게 무미건조한 작업이 되고 학생들은 힘들어 한다. 많은 연기교육자들은 이것을 두려워하고 가능한 빨리 장면연극, 공연 등 좀 더 흥미로운 연습으로 옮겨 가려고 서두른다. 그러나 이러한 서두름은 배우기술로 반드시 습득해야 하는 무대적 방법론을 형식적이고 표면적인 것으로 만들어 버린다. 배우교육의 이러한 결함을 차후에 보완하기는 이미 어려운 것이며 그리하여 배우는 일생 동안 반½ 전문가로 머물게 될 것이다.

연극학교에서 연기훈련을 과소평가하는 원인은 도대체 무엇일까? 많은 노력과 끈기와 인내를 필요로 하면서도 빠르고 효과적인 결과를 얻을 수 없는 것은 사실이다. 그러나 무엇보다 중요한 것은 의욕적이지 않은 교육자들을 투입해서는 안 된다는 것이다.

〈스타니슬랍스키 시스템〉의 개념과 교육 방법론은 반세기 훨씬 전의 역사적 상황과 당시의 학문적 상황 그리고 연극 문화의 영향을 바탕으로 형성된 것이다. 스타니슬랍스키는 낡은 연극의 거짓 감격, 뽐내는 것, 무대적 나쁜 습관이나 '인척 하는 것' 같은 쇠퇴된 양식으로부터 벗어나 무대에서의 자연스럽고 생생한 배우의 행동으로 대치하고자 했다. 그는 배우의 거짓 감정 상태와는 반대로 인간의 본성이라는 법칙을 토대로 정상적인 무대의 감정 상태를 주장한 것이다.

스타니슬랍스키는 이 과제를 해결하기 위하여 동시대의 심리학에 도움을 구했다. 그리하여 그의 초기 시스템에는 배우의 창조적 체험 단계로 감정상태 요소의 긴 리스트가 있었다. 이 요소를 일정한 순서에 따라 습득하는 것은 그 당시 시스템의 중요한 내용으로 구성되어 있다.

그러나 이러한 심리적 접근 방법은 보다 완성된 무대적 창조 방법론에 의해 물러나게 되었다. 그는 경험을 통해 행동을 위한 과정 없이 올바른 창조적 감정 상태를 만들어 낸다는 것은 어려운 일임을 알게 되었다. 왜냐하면 감정 상태를 가지고는 어떤 법칙을 만들 수 없고, 그것은 마치 행운의 우연성처럼 찾아오는 것이기 때문이다. 따라서 배우는 이 단계에 도달해야 하지만, 창조 과정의 시작은 정작 여기서 부터가 아니다. 〈스타니슬랍스키 시스템〉에 있어서 무대적 감정 상태가 이처럼 의미를 잃은 이상, 창조에 대한 새로운 접근 방법에 의한 시스템 요소의 교수법도 변화가 있었다. 오늘날 연극학교에서는 무대적 감정 상태를 특별한 학습으로 간주하여, 시스템의 요소를 습득하는 하나의 과정으로 따로 분리하지는 않는다. 왜냐하면 개개의 요소에 대한 학습을 시스템의 독립된 부분으로 분리시키고, 나중에 그 부분을 하나의 유기적 전체로 융합한다는 것은 매우 어려운 일이기 때문이다.

공개 발표에서 학생들은 가끔 시스템의 각 요소에서 교묘하게 훈련된 연습과제를 선보이는 경우가 있다. 그들은 근육을 이완하거나 긴장시키고, 주어진 대상에 주의를 집중하거나, 상상의 사물 다루기 연습과제도 잘 수행해낸다. 그러나 추상적인 것에 대하여 상상을 펼치는 것은 할 수 있지만 정작 구체적인 행동의 순간에 이 요소들을 복합적으로 이용하는 능력이 없다. 그렇기 때문에 창조 과정에서 배우의 유기적 본성을 이끌어낸다는 시스템의 중요한 목적은 달성할 수 없는 것이며, 이때 시스템은 실제로 빈번히 형식적인 교육으로 변형된다.

시스템의 교수법을 향상시키기 위해서는 시스템이 겪었던 진화의 과정을 확실하게 인지해야할 필요가 있다. 익히 알고 있듯이 스타니슬랍스키는 1930년대에 무대 작업에 관한 방법의 원칙적인 변화와 더불어 자신의 교육적 관점을 여러 번 재검토 하였다. 그리고 난 후 그는 무대적 창조에 있어서 심리, 감상으로 접근해가는 것이 아니라 반사적으로 감정의 논리를 불러일으킬 수 있는 신체적 행동의 논리로 접근해야 한다고 제안했다. 이것은 인간의 정신적, 육체적 본성의 유기적 통일이라는 법칙을 근거로 제안한 것이다.

스타니슬랍스키는 무대적 행동에서 분리하여 무대적 감정 상태를 학습하는 것은 거부하였지만, 유기적 창조과정을 만들어내는 도움으로 그가 연구한 행동을 위한 요소들의 사용은 긍정적으로 받아들였다. 그러나 많은 점에서 행동을 위한 요소 자체에 대한 이해와 습득 방법론은 변화하였다. 그에게 있어서 이러한 행동을 위한 요소들은 생생한 유기적 행동의 구성 부분이 되었다. 행동을 위한 요소들을 몇 가지 살펴보자.

  주의의 요소는 이제 단지 산만함에 대한 대조, 혹은 주어진 대상에 집중하는 능력이 아니라, 먼저 적극적인 인식의 과정으로서 지각(시각, 청각, 촉각 등)의 도움으로 행해지는 유기적 행동의 필수 조건인 것이다.

  현재 우리는 **교류**가 배우 본성으로부터 출발하여 신체적, 정신적으로 파트너와의 적극적인 상호행동이라고 이해하고 있다. 그래서 무대적 교류는 순수한 심리적 교환과정(정신적 전류의 교환)이 아님을 알게 된 것이다.

  상상력의 요소에 대하여 말할 때, 지금 우리는 형상에 대해 상상해 내는 능력, 즉 자신의 상상 속에 새로운 형태 그리고 실제와의 연결을 만들어내는 능력뿐만 아니라, 자신의 상상을 무대에서의 삶과 주변 환경에 적용하여 필요한 방면에 변화를 주는 능력으로 이해한다. 무대예술에 있어서 필요한 것은 상상이지 추상이 아니다. 그것은 무대에서 실제적인 감각으로부터 출발하는 실재하는 상상인 것이다.

  마찬가지로 **진실의 감각**과 **믿음**을 행동의 논리와 일관성에서 분리하여 독립적 요소로 보아서는 안 된다. 논리와 일관성은 이 요소들을 습득하는 데 있어 가장 희망적인 길이다.

  스타니슬랍스키는 연기교육 말년에 『자신에 대한 배우의 작업』에서 시스템의 몇몇의 요소는 약간의 다른 의미를 가지게 됨을 발견하였다. 즉, 스타니슬랍스키는 감정적인 기억에 직접적으로 주의를 기울이는 것을 거부하였고, 행동의 논리와 상상력을 통하여 접근하는 간접적인 길을 보여주었다. 또한 희곡을 단락과 목표로 나누는 대신 희곡의 행동적 분석이라는 보다 뛰어난 방법을 개발하였다.

  배우의 트레이닝은 스포츠 트레이닝처럼 기술적인 과제의 해결에 머물 수만은 없다. 그것은 반드시 창조의 요소를 포함하고 있어야 한다. 그래서 우리는 감각기관의 발달을 위한 훈련을 하고, 상상력, 교류의 다양한 단계를 학습하고, 그 밖의 여러 가지를 훈련한다. 이렇듯 우리는 복잡한 정도의 크고 작은 차이는 있을지언정 완전한 유기적 행동에 접근하지 않으면 안 되는 것이다. 배우기술의 요소가 본질적으로는 무대적 행동의 요소이며, 또한 각각의 모든 연습과제 훈련은 기술적 연습과제와 창조적 연습과제로 훈련되어야 하는 것이다. 그리하여 이것을 지속적으로 훈련하면 고도의 예술적 완성으로까지 도달할 수 있게 되는 것이다. 1학년에서 유기적 행동의 요소를 습득함과 동시에 학생들은 무대작업의 방법을 인식하는데 첫걸음을 내딛는다. 학생들은 다양한 연습과제의 무대적 허구라는 조건하에서 복잡하지 않은 행동을 완성시키는 법을 배운다.

유기성이란 살아 있는 무대적 창조의 필수 조건이다. 그것은 자연을 정확하게 관찰하여 명확하게 평면으로 옮기는 화가의 능력이나, 멜로디를 섬세하게 듣고 정확하게 재현해내는 음악가의 재능과 마찬가지인 것이다. 그러나 예술 작품을 만들어내기 위해서는 더욱 많은 것이 요구된다. 선천적으로 발전시킬 수 없는 재질을 가지고 있는 경우라 할지라도, 배우는 폭넓은 범위로 자신의 예술을 기술적으로 습득하는 기술자가 되어야 한다는 것은 그러한 이유에서이다. 배우가 기술을 가지고 있지 않을 때는 유기성을 유지하기 위해 작가의 구상을 간소화하는 방향으로 구상하던지, 아니면 유기성을 소홀히 하고 형상의 외면 묘사로 옮겨가든 그 어느 쪽이 된다.

성격과 범위에 따라 무대 동작, 율동, 춤, 매너 등이 트레이닝 작업으로 정해지는 것처럼, 발성법, 발음, 표준어법, 논리적 언어 등은 특별한 프로그램으로 정해진다. 중요한 것은 이 모든 훈련의 교육적 결과는 이 작업이 규칙적으로 수행될 수 있는 조절 능력과 직접적으로 관련이 있다는 것이다. 만일 일주일에 2~3회 교육자를 만나 수업하는 데만 그치고 그 과제를 매일 훈련하여 자신의 것으로 만들지 않으면 수업의 효과는 적을 것이라고 확실히 단언할 수 있다. 매일의 훈련은 학생들로 하여금 무대적 행동의 요소를 자신의 작업으로 일깨우는 첫 단계인 동시에 가장 중요한 의미를 지닌다. 트레이닝 작업은 원칙적으로 모든 프로그램에서 그룹수업 형태로 진행된다. 그러나 그룹수업이라 할지라도 개별수업이나 개인과제의 필요를 제외하는 것은 아니다.

모든 인간은 예술적 창조능력의 요소를 어느 정도 가지고 있는데, 어떤 사람은 그 발달 정도가 강하고, 어떤 사람은 약하다. 뿐만 아니라 누구에게나 자신의 신체적 또는 심리적 결점이 있다. 어떤 사람은 발음이 좋지 않고, 또 어떤 사람은 등이 굽었고, 걸음걸이가 이상하고, 또 어떤 사람은 상상력이 빈약하던가, 주의력이 불안정 하던가 등이다. 그래서 모든 사람에게 일반적 척도로 접근해서는 안 되는 것이다. 이러한 선천적 혹은 후천적 결점을 고치기 위하여 반드시 먼저 이것을 지적하고 기록해야 한다. 교육자는 풍부한 경험을 바탕으로 학생들의 상태에 대하여 잘 진단해야 한다. 그래서 학생 개개인에 대한 개인카드를 만들어 이것은 '결점의 과정'을 기록하는 것과 비슷하다.

첫 시기에 비교적 쉽게 밝혀내고 교정할 수 있는 것은 언어, 목소리, 동작, 청각, 리듬 등의 신체적 결점이다. 이를 위하여 다양한 과목의 교육자들은 수업 과정에서 각 학생에 대하여 면밀하게 관찰하여 가르쳐야 한다. 예를 들어 동작에서 신체적 행동의 결점이 발견되면, 교육자는 그 동작을 확인하고 걸음걸이, 제스처, 불필요한 근육의 긴장, 리듬 감각을 교정해 준다. 음성교육자는 음악적인 청각, 목소리의 음역, 깨끗한 음색, 호흡기관의 움직임을 확인한다. 화술교육자는 발음하는데 결점을 발견하여 억양, 불필요한 강세, 말할 때 사용되는 기관의 위치를 확인하고, 학생의 언어는 테이프에 녹음되고 이것은 학생의 개인카드가 된다.

교육자들은 학생의 결점에 대하여 주의를 집중하여 실질적인 조언을 해주고, 스스로 훈련할 수 있는 연습과제를 추천해 준다. 이 작업은 모든 학년에서 동등하게 통용되며, 교육자에 의해 정기적으로 관리된다.

학생의 인간적이고 창조적인 소질에 대한 평가는 보다 오랜 기간 이행된다. 개인카드에는 한 학년 동안 공통 문화, 감수성, 감정적 반응, 상상력, 주의, 무대적 매력 혹은 창조적 창의력, 작업능력, 규율성, 학생의 도덕-윤리적 자질, 집단적 창조에 대한 적성 등이 기록된다.

학년이 끝날 때마다 카드에 기록된 사실에 대하여 점검하고 1년 동안의 변화에 대하여 기재한다. 개인카드는 학생들에게 그들의 차후 작업을 관리할 수 있는 가능성을 준다.

실기수업 이외에 한 달에 두세 번 정도 연극예술에 관하여 이론적인 토론이 이루어진다. 이 토론의 목표는 학생들이 보다 의식적으로 자신의 전문성 습득에 다가갈 수 있도록 도와주는 것이다.

각각의 예술은 자신의 이론을 가지고 있으며, 이것은 예술교육 시스템의 일부분으로 포함된다. 예를 들어 자신의 악기를 다루어 완벽하게 표현해 낼 수 있는 숙련된 음악가지만 음악이론을 모른다는 것은 좋지 않은 일이다. 그래서 연극학교에서도 〈스타니슬랍스키 시스템〉을 바탕으로 한 예술이론이 존재해야만 하는 것이다.

교육이 단지 실기적 총체로만 이루어진다면 학생들은 예술의 의미를 파악할 수 없고, 예술에 대한 목표와의 연관성을 감지할 수 없을 것이다. 이것은 〈자신에 대한 배우의 작업〉이나 〈역할에 대한 배우의 작업〉에도 관계된다. 예술을 머리로 안다는 것은 '먼저 모든 것을 할 수 있는 능력이 있다는 것이며, 그래서 이 능력을 자각해야만 한다'고 스타니슬랍스키는 말한 바 있다.

학생들에게 과목의 기초 이론을 소개하는 첫 단계로 연극예술의 대한 전반적인 의문과 프로그램의 각 부분에 대하여 토론하는 것이 좋다. 첫 번째 토론에서는 연극이란 무엇인가, 연극은 무엇에 도움이 되는가, 연극의 사회적 역할은 무엇인가, 배우의 진정한 사명은 어디에 있는가를 숙지시키고, 집단 창조의 조화와 원리, 여기에서 생기는 윤리와 규율의 필요성에 대하여 이야기해야 한다. 학생들은 어떤 예술을 배울 것인가, 이 예술의 두드러진 특성은 무엇인가, 어려운 점과 장점은 무엇인가, 연극의 창조적 작업과 직업으로서의 경계는 어디에 있는가, 연극에 있어서 다양한 예술적 방향은 무엇인가를 숙지하고 배워야 한다. 연극예술에 관한 이러한 토론의 개괄적인 계획은 다음 장에서 자세히 설명될 것이다. 공연에 대한 토론과 현대적 극장, 예술의 거장들과의 만남을 프로그램으로 구성하는 것 또한 합목적적이다.

학생들에게 미래 예술가가 되기 위하여 평소 관찰한 것이나 흥미로운 생각, 수업 과정에 대한 것 등의 창조일지를 쓰도록 하는 것은 좋은 일이다. 일지는 자신을 교육시키는 좋은 수단이고, 학생들이 학교에서 배우고 있는 것의 의미를 보다 잘 실감할 수 있도록 하며, 자신의 작업에 대한 결과를 평가하고 성공과 실패의 원인을 발견하는데 도움이 된다.

첫 시간에 학교의 교육자. 담임, 관련 구성원의 일차적 과제는 배우의 윤리와 규율을 가르치는 것이다. 이들의 노력은 학급의 일치단결과 친목 속에서 창조적 분위기를 만들어내는 것을 지향해야 한다. 따라서 학급의 수업에 지켜져야 하는 규율상의 요구를 학생들에게 제시하는 것이 필요하다. 배우의 직업은 고도의 규율과 공동의 작업에 대한 집단적 책임감을 요구하는 것이다. 그래서 연극학교에서는 자체의 성질에 맞는 규율이 존재해야만 한다. 이 규율은 학급 생활과 교양인의 행동 기준에 일치하는 것을 정확히 명시된 것이라야 한다.

창조집단의 교육에 있어서 사회적, 윤리적인 과실에 대해서는 엄격할 필요가 있다. 이러한 과실을 단순히 관리상의 징계 정도로 그쳐서는 안 되며, 그중에서도 중대한 과실은 사회적 심의의 대상으로 삼아 과실에 대한 징계를 그 집단 전체에 적용하지 않으면 안 된다.

그러나 규율의 엄격함이 인간의 존엄성을 억누르거나 비하해서는 안 되며, 젊은 기질의 발산, 교류, 자기표현의 욕구를 억제해서는 안 된다는 것을 잊지 말아야 한다. 따라서 학생에게 있어서 중요한 것은 자기 자신을 제어하고, 자신의 감정을 표현함에 있어 때와 장소를 아는 것이다.

연극학교는 학습 시스템을 통하여 정치 및 예술학의 규율에 의거하여 넓은 시야와 진보적인 사회관을 가진 예술가 교육을 지향하고 있다. 그러나 미래 예술가의 정신, 세계관, 도덕-윤리적 형성에 결정적인 영향을 미치는 것은 학년의 지도교수_{담임제로서의 지도교수; 역주}를 중심으로 한 전공과목의 교육자들이다. 그들은 단지 그 과목의 교육자일 뿐만 아니라 청년의 선생이기도 한 것이다. 그들은 학생들의 본보기로서 영향을 주어야 하는 사명을 가지고 있는데, 이러한 본보기는 가장 능률적인 교육 방법이다. 다만 자신이 추구하지 않는 것을 다른 사람에게 요구해서는 안 됨을 명심해야 한다.

연극학교의 모든 작업 방향은 1학년에서 결정된다. 즉, 1학년에서 배우 기술의 기초와 집단 창조의 도덕-윤리적 기준이 설립되는 것이다. 만약 처음부터 예술가의 시민적 임무에 대한 올바른 생각을 학생들에게 고취시키지 않거나 끊임없이 향상에 대한 욕구를 길러 주지 않는다면 이때 상

실된 것을 차후에 채운다는 것은 어렵다. 따라서 1학년의 작업에 특히 책
임감을 가지고 수업에 매진해야 하며, 교육자의 선별이나 학습과정 구성
에도 특별한 주의를 기울여야 한다.

2

연극예술에 관한 담화

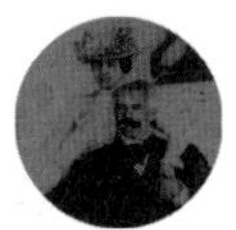

[1] 예술가의 사명

첫 수업에 임한 연극학교의 학생들보다 좋은 결과가 기대되고, 감수성이 풍부한 청강자가 과연 있을 수 있을까? 엄청난 입학 경쟁률을 뚫고 어려운 경쟁에서 승리자가 된 행복한 학생들은 이 순간 어떠한 과제라도 수행할 수 있고, 어떠한 요구에도 응할 수 있으며, 배우가 될 수 있는 권리를 확인하고, 무대 뒤편에서 성스러운 극장의 문턱을 넘을 수 있기만 한다면, 그들은 자신들이 듣는 모든 것을 영원히 기억할 준비가 되어 있다.

학생들과 연기교육자와의 첫 번째 만남은 그들의 기억 속에 평생 남아 있을 것이다. 그래서 이 만남은 특히 풍부한 내용으로 가득 채워져야 하고, 초보배우들에게 가장 귀중하고 중요한 것을 건드릴 수 있어야 한다. 따라서 이 시점에서 다음과 같은 질문을 제기하는 것이 적절할 것 같다. 학생들은 어떤 예술에 자신을 헌신하기를 바라는가? 학생들은 어디에서 연극 및 배우에 대한 자신의 이상을 보는가? 그리고 배우나 관객에게 최고의 도덕적인 만족을 일으킬 수 있는가?

아직까지는 학생들의 대답이 공허하고 순진한 것이라 할지라도 이 질문들은 연극예술에 관한 진지한 대화를 위한 동기를 제공하며, 매일 밤 전 세계의 수백만 관객들을 극장으로 불러 모으는 사실에 대해 깊이 생각하게 만드는 계기가 된다.

어떤 사람들에게 있어서 연극예술은 놀이라는 자연스러운 끌림으로서 받아들여지고, 또 다른 이들에게는 연극을 통해 자신이 좋아하는 배우들을 만나거나, 유명한 연출가의 공연을 보고 싶다는 바람일 수 있다. 그리고 어떤 사람들은 극장에서 신선한 느낌을 위해 연극을 보기를 원하고, 또 어떤 사람들은 연극 공연의 축제적이고 고양된 분위기 속에서 사람들과 교제할 필요성에 이끌린다. 그리하여 연극은 관객들을 일상의 평범한 세계로부터 창조적인 상상의 세계로 이동시킨다. 연극예술은 전염성이 강하다. 왜냐하면 지금 대중의 눈앞에서 펼쳐지기 때문이다.

그러나 연극은 단지 흥미 있는 오락만은 아니다. 연극예술은 인간의 정신적인 발전에 지대한 영향을 미칠 수 있다. 고상한 이상을 고취시키고, 존재의 의미를 밝히며, 바람직한 모범의 힘으로 매료시키고, 아름다움과 위대한 업적을 찬양하며, 인간의 단점을 조소하고, 사회적인 결점들을 비판함으로써 그것을 바로잡기도 한다. 반대로 본능을 일깨워 관객을 타락시키고, 삶의 모순성 앞에서 공포와 당혹함으로 인간의 지각을 독살하기도 한다. 그리하여 연극예술은 도덕적이거나 비도덕적일 수도 있으

며, 사상적인 내용이 풍부하거나, 진보적이거나, 스타니슬랍스키가 언급
한 것처럼, 이것은 빛의 이름으로도, 어둠의 이름으로도 만들 수 있으며,
선을 위해서도, 악을 위해서도 동일하게 사용될 수 있고, 자신 속의 저속
함만큼이나 아름다움 또한 가져올 수 있다. 따라서 연극은 반드시 취급
방법을 알아야만 하는 양날이 서있는 무기이다. 그것의 서투른 취급은 심
각한 상처를 초래할 수도 있다.

첫 번째 수업에서는 학생들에게 관객의 머리와 가슴에 영향을 미치는
극작가, 배우, 연출가, 화가, 음악가, 그리고 종합적, 집단적, 통합적인 예
술 창조로서의 연극예술의 특성을 소개할 필요가 있다. 그것은 초보배우
의 의식에 영향을 주어야 할 필요성 때문이다. 결실 있는 집단 창조 작업
은 신뢰의 분위기, 견고한 질서, 삶의 원칙, 배우가 자신의 개인적인 관심
을 사회의 관심으로 환원시키는 능력 등이 없다면 불가능하다. 따라서 연
기교육자는 반드시 학생들에게 '자신 속에서 예술을 사랑하는 것이지, 예
술 속에서 자신을 사랑하는 것이 아니다'라는 스타니슬랍스키의 귀중하고
도 심오한 의미를 밝혀 주어야 한다. 예술을 향한 사랑은 배우들을 굳건
하고도 결합된 집단으로 단결시키지만, 자신에 대한 사랑은 그들을 분열
시키고 집단작업을 파괴한다. 또한 자신 속에서 예술을 사랑하는 사람은
창조의 과정 자체를 귀중히 여기지만, 예술 속에서 자기 자신을 사랑하는
사람은 그것의 결과에 대해 훨씬 더 관심이 많다.

젊은 배우들에게 처음부터 진정한 무대예술은 무엇보다도 앙상블의 예
술이라는 생각을 하도록 만드는 것이 중요하다. 앙상블이란 단순히 배우
의 개성이 산술적으로 연결된 것이 아니라, 통일된 사상적 태도, 창조적
메소드가 합일된 배우들의 집단적인 창조 작업을 뜻한다. 무대적 앙상블
은 오케스트라와 비슷하다. 오케스트라에서 음악가는 자신의 연주로 다

른 사람들을 가리는 것이 아니라, 오선지에 그려진 것과 정확하게 일치하
도록 자신에게 위임된 부분을 연주하는 것이다. 그러나 정작 훌륭한 음악
가는 정확하게 오선지만 연주하는 것이 아니라, 자신만의 개성적인 것을
작품 속으로 가지고 들어와 자신만의 정서적 색채를 작품 속에 부여한다.
이것은 파괴가 아니라, 오히려 오케스트라의 전체적인 울림을 풍부하게
하고 깊게 만들어 준다. 이와 관련하여 F.I. 살라핀은 다음과 같이 말한
다.

> 진정한 연극은 개인적인 창조 작업일 뿐만 아니라, 모든 부분의 완전한
> 하모니를 요구하는 집단적인 행위이다. 완벽하다 할 정도로 훌륭한 '살
> 리에리'가 있기 위해서는 반드시 완벽하다 할 정도로 훌륭한 파트너, '모
> 짜르트'가 있어야 한다. 그리고 산초 '판자'는 탁월하지만 '돈키호테'가 초
> 라한 공연은 결코 훌륭한 공연이라고 말할 수 없다.

앙상블의 예술은 배우의 교육방향을 결정한다. 학생의 창조적인 성장
과 미래의 성공은 그 자신에게만 달려있는 것이 아니라, 그와 같이 일하
고 있는 사람들 그리고 그의 창조 작업과 함께 가야 할 전체적인 작업 분
위기에도 달려 있다.

학생들이 예술가로서 자신의 임무를 훌륭하게 수행하기 위해 연극학교
에서는 수업이 진행됨에 따라 반드시 자신에게 어떠한 인간적인 그리고
전문적인 자질을 함양할 필요가 있는지 뚜렷하게 제시해야 한다.

학교에 입학하는 순간부터 학생들은 매일 매일의 교육시스템 속의 작
업에 익숙해져야 하고, 자신 속에 엄격함, 동료에 대한 주의 깊고도 호의
적인 관계, 창조적인 집단 속의 건강하지 못한 모든 종류의 현상−게으
름, 나쁜 성격, 이기주의, 잘난 척 하는 것, 출세주의, 거만, 허무주의 등

—과 타협하지 않는 자세를 발전시켜 나가야 한다. 그리하여 이러한 집단 속의 개인은 배우라는 호칭에 걸맞은 높은 도덕성과 지각 있는 창조 작업의 원칙을 반드시 자기화해야 하는 것이다.

총체적으로 학생의 성격, 작업의 방식, 학교의 예술적인 분위기 등을 결정하는 데 있어서 배우의 도덕성과 작업의 원칙은 눈에 띄지 않는 사소한 것으로부터 형성되어진다는 것을 결코 잊어서는 안 된다. 학생이 어떠한 자감 속에서 수업을 진행하는지, 그의 외모가 어떤지, 그가 교육자, 동료 학생들, 기술직 직원들과 어떻게 인사를 나누는지, 자신의 행동거지를 어떻게 하는지, 쉬는 시간에 동료 학생들과 무엇에 관해 이야기 하는지 등의 모든 것은 자기 자신에게 뿐만 아니라 그의 주위 사람 모두에게 엄청난 의미를 가지고 있다.

그리하여 권위, 회의적 태도, 불필요한 친교, 막무가내 식의 거리낌 없는 태도, 저속한 노닥거림, 질투, 악의, 병적인 자기애, 자기중심주의, 수다, 건강하지 못한 트집, 냉소적인 태도나 자세 등은 단체 속에서 창조적 분위기를 해치고 진정한 예술로 나아가는 데 있어서 방해물이 될 뿐이다.

스타니슬랍스키는 배우에게 자신의 모든 생각과 행동들을 예술의 중요한 목표에 복종시킬 줄 아는 능력을 요구한다.

희곡을 통해 인간 삶의 내면을 구축하여 행동하고, 무대를 통해 인생의 예술적 구체화가 실현된다. 연극과 직·간접적으로 관계있는 사람 모두 예외 없이 근본 목적인 예술과 공연에 도움을 줄 수 있도록 연관되어 있다.

분장실, 무대 뒤, 관객석, 그리고 그 밖의 극장의 모든 공간에서 극장과 관련된 공동 작업자들은 절대적으로 자신의 사명만 온전히 다할 수 없는데, 이것은 무대에서 배우의 일도 마찬가지이다.

만약 각광이 지나칠 정도로 뜨겁게 비춰지거나, 다른 조명이 혼란스럽기 그지없거나, 또는 지각하거나, 공연을 소홀히 준비하거나, 연기를 충분히 소화해 내지 못하거나, 분장/의상/무대 스탭 등의 사람들과 애정 없이 접촉한다면, 작업의 분위기는 험악해져서 연극 관계자들로 하여금 의욕을 상실하게 만들 것이다. 이러한 기본 과제 없이 예술을 이행해서는 안 된다.

창조 작업이라는 것, 우리의 이러한 근본적 과제는 적합한 주위의 환경이 만들어졌을 때 올바르게 수행할 수 있는 것이다. 누가 감히 이 작업을 방해할 것인가? 이러한 것들이 엄격한 규범을 가져야 한다는 것은 우리들의 창조적 과제에 있어서 필수적인 단계이다. (3권, 478-479쪽)

배우의 도덕성과 작업의 원칙, 연극의 사회적 사명, 배우 예술의 목표 등에 관한 문제는 매우 중요하고 포괄적인 것이므로 당연히 교육자와 학생들과의 한 두 번의 서론적인 대담으로 모두 해결될 수 없으며, 학교에서 교육기간 전체에 걸쳐 끊임없이 이루어져야 하는 것이다.

[2] 배우예술의 기본방향

스타니슬랍스키 학파는 일반적인 방향으로 전문배우를 양성하는 것이 아니라, 특별한 방향으로 배우를 양성한다. 연극적 수공업이나 보여주는 예술과는 달리, 스타니슬랍스키는 이러한 방향을 '내적 체험의 예술'이라고 명명하였다. 이것은 〈모스크바 예술극장〉의 혁신에 의해 발전된 러시아 사실주의의 전통인 쉐프킨으로부터 시작한다.

이러한 예술은 유기적인 창조의 법칙에 기초하여 '인간 영혼의 삶'에 대한 올바른 역할 구현을 요구한다. 또한 강한 힘과 깊이로 관객의 의식과 감정에 영향을 미치고, 최상의 형태로 사회적 봉사라는 지고한 자신의 임무를 수행하도록 한다.

내적 체험의 예술을 이해하기 위해서는 직접적인 접근 보다는 간접적인 접근이 훨씬 좋다. 즉 정반대의 연극적 방법을 학습하는 것인데, 학생들에게 무대적 수공업과 배우의 딜레탄티즘(취미적인 태도, 전문가가 아닌 애호가의 입장)적인 태도를 소개하는 것이다. 구체성을 획득하기 위해서는 생생한 예를 들어 설명하는 것이 중요하다. 일례로, 입학시험에서 취미적인 태도나, 수공업성 등의 연기를 보여준 학생들의 실기를 보여줄 수 있을 것이다. 그래서 스타니슬랍스키는 학생들에게 자율작품이나 입학시험에서 연기했던 희곡 작품의 한 부분이나 장면을 보여줄 것을 요구하였다. 그러나 최대한 자신을 잘 드러내고자 하는 바람으로 학생들은 보통 힘에 겨운 소재를 택하여 자신의 무능함을 한층 더 증대시킨다.

딜레탄티즘에 대해 말하자면, 학생의 딜레탄티즘과 예술의 한 조류로서의 딜레탄티즘은 구분할 필요가 있다. 학생의 딜레탄티즘은 그리 위험한 것이 아니며 모든 직업의 습득에 있어 불가피한 단계이기에 자신의 생각을 예술의 소재 속에 구체화시키지 못함으로써 발생하는 것이다. 그래서 실기수업이 진행됨에 따라 이러한 딜레탄티즘은 극복된다. 그러나 신념에 의한 딜레탄티즘은 훨씬 더 심각하다. 이것은 배우의 테크닉과 메소드를 부정하고, 자신의 모든 생각을 영감과 능력의 우연한 개발에 맡기고 있기 때문인데, 이러한 종류의 배우는 테크닉과 시스템을 무능한 자의 운명으로 간주하여 영감과는 절대 양립할 수 없으며, 배우의 '혼'의 자연발생적인 발현을 방해하는 것으로 간주한다.

딜레탄티즘이 위험한 것은 이론 자체나 기반의 불충분함이 아니라, 배우의 약점을 묵인하고, 게으름과 무의지를 정당화하고, 자신의 창조적이지 않는 것을 발전시킨다는 데 있다. 따라서 예술의 한 조류로서의 딜레탄티즘은 학교에서의 개념과는 결코 양립될 수 없는 것이다.

초보배우들에게는 축적된 수공업적 테크닉은 없지만 수공업의 요소들은 드러나는데, 이것은 무엇보다도 감정과 형상에 대한 연극적 상투성이며, 배우로 하여금 자기과시, 과장된 연기, 배우의 거짓 감격 등으로 유도하는 거짓된 자감이다.

이러한 학생들에 대해 연기교육자는 끊임없이 실기수업으로 방향을 돌려 처음 걸음부터 학생들에게 예술을 가장한 다양한 종류의 대용품에 비타협적인 태도를 키우고, 수공업적인 유사품으로부터 진정한 예술을 가려낼 수 있는 경계선 설정 능력과 높은 수준의 전문성을 발전시키는 것이 중요하다.

그리하여 학생들은 진정한 예술은 딜레탄티즘과는 달리 배우의 내적인 그리고 외적인 테크닉의 완성을 요구한다는 것과, 수공업과는 달리 진실된 유기적 행동을 요구한다는 것을 분명히 이해해야 한다. 그러나 테크닉은 각양각색이다.

만약 배우-수공업자의 테크닉이 근본적으로 형상과 욕구의 외적인 표현에만 귀착된다면, 창조적 과정에서 역할의 외적인 그림이 어느 날 한번 성공하였을 때 이것은 평생 동안 고정된다. 그러나 내적 체험의 예술은 창조의 결과를 보여주는 것을 요구하는 것이 아니라, 매번의 공연에서 살아 있는 유기적 과정을 만드는 능력을 요구한다. 즉 자신의 어제의 연기를 반복하는 것이 아니라, 매번 새롭고 진실된 '오늘의 삶'을 창조하는 것이다. 이것이야말로 가장 중요한 차별되는 특성이다.

내적 체험의 예술은 비유적인 연극적 인물이나 무대 가면이 아니라,

삶의 구체성과 신빙성 속에서 살아 있는 인물의 형상을 요구하며, 자연스
럽고 유기적으로 인물형상을 향해 변신하여 마치 자신의 삶인 것처럼 인
물의 삶을 살 것을 요구한다.

다양한 연극적 방향에 대한 연구는 인식적 의미뿐만 아니라 실제적 의
미도 가지고 있다. '보여주는 예술'과 '내적 체험의 예술' 사이에는 끊임없
는 투쟁이 일어나고 있으며, 이러한 투쟁은 시간이 흘러 다양한 형태를
띠면서 연극예술의 발전에 커다란 영향을 준 것이 사실이다. 연극학교의
과제는 이러한 투쟁 속에서 자신의 학생들이 바르게 방향 설정할 수 있도
록 각각의 성격, 경계선, 가능성 등에 관해 미학적인 관점뿐만 아니라, 창
조적 메소드와 배우 테크닉의 관점에 의거한 원칙적인 차이점을 올바르
고 명확하게 제시해야 한다.

학생들에게 연극의 방향성에 대한 차이를 설명하면서 특별히 관심을
기울여야 할 것은 스타니슬랍스키에 의해 도입된 무대 전문용어이다. 예
를 들어 그는 연극에서 주도적인 방향성을 '내적 체험의 예술'이라고 명명
하고 그것의 중요한 차별되는 특성 중의 하나, 즉 매번 반복되는 창조의
순간마다 역할에 대해 내적 체험을 하고자 하는 배우의 갈망을 강조하는
것이다. 그러나 배우의 과제가 내적 체험에 대한 갈망이라는 한가지만으
로 모든 것이 해결되는 것은 아니다. 이러한 내적 체험을 자신 속에 불러
일으켜 보다 더 명확하고 표현력 있는 예술적 형태로 구현할 수 있는 능
력이 필요하다.

연기교육자와의 대화는 반드시 학생들을 올바른 결론, 즉 가장 높은
미학적 기준에 도달하도록 하기 위해 내적 체험의 예술에 의해 학생들로
하여금 제시된 요구사항으로 이끌어야 한다. 이것은 무대적 창조에 있어
서 예술적인 최대치를 향해 나아가는 길이며, 배우라는 자신의 직업을 숭

고한 사회적, 예술적 이상의 달성이라는 초목표를 소유하도록 만든다. 그래서 사소한 이기주의적 관심을 만족시키기 위한 수단으로 생각하는 사람들은 결코 도달할 수 없는 길이라는 사실을 주지시키는 것이다.

이 길은 배우에게 가벼운 삶을 약속하지 않으며, 어렵고 때로는 괴로우며, 쓰디쓴 좌절을 야기할 수도 있다. 그러나 동시에 오로지 이 길에서만 진정한 창조적 기쁨과 의무를 완수했다는 생각에서 나오는 높은 만족감 또한 얻을 수 있을 것이다.

[3] 행동: 무대예술의 근본

이후의 연기교육자와 학생과의 이론적 대담은 배우예술의 실기로 연결된다. 무엇부터 시작해야 하는가? 여기서는 정해진 규칙이 항상 적용될 수 없다는 점을 명시해야 한다. 왜냐하면 연기교육자의 개인적인 경험과 작업하게 될 인적 자원(학생)에 의해 좌우되기 때문이다. 목표는 전문적인 배우의 육성에 있어서 가장 중요한 원칙과 방향성을 결정하는 것이지 교육 과정 자체를 성문화하는 것이 아니다. 연기교육자는 오늘 수업이 똑같이 반복될 수 없다는 것과 또한 실기 과목의 메소드와 교수법의 부단한 노력에 의해 새로운 요소를 항상 가져올 수 있어야 한다는 것을 명심해야만 한다.

스타니슬랍스키는 학생들과의 작업에 있어서 무엇부터 시작할 것인가에 대한 다양한 대안―자율적인 단편작업(공연)의 조직, 학생들이 직접 선택한 역할이나 즉흥을 수행하는 것, 여러 극장들의 공연을 관람하고 고찰한 뒤 논쟁하기 등―을 제시하였다. 그러나 이 모든 경우에 있어서 연기교육자는 학생들로 하여금 자신들의 배움의 목적인 예술의 본질을 인식할 수 있도록 도와주고, 학생들이 무대의 특별한 목표에 도달할 수 있도록 이끌어 주어야 한다.

배우의 예술—이것은 무대적 행동의 예술이다. 연극은 단지 에너지를 통해 표현된 행동만 획득될 뿐이다. 행동은 무대적 표현력의 중요한 수단이다. 형상의 내면적인 삶은 적극적이고 합목적적이어야 하며, 유기적인 행동을 통해서 구현되어 작품의 사상적인 구도가 드러난다. 배우의 테크닉과 창조적인 메소드는 반드시 이러한 과제에 완전히 복종해야 된다.

무대적 행동은 다양한 연극 형태에서 다양하게 이해되지만, 내적 체험의 예술에서는 무대에서의 특별한 목표의 실현을 위한 살아 있는 유기적인 과정을 행동이라고 정의한다. 수공업이나 보여주는 예술의 배우에 관해 말하자면 그들은 무대에서 행동의 유기적인 과정을 실현하는 것이 아니라 단지 행동의 결과, 즉 표현의 외적인 형태만 보여주려고 한다.

유기적인 행동은 자연의 법칙에 따라 진행되는 창조의 과정을 재현하는 것이다. 이것은 무대의 배우가 삶에서와 마찬가지로 실제로 보고, 듣고, 생각하고, 느끼고, 행동할 수 있어야 한다는 의미인데, 생각하고, 느끼고, 행동하는 '것처럼 보여서'는 '보여주기식' 연기; 역주 안 되는 것이다. 배우는 반드시 올바르게 지각하고, 평가하고, 결정을 내리고, 예술적인 구조 속에서 그를 둘러싸고 있는 무대적 삶의 대상에 대해 영향을 받고, 주는 방법을 배워야 한다.

일상적인 삶에서는 이러한 유기적인 과정이 내적인 정당성, 목표, 실제 상황의 영향 아래 무의식적으로 흘러가지만, 무대에서는 인간의 행동과 그 행동의 원인은 작가, 연출가, 무대미술가, 배우 자신에 의해 이미 조건 지워져 있다. 이러한 이유로 인해 직접적인 지각력이 떨어지고, 배우의 무대적 상황에 대한 이해도의 날카로움이 약해질 수밖에 없다.

창조라는 부자연스러운 조건에 의해 가상의 상황에서 유기적인 과정의 형성은 그 어려움이 보다 더 배가된다. 무대에서 필연적으로 살게 되고, 관객과 성공적으로 교류하기 위해 배우는 그의 삶에서 잘 알고 있는 것들을 전부 다시 배워야 할 필요가 있다.

한편 어떤 배우들은 무대예술의 본질로부터 생성되는 어려움을 극복하려고 애쓰지 않고 그것에 맞추려고만 한다. 즉, 무대에서 유기적인 삶의 과정을 형성하지 않고 어느 정도 그것을 모방하고자 하는 것이다. 그러나 이러한 모방은 역할의 '인간 영혼의 삶'을 전달할 수 없으며, 결국 관객에서 커다란 정서적 영향을 미칠 수가 없다. 재현적인 연극적 인물이 아니라, 살아 있는 사람으로서의 형상작업을 하는 배우는 공개적인 연기라는 부자연스러운 조건 속에서 위에서 언급한 어려움을 극복하려고 애쓰고, 창조의 유기성을 유지하기 위해 애써야 한다. 이러한 배우의 양성을 위한 교육과정은 엄격한 연속성과 점진성을 요구한다. 그리하여 전 단계에서 검증되지 않은 채 다음의 새로운 단계로 넘어가서는 안 된다.

유기적인 행동의 과정을 습득함에 있어서 첫 번째 단계는 창조의 공개성이라는 조건의 극복이다. 학생들은 관객 (학교에서는 연기교육자나 학생 동료들) 앞에서 아직까지는 창조적 상상으로 복잡하지 않은 단순한 삶의 행동들―보고, 듣고, 찾고, 읽고, 이동하고, 붙잡고, 질문을 하는 등―을 수행할 수 있다. 이러한 연습과제의 의미는 관객이라는 '제 4의 벽'으로부터 벗어나는 것과 무대에서 구체적인 행동에 집중하여 '군중 속의 고독'을 배우는 것이다.

두 번째 단계는 상상의 상황을 가지고 공개적으로 시연하는 행위이다. 학생들은 제시된 상황을 가지고 자신의 행동으로 보여주거나, 연기교육자가 제시한 행동을 정당화하면서 자기 스스로 상황을 만들어낸다. 학생들은 제시된 상황을 가지고 '오늘, 여기, 지금'이라는 전제 하에 행동한다는 것의 의미를 분명히 이해해야 하며, 이것은 무대적 즉흥의 토대에서 유기적이고 합목적적으로 행동하는 방법을 배우는 것이다.

세 번째 단계로서의 유기적인 행동의 습득은 그것의 반복성과 관련 있다. 이전의 즉흥적인 연습과제는 행동의 논리와 연속성으로 완성되어 이미 에튜드로의 성장을 의미한다. 그러나 에튜드로서의 성장이 이전의 즉흥성의 요소를 잃어버리지 않도록 해야 함이 중요하다. 왜냐하면 즉흥성은 에튜드 작업에서 중요한 요소이기 때문이다.

학생들은 잘못된 것은 반복하지 않아야 하지만 에튜드는 반복하여 수행한다. 이때 과정의 유기성을 잃지 않아야 함이 중요하다. 이것으로서 1학년 과정의 모든 프로그램이 끝난다.

2학년과 3학년 과정에서는 상술된 세 가지 단계와 역할에서 행동의 논리 습득과 관련된 새로운 것이 더 부가되고, 최종적으로 인물형상(변신) 속에서의 행동과 관련된 새로운 것이 첨가된다.

연기교육자의 과제는 구체적인 예를 들어 학생들에게 설명하는 것이다. 무대에서 유기적으로 행동하는 것이 무엇인지, 행동을 나타내는 것이 무엇인지 구체적으로 설명해야 하는 것이다. 수업시간에 사용되는 소도구를 가지고 예를 들어보자. 연기교육자는 학생들에게 단순한 일상적인 삶에서의 행동을 수행할 것을 제시할 수 있을 것이다.

① 유리병에서 물 한 컵 따라 가져다 주기
② 방 안의 가구 배치 바꾸기
③ 출석부에 출석 체크하기
④ 통풍구 열고 닫기

만약 통풍구를 열어달라는 부탁을 하면서 특정 인물을 지정하지 않는 다면, 학생들이 이 부탁을 인식하고 방향 설정(통풍구가 어디 있는지, 왜 통풍구를 열어야 하는지, 누가 이것을 실행할지 등)을 하기 전까지는, 그리고 학생들 중 누군가가 솔선하여 일어서서 연기교육자가 부탁한 것을 실행하기 전까지는 분명 짧은 당황의 순간이 발생할 것이다. 그러면 연기교육자는 동일한 내용의 부탁을 한 번 더 제안한다.

일상의 모든 유기적인 과정(방향 설정, 인식, 평가 등)을 가지고 처음으로 실행된 일상의 행동은 반복이 되는 경우 무대적 행동으로 변한다. 이때 일반적으로 살아 있는 유기적 과정이 파괴되고, 기계적이거나 과잉 연기가 되는 경우가 허다하다. 한편 방향 설정과 인식의 순간은 지나치게 서두르거나 일부러 늘어질 때도 있는데, 유명한 배우 B.B. 사모이로프를 찾아온 어느 학생에게 발생한 에피소드는 그 좋은 예이다.

사모이로프는 학생에게 '나갔다가 다시 들어와서, 당신이 지금 내게 한 말을 말해주시오'라고 요청하였다. 그러나 학생은 처음 방문을 열고 들어왔던 자신의 행동을 단순히 반복하였을 뿐이었다. 그는 처음 방문을 열고 들어왔을 때의 내적 체험으로 다시 돌아가지 못했던 것이다. 결국 그는 그의 행동을 정당화하지 못했고, 자신의 외적 행동을 내적으로 되살리지도 못했다. (2권, 214쪽)

이것으로부터 알 수 있는 것은 우리가 일상에서 올바르게 실행할 수 있는 행동들이 사전에 제약되어 보여주기 위해 무대로 옮겨지게 되면 구겨지고 왜곡된다는 것이다.

좀 더 복잡한 형태의 연습과제를 제시할 수도 있다. 예를 들어보자.

연기교육자가 한 학생에게 값비싼 어떤 물건(브로치, 목걸이, 시계 등)
을 잠시 빌려서 그 학생을 교실에서 나가게 한 뒤 그 물건을 숨긴다. 그
리고 그 학생을 다시 불러들여 숨겨놓은 물건을 찾게 한다. 그리고 난
다음 학생이 어디에 물건이 숨겨져 있는지 이미 아는 상태에서 이 연습
과제를 다시 실시할 수도 있다.

위의 연습과제의 반복 시, 보통 행동(숨겨놓은 물건의 수색)의 과정 자
체가 실행되는 것이 아니라, '찾는다'라는 행동의 외형적인 형태가 재현되
어 행동화될 뿐이다. 이것은 첫 번째 경우에는 행동의 근간으로 특별한
목표('브로치를 찾아야 한다')가 놓여 있는 반면, 두 번째 연습과제의 경우
에는 물건의 위치를 이미 알고 있었다는 사실로서 증명된다. 이러한 행동
의 반복과 더불어 배우는 결국 외적인 표현의 길로 접어들 수밖에 없다.
그래서 이것은 목표의 결여, 미약 등이 원인이라고 할 수 있다.

일상의 삶에서와 마찬가지로 무대에서 진실되고, 자연스럽고, 유기적
으로 행동하기 위해서는 무대예술에서 진실되고 유기적인 행동은 무엇인
가 하는 것과, 이것은 어떤 요소들로 이루어져 있는가 하는 것을 반드시
이해해야만 한다. 이러한 질문들에 대한 일련의 연습과제들을 수행해 보
자.

한 학생에게 무대로 등장하여 아무 것도 하지 않은 채 긴 휴지(포즈)를
견디도록 한다. 구체적인 행동도 하지 않은 채 관심의 대상이 된 그는
곧 자신이 무엇을 해야 할 지 어쩔 줄 몰라 한다.

행동 없는 휴지 이후, 연기교육자는 학생에게 다음과 같은 아주 단순
한 과제를 수행하게 한다.

① 무대 구조 살펴보기
② 무대의 측면이나 상부의 무대장치 그리고 천정 조명에 매달려 있는
   램프의 숫자 세어보기
③ 마음속으로 숫자 계산하기
④ 유명한 시를 마음속으로 낭독하기
⑤ 신문 기사의 내용을 훑어본 후 그것에 대해 말하기

위의 연습과제는 결과적으로 학생으로 하여금 어떠한 행동이라 하더라
도 그것을 합목적적으로 수행할 때만이 자신이 무대에 있을 수 있는 권리
를 준다는 사실을 확인하게 한다.

이처럼 일련의 단순한 연습과제에서 확인할 수 있는 것은, 행동은 우
리의 감각기관이 어떤 일에 동참하도록 만들고, 특정한 대상에 대한 관심
과 집중, 논리, 인과성을 요구하며, 아울러 배우의 신체적인 기관뿐만 아
니라 심리 또는 행동 속으로 끌어들인다는 사실을 보여준다.

그렇다면 모든 행동이 무대예술의 대상, 다른 말로 하면 창조의 대상
인가? 한 학생이 무대에 서서 객석을 바라본다. 그러한 행동은 아직 창조
가 아니다. 왜냐하면 그 속에는 상상의 요소가 전혀 없기 때문이다. 만약
이러한 삶의 행위가 상상으로 정당화되고 현실의 차원에서 상상의 차원
으로의 전환이 이루어진다면, 이때 창조는 발생하는 것이다. 예를 들면,

어떤 학생이 그림의 진열을 위한 배치를 하기 위하여 또는 축제 때문에
객석을 꾸미기 위해 객석을 바라본다고 가정해 보자. 보다 더 활발하게
상상의 나래를 펼 수 있도록 상황을 좀 더 복잡하게 만들어도 좋다. 즉,
그가 무대가 아니라 배의 갑판에 서서 객석이 아닌 점점 가까워지고 있
는 미지의 땅을 보고 있다고 가정해 보자.

이 경우 필요한 것은 환각이나 콜럼부스와 같은 표현력이 아니라 제시된 상황 속에서 나는 무엇을 해야 되는가? 라는 질문에 대답할 수 있는 능력이다. 그것은 자신의 행동에 대한 모든 논리성을 가지고 대답해야 한다는 것이다. 중요한 것은, 학생이 (현실의 삶에서) 주어진 상상의 실현 가능성을 믿고 진정으로 그것에 집중할 수 있어야 한다는 것이다. 이를 위해 학생은 제시된 상황 속에서 발생하는 일련의 부가적인 질문들―어떠한 상황으로 인해 자신이 배의 갑판에 있게 되었으며, 이 배는 어떤 배인지, 어디로, 왜 가고 있는지 등―에 대해 대답할 필요가 있다.

그러나 학생들은 당장 이러한 복잡한 연습과제를 수행하지 않아도 된다. 왜냐하면 이것은 수업을 통해 점차적으로 해결되어야 할 과제이며 아직까지는 그렇게 본질적인 것이 아니기 때문이다. 중요한 것은, 학생들이 창조는 무엇으로부터 시작되는지, 어떻게 시작되는지 이해하는 것이다.

이처럼 배우의 창조에 있어서 상상의 역할은 매우 중요하다. 객석을 지나 무대로 올라온다고 하자. 학생은 마당을 지나 집의 현관 계단으로 올라가는 것으로 자신의 행동을 정당화할 수 있다. 연습과제의 실행 과정에서 자연스럽게 다음과 같은 질문들이 발생된다. 나는 어디로 그리고 왜 가고 있는가? 즉, 목표와 행동의 달성을 위해 필수불가결한 상황의 설정이 필요하다. 이러한 상황은 다음과 같은 새로운 부가적인 상상으로 인해 더 복잡해질 수도 있다.

비가 와서 발아래는 진창인데, 길에는 사나운 개가 가로막고 서 있다.
그런데 집에는 도움을 기다리고 있는 급한 환자가 있다

결국 그가 무대에서 실행한 모든 행동은 특별한 목표와 내적인 정당성을 요구한다는 것을 이해해야 된다는 것이다. 따라서 이것 없이는 문을 열고 방으로 들어가는 가장 단순한 행위조차도 성립될 수 없다.

이후에 연기교육자는 학생들에게 적극적인 무대 행동은 항상 목표 달성을 위하여 방해물의 극복, 즉 목표 달성을 위하여 방해물과의 갈등과 투쟁을 전제로 한다는 것을 이해시켜야만 한다. 투쟁 - 행동의 발전을 위해 필수적인 조건이다. 방해물, 갈등, 충돌, 투쟁 없이 무대적 창조는 있을 수 없다. 이를 확인하기 위해 무대에 두 명의 파트너를 세우고 그들에게 목표를 위한 방해물이라는 과제를 제시함으로써 그들이 합목적적으로 충돌하도록 해보자.

> 한 명은 횡단보도가 아닌 곳에서 길을 건너고, 다른 한 명은 그것을 저지하는 경찰이라고 가정하자. 첫 번째 사람의 목표는 애인과의 만남에 늦지 않는 것이고, 두 번째 사람의 목표는 위반자를 잡아 벌금을 부가하는 것이다. 상황을 좀 더 복잡하게 만들자면, 위반자에게는 돈이 한 푼도 없으며 경찰은 벌금을 지불할 것과 경찰서로 가서 진술서를 작성할 것을 요청한다.

이러한 두 사람간의 투쟁의 결과는 전적으로 연습과제의 참여자 각자가 자신의 목표 달성을 위해 얼마나 적극적(목표의 크기와 정도를 명확하게 결정하는 것)인가에 달려 있다.

결론적으로 말하자면, 연기교육자는 학생들에게 진정한 무대적 행동과, 그것을 위한 구성 요소들(목표, 방해물, 갈등, 충돌, 투쟁)에 대해 알게 해주어야 하며, 이러한 요소들에 대한 각각의 연습과 발전으로 나아갈 수 있도록 유도해야 한다.

3

유기적인 행동을 위한 요소들

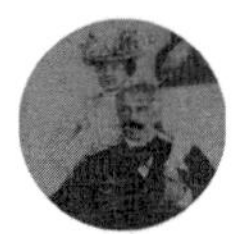

[1] 행동을 위한 기본 요소훈련

실기수업은 집단적인 창조 작업의 기본적인 것으로부터 합목적적으로 시작해야 한다. 연기교수법에서는 이러한 목표를 위해 합당한 연습과제들을 만들어 놓았다. 그래서 수업과정은 연습과제들로 구성된다.

연기교육자가 강의실에 들어오면 학생들은 그에게 인사를 하기 위해 자연스럽게 자리에서 일어선다. 이때 학생들은 보통 시끄럽고 산만하게 인사를 해치워버린다. 연기교육자는 이러한 단순한 행위를 동시에, 신속하게, 조용하게, 그리고 가벼우면서도 우아하게 인사할 수 있도록 학생들에게 가르친다. 그리고 학생들에게 조용하게 한 자리에서 다른 자리로 이동하기, 방안의 가구 배치 바꾸기, 반원형 또는 두 줄로 앉기, 자신의 의자를 가지고 자리 바꾸기, 눈을 감은 채 이전에 한 행동을 반복하기 등을 제안할 수도 있다. 그리고 난 후, 이러한 연습과제를 좀 더 복잡하게 만들어 볼 수도 있다.

① 학생들은 동시에 일어서서 자신의 의자를 들고 정확하게 원을 만든 뒤 동시에 앉는다.
② 처음에는 구령이나 손뼉에 맞춰서 앉고, 나중에는 말없이 서로서로를 주시하며 실행한다.
③ 동일한 내용을 다양한 템포와 리듬을 가지고 하거나 행위의 성격에 어울리는 음악에 맞춰서 실행해 본다.

한편 1학년 학생들이 고학년들의 공연에 무대전환수로 참여하는 것은 수업시간에 배우는 것과 마찬가지로 매우 유익한 일이다. 관객들이 보는 앞에서 어둠 속의 가구나 무대 장치를 옮긴다는 것은 쉬운 일이 아니다. 이러한 경험은 윤리적이며 규율적인 자질-무대 미술가들에 대한 존경심, 예술작업에 있어서 힘든 일을 기피(또는 경멸)하지 않는 태도, 작업의 수행-의 육성이라는 측면에서도 아주 유용하다.

이제 행동에 대한 집중과 내적 원동력의 발전을 위한 집단 연습과제를 제시해 보자. 그래서 학생들은 관객 앞에서 주어진 대상에 대해 자연스럽게 집중하는 방법을 배우는 것이다. 일례로, 연극학교에서는 〈타자기〉라는 제목의 연습과제가 자주 이용되는데, 학생들에게 주어진 텍스트를 낭독할 때 특정한 자모子母나 숫자에 맞춰 손뼉이나 다른 방법으로 표현하기가 그것이다. 위의 연습과제를 다양한 형태로 변형하여 수행할 수도 있다. 즉 연습과제의 수행 중에 리듬을 바꾸거나, 매 문장의 다섯 번째나 여섯 번째의 음절은 큰 소리로 들리게 발음하거나, 학생들이 둥글게 둘러 앉아 일정한 리듬에 맞춰 순서대로 숫자를 발음하거나, 몇 개의 숫자 또 는 그것의 조합으로 말하는 대신 어떤 다른 표시로 대신하거나, 그래서 누군가가 실수로 이 숫자들을 말하면 게임에서 탈락하는 것이다.

또 다른 다른 연습과제도 해 볼 수 있다.

① 학생 각자에게 노래 한 가지를 선택하여 마음속으로 부르게 한다.
② 특정한 신호가 주어지면, 노래를 소리 내어 부르고, 다른 신호가 주 어지면 다시 마음속으로 부른다.

이 연습과제의 목표는 다른 사람들이 다른 노래를 부르는 순간에도 자 신의 멜로디에서 벗어나지 않아야 한다.

③ 위의 연습과제의 변형으로 하나의 노래를 합창으로 부르다가 특정한 신호가 주어지면 그것을 마음속으로 부르고, 이후 다른 신호가 주어 지면 각자의 목소리로 부르는 것이다.

〈숨바꼭질〉, 〈눈 깜박이기〉, 〈무궁화 꽃이 피었습니다〉 등과 같이 어린 아이들의 놀이를 연상시키는 연습과제들도 생각해낼 수 있다. 그리고 파 트너와의 정확한 상호행동을 요구하는 실내용 스포츠 게임도 유용하다.

이러한 유희적 연습과제들은 흥미로움, 판단력, 재치, 파트너에 대한 인식, 집단적인 느낌 등 무대에서의 필수불가결한 자질들을 발전시켜 준 다. 아울러 이러한 유희적 연습과제들은 학생들을 방해하는 요소들―당 황, 수줍음, 속박, 긴장 등―을 극복하는 데 도움을 줌으로써 반응의 신속 함, 행동의 완수를 위한 내적 준비성, 투쟁의 전前 과정 속으로 자신을 투

입할 수 있도록 만들어 준다. 한편 연기교육자가 제시한 과제에 의해 수
행되는 일련의 단순한 행위들도 이러한 유형의 연습과제이다.

① 열 개의 다른 물건 만지기
② 마음속으로 산수 계산하기
③ 1분 동안에 방 안에 있는 물건들, 도시들의 이름, 저명한 학자, 화가,
   배우들의 이름을 최대한 많이 열거하기
④ 동료 학생의 외모에서 새로운 점 찾아내기
⑤ 아주 정확하고 섬세하게 자신의 일생에서 특정적인 하나의 에피소드
   를 기억 속에 재현해 내기
⑥ 편안한 상태에서 조용하게 1분 보내기

그리고 텔레비전에서 방송하는 일종의 오락프로그램에서도 많은 유용
한 연습과제를 차용할 수 있다.

이러한 연습과제들은 첫 번째 훈련의 단계에 있는 학생들로 하여금 조
직성을 획득하고, 의지를 풍만하게 하고, 제시된 과제에 대해 신속하게
반응하도록 가르쳐주고, 능동적이고 합목적적인 행동에 대해 심리적이며
신체적으로 자신을 준비할 수 있도록 도와준다.

[2] 근육의 긴장이완

운동선수들이 평상시 훈련에서 수립하였던 자신의 기록을 시합에서 달
성하지 못하는 경우가 자주 있다는 것은 이미 잘 알려진 일이다. 지나친
책임감, 예민해지는 상황 하에서 발생된 불필요한 긴장이 그들을 방해했

기 때문이다. 이러한 평상적이지 않은 조건에서 운동선수들의 혈압은 상승되고, 맥박은 빨라지고, 호흡의 리듬이 깨어지고, 이전에 연습해 두었던 신체 행위(달리기, 높이뛰기, 던지기, 노 젓기 등)를 방해하는 무의식적인 근육의 긴장이 발생한다. 목표달성에 대한 신속성과 정확성, 지각의 예리함을 파괴하는 심리적인 지연 또한 발생된다. 이러한 심리석이고 정신적인 힘의 소진은 쉽게 피로를 느끼도록 만든다.

위에서 언급한 내용은 많은 관객의 면전에서 창조를 해야만 하는 배우에게도 밀접한 관련이 있다. 그러나 스타니슬랍스키가 그토록 완강하게 맞서 싸웠던 근육의 긴장이 오늘날 그리 위험한 것은 아니라는 의견이 있다. 오늘날의 젊은이들은 관객석을 두려워할 만큼 수줍어하거나 겁먹지 않기 때문에 불필요한 긴장으로부터의 자유로움은 더 이상 배우기술에 있어서 중요한 문제가 아니라는 것이다.

그렇지만 오늘날에도 젊은이들의 심리는 그다지 변하지 않았으며, 사람의 본성 또한 그리 빨리 변하는 것이 아닐 뿐만 아니라 사람의 신경조직 역시 더 강해지지도 않았다. 무대 공연을 위한 바람직하지 않은 조건들도 변하지 않은 채 여전히 남아 있다. 무대로 나가기 직전에 전혀 긴장하지 않는 사람은 분명 예술가가 아닐 것이다. 동요가 있는 곳에 반드시 창조의 유기적인 과정을 방해하는 무의식적인 긴장도 존재한다. 신경이 예민한 사람에게는 비교적 평온한 순간은 물론 심지어 잠자는 시간 동안에도 근육의 긴장이 나타난다. 그것을 완전히 제거할 수는 없지만, 규칙적인 훈련을 통해 근육의 무질서와 싸울 수 있게 되며, 평상시와 다름없는 신체적 상태를 달성할 수 있게 된다. 그래서 스타니슬랍스키는 근육의 자유로움을 배우의 창조적 자감의 형성을 위한 중대한 조건으로 간주하고 있다. 따라서 그는 〈근육의 이완〉을 배우의 내면 기술의 영역에 포함시켰으며, 또한 창조의 신체적인 측면뿐만 아니라 정신적인 측면을 위하여 이것의 특별한 역할을 강조하였다.

무의식적인 근육의 이완에 대한 연습과제는 배우기술의 첫 번째 수업에서 행해진다. 그리하여 근육의 긴장을 통제하고 제거하는 습관이 자동적으로 이루어지는 수준이 되기까지 모든 수업은 물론 이후의 리허설 또한 이것으로부터 시작되어야 한다.

> 근육의 이완은 본 과정의 제일 처음, 즉 내적 기술의 맨 처음에 해당하는 것이다. (2권, 132쪽)

연기교육자가 연습과제를 수행하는 도중에 발생되는 아주 미미한 근육의 긴장－표정, 걸음걸이, 손가락, 올라간 어깨, 긴장된 호흡－까지 알아차릴 수 있고 지적해줄 수 있다는 것은 아주 중요하다. 개인적인 단점의 극복과 함께 무의식적인 근육의 긴장으로부터 이완을 위한 연습과제를 전체적으로 진행하는 것이 무엇보다도 우선되어야 한다.

① 근육의 긴장을 제거하기 위해 먼저 가능한 최대로 온몸을 긴장시킨다.
② 그 다음 즉시 근육을 이완시키면 평상시의 신체적 상태로 돌아온다.
③ 학생들은 일어서서 팔을 위로 쭉 뻗고, 주먹을 꽉 쥐고 숨을 들이마신다.
④ 발끝으로 일어서서 마치 선반에 물건을 올리거나 상상의 고리에 물건을 걸어야 하는 것처럼 온 몸을 긴장시킨다.
⑤ 숨을 내뱉으며 완전히 근육을 이완시키고 쓰러지지 않을 정도로 의자에 앉아서 등을 기댄다.
⑥ 다시 숨을 들이마시고 의자에 자연스럽게 앉는다. 그러나 단정한 자세, 즉 머리는 적당한 높이로 들고, 등은 의자의 등받이에 기대지 않

고 쭉 펴고, 팔다리는 정돈되게 놓고 앉아서 근육을 적당하게 긴장시
킨다.

⑦ 연기교육자의 신호에 따라 의자에서 벌떡 일어서서 상상의 짐을 들
어 올리며 일련의 동작을 반복한다.

무대에서 배우는 결코 근육의 완전한 이완, 즉 무기력의 상태에까지 도달
할 수는 없다. 이것은 주어진 행동을 수행하기 위해 필요한 만큼의 긴장
은 유지한 채, 단지 불필요한 긴장으로부터 자유로워져야 한다는 의미이
다(완전히 근육을 이완시켜야 하는 꿈, 기절, 죽음을 표현하는 경우는 예
외이다). 스타니슬랍스키는 바로 이것에 대해 경고했으며, 배우 각자에게
일상에서 그리고 무대에서 자신만의 신체적 긴장의 기준, 즉 어떤 것에
의해서도 긴장되지 않은 상태이면서 동시에 관객의 면전에서 잠들어 버
리지 않을 정도의 편안한 상태를 연구할 것을 제안하고 있는 것이다.

자연에서도 영상과 영하 사이에 제로 상태가 존재하는 것과 마찬가지
로, 사람에게도 부정적인 것으로부터 긍정적인 정서를, 무기력으로부터
긴장을 구별시켜 주는 중간적인 제로 지점을 찾을 수 있다. 이러한 '제로
상태'를 찾기 위해 몸의 평온하고 중립적인 상태를 유지하며, 일어서서
또는 앉아서 머리부터 발끝까지 근육의 긴장을 체크해 본다.

무엇보다 먼저 얼굴의 표정을 살펴보아야 한다. 어떤 배우들은 무대에
서 무의식적으로 눈살을 찌푸리거나 눈썹을 치켜 올린다든지, 눈을 가늘
게 뜬다든지, 입 꼬리를 들어 올려 이른바 '썩은 미소'를 짓는 경우가 있
다. 이 모든 것은 다른 사람이 말해 주든지 아니면 거울을 이용해서라도
반드시 고쳐야 하는 것이다. 또한 신경이 흥분한 상태에서는 목이 긴장되
고 어깨가 올라가는 경우가 아주 많음으로 반드시 그것을 이완시켜 주어
야 한다. 그 다음은 긴장하여 굽은 팔을 자연스럽게 내려주고, 그 다음

새우등처럼 굽은 척추를 점검하고, 아울러 불필요하게 뻣뻣한 자세 또한 제거한다. 한편 다리, 무릎, 발바닥에 긴장이 발생하는 경우도 적지 않다. 이것은 걸음걸이를 기형적으로 만들어 나무토막처럼 되는 것이다. 반대로 발가락에 의지하여 걷는 것은 걸음걸이에 유연함과 안전함을 부여한다. 그리고 한 발을 이동할 때, 한 쪽 발의 발끝을 아래로 내려놓는 것이 아니라 발바닥이 위로 올라간다면, 이것 또한 기형적이다. 이것을 스타니슬랍스키는 '관객에게 결코 자신의 더러운 구두창을 보여주어서는 안 된다'고 농담조로 말한 적이 있다.

신체의 각 부분의 불필요한 긴장 제거를 위해 많은 연습과제들이 있지만, 중요한 것은 학생 스스로가 이러한 긴장의 부위를 찾아내고, 그것을 제거하는 방법을 배워야 한다. 예를 들어, 다리의 근육을 이완해 보기 위해 학생으로 하여금 등을 대고 누워 근육에 힘을 빼도록 한 뒤, 그 다음 다리를 들어 올리도록 한다. 만약 이 학생이 정말로 다리 근육에 힘을 푼다면 다리는 당연히 접힐 것이고, 발바닥은 바닥으로 향할 것이다. 그러나 반대의 경우라면 다리는 긴장되어 있음이 분명하다. 또한 아직까지 발바닥이 다리에 직각 방향이라면 발목을 사방으로 회전 운동을 시키고 발가락도 살짝 움직이도록 함으로써 긴장을 풀어줄 필요가 있다.

팔의 무의식적인 긴장을 제거하기 위해서는 무엇보다 먼저 팔을 의식적으로 긴장시키고 이완시켜 보는 것부터 시작하는 것이 좋다. 먼저 팔의 근육을 긴장시킨 다음, 부드럽고 무거워서 축 늘어질 정도로 완전히 이완시킨다. 교육자나 학생 중 한 명이 학생의 손끝을 쥐고 팔을 천천히 들어 올리고 내린다. 이때 중요한 것은 팔을 들어 올리다가 갑자기 떨어뜨렸을 때, 팔은 반드시 아래로 자유롭게 떨어져야 하며 쉽게 팔꿈치가 접혀져야 한다. 다른 쪽 팔도 마찬가지로 수행해 보고, 그리고 난 다음 양팔 모두 실행해 본다.

이제 다른 근육은 긴장된 채로 남겨두고, 특정 근육군 만을 이완시키는 방법을 배워야 한다. 예를 들어 왼팔과 오른쪽 다리는 긴장을 시키고 오른팔과 왼쪽 다리의 근육은 이완시키는 것이 그 예이다.

어깨에서 손가락 끝으로 혹은 그 반대 방향으로 점진적으로 근육의 에너지를 전달하는 것처럼 팔의 동작을 펼치고, 접는 방법 또한 배워야 한다. 그때 무엇인가를 의미하는 동작들, 예를 들어 '저기를 보시오', '여기서 나가라', '이리로 다가오시오' 등의 행동은 표현력이 풍부해진다.

모든 기술적인 연습과제는 가능한 행동에 의해 정당화되어야 한다. 팔 전체를 사용하여 앞뒤 또는 위아래로 큰 동작을 하며 자신에게로 뭔가를 끌어오거나 밀어낼 수도 있고, 팔꿈치로 회전 동작을 하며 손가락으로 상상의 벽에 원을 그릴 수도 있는 것이 그 예이다.

또한 손끝 동작 하나하나마다 정당화시킬 수 있도록 하기 위한 많은 연습과제들도 있다.

① 손끝을 위에서 아래로 빠르게 흔드는 동작은 손가락에 묻은 반죽을 털어 내는 것이다.
② 위아래로 움직이는 손끝의 동작과 함께 손가락을 구부리고 펴는 것은 밀가루를 반죽하는 것이다.
③ 손가락을 힘차게 앞으로 던지는 것은 최면술을 걸거나 파트너의 얼굴에 물보라를 흩뿌리는 것이다.
④ 팔꿈치를 몸통으로 끌어당긴 상태에서 손끝을 교대로 위로 던지는 것은 공의 저글링을 연상시킨다.
⑤ 손끝의 회전 동작은 부채로 부채질하는 것이다.

스타니슬랍스키는 자신의 근육 긴장에 대한 과정과 그에 따른 불필요한

긴장의 제거는 자동적으로 되는 수준에까지 이르러야 한다고 강력하게
주장했다. 이를 위해 그는 자신 속에 내면의 관찰자 또는 근육의 감독관
을 키우는 것이 필수적이라고 말한다.

> 물론, 기계적인 습관이 되는 과정에서 처음에는 근육의 감독관에 대해
> 수없이 생각하게 되고, 그리고 난 후 기계적인 습관은 행위로 나타날 것
> 이다. 하지만 이것은 창조로부터 벗어난 것이지만, 결과적으로 근육의
> 이완 또는 적어도 그것을 위한 노력은 정상적인 현상이 된다…… 반드
> 시 자신의 신체적 본질에 근육의 감독관을 정착시켜 자신의 제 2의 천성
> 이 되게 해야 한다. 오로지 이러한 경우에만 근육의 감독관은 창조의 순
> 간에 우리를 도울 것이다. 만약 근육의 이완을 위해서 할당된 시간(수업
> 이나 훈련)에만 이것을 수행한다면, 원하는 결과를 얻을 수 없을 것이
> 다. 왜냐하면 그러한 제한된 시간으로는 연습과제가 습관적으로 될 수
> 없으며, 무의식적이고 기계적인 익숙한 수준까지 도달할 수 없기 때문이
> 다. (2권, 135-136쪽)

이러한 작업과정에서 주요과목 교육자뿐만 아니라, 보조과목의 교육자들
또한 모두 초보배우들을 도와야 한다.

[3] 감각과 관찰

시각, 청각, 후각, 촉각, 미각의 도움으로 외부 세계의 대상을 지각하는
것은 살아 있는 유기적 과정의 필수적인 첫 번째 단계이다. 이 과정은 배
우 창조의 근본이 된다.

일상적인 삶에서 이러한 유기적인 과정은 무의식적으로 자연스럽게 발생한다. 그러나 무대에서는 의식적인 의지의 힘을 빌려 만들어지는데, 왜냐하면 무대적 삶의 내용과 길이가 극작가, 연출가, 무대미술가, 배우자신에 의해 미리 정해지기 때문이다. 따라서 유기적인 과정의 가장 중요한 조건이라고 할 수 있는 삶의 직접적인 영향이 배우에게는 사라져 버린다. 배우가 이미 자신의 말과 행동에 대해 모두 알고 있다고 하더라도, 반복되는 매 번의 공연이 이전 것에 대한 기계적인 복사를 의미하는 것은 아니다. 자연에서와 마찬가지로 진실로 살아 있는 모든 것들은 예술에서도 결코 반복되지 않는다. 태양의 일출 시간과 장소는 누구에게나 잘 알려져 있지만, 오늘의 태양의 일출은 분명히 어제의 태양과는 다른 무엇인가가 있는 것과 같다.

만약 배우가 어제의 연기를 단순히 반복하는 것이 아니라 자신의 역할을 오늘 다시 연기하고자 노력한다면, 즉 살아 있는 유기적인 창조의 노선을 따라 간다면 오늘 상대배우의 행동에서, 오늘 객석의 반응에서, 오늘 공연의 전체적인 분위기 속에서 그는 항상 어제의 것과는 다른 어떤 새로운 것을 포착하게 될 것이다. 오늘 배우의 자감으로써 무대에서 발생하는 지각과 평가는 그 속에 참신하고 싱싱한 요소를 함유하게 되어 결국 무의식적이고 유기적인 창조를 위한 근원적인 충동 또한 포함하게 된다. 이러한 의외성과 참신성의 순간을 이용할 수 있는 능력은 역할을 소생시키고 배우의 연기에 있어서 신선한 살아 있음을 불러일으키는데, 그것은 배우를 위해 무대적 삶의 진실에 대한 표준이 되도록 한다. 아울러 이러한 창조적 행위는 다른 배우들에게도 영향을 미치는데, 이것은 그들로 하여금 상대배우의 행동에 나타난 모든 것을 새롭게 지각하고 평가하도록 만들어 그들이 오늘의 방식으로 행동하도록 만든다.

한편 무대에서 퇴화된 감각기관을 가진 배우들을 자주 보게 되는데, 그들은 보고, 듣는 척 할 뿐, 실제로 자신의 주위에서 일어나고 있는 것을 받아들이지 못하고 있다. 그러한 배우들은 당연히 내적 체험의 예술 본래의 섬세함을 표현해낼 수 없는 것이다.

자신의 창조 행위 속에서 상대배우의 행동과 주위 환경의 모든 섬세한 변화를 올바르게 받아들이고 반영하기 위해서는 반드시 예리한 주의를 가져야 되며, 무대적인 상상의 상황 속에서 자신의 감각기관을 올바르게 사용할 줄 알아야 한다. 이것은 합당한 기술의 숙련을 통해서만 달성될 수 있다.

학생들은 특정한 대상을 향해 의식을 가지고 주의를 집중할 수 있도록 만들어주는 아주 단순한 연습과제로부터 시작하여 자신의 감각기관을 훈련할 필요가 있다. 그 중 몇 개의 연습과제를 예로 들어 보자.

① 학생들이 자신이 보는 범위 내에서 가장 멀리 있는 것과 가장 가까이 있는 것을 말하기
② 연습실에 있는 특정 색깔의 모든 물건, 또는 똑같은 글자로 시작되는 모든 물건을 열거하기
③ 동료 학생이 취한 자세나 일련의 동작들을 그대로 재현하기
④ 책상이나 연습실 안에 놓여 있는 물건의 위치를 기억하고, 밖으로 나갔다가 다시 들어와서 본인이 나가 있는 동안 발생한 변화에 대해 정확하게 말하기

이러한 연습과제를 진행함에 있어서 학생들로 하여금 주위의 사물을 지각하는 최대한의 섬세함과 눈에 띄지 않는 미세한 부분까지도 놓치지 않도록 하는 것이 중요하다. 예를 들어 표면적으로 보는 경우 방의 천정은

흰색이고 피아노는 검은색이라 말할 수 있지만, 만약 집중하여 살펴본다면 다른 색조의 반사와 음영을 느낄 수 있다.

학생들에게 동료 학생의 눈을 자세히 들여다본 후, 눈의 형태, 색깔, 무엇을 생각하고 있는지 이야기해 보라고 제안할 수도 있을 것이다. 그리고 난 후 자신의 관찰이 맞는지 확인해 보도록 한다. 이것들에 대한 토론 중에 정확하지 못했던 부분은 무엇인지 밝혀내고, 첫 번째 시도에서는 발견하지 못했던 새로운 세부사항도 찾아내 보자.

청각적인 지각의 발전을 위해서도 유사한 연습과제를 제안할 수 있다. 학생들에게 거리의 소음을 듣게 한 후, 그 속에서 자동차 소리, 사람 목소리, 새 소리, 기타 소리 등을 구별해 내도록 한다. 보다 더 세밀한 연습과제를 수행하기 위해서 어떤 자동차(승용차인지 화물차인지, 짐을 많이 실었는지 비어있는 상태인지)가 거리를 달리고 있는지, 어떤 방향으로 가고 있는지 등을 구별하도록 노력해 보면 된다. 이제는 거리의 소음으로부터 건물 안에서 나는 소리로 관심을 돌려보자. 현재의 강의실, 복도, 옆 강의실, 위층과 아래층에서는 무슨 소리가 들리는지, 그리고 그 곳에서 무슨 일이 일어나고 있는지 설명해 보자. 주위의 소리들 중에서 가장 높은 소리와 가장 낮은 소리, 가장 큰 소리와 가장 작은 소리를 가려내 보자. 그리고 동료 학생의 말을 듣고, 그의 억양, 발음을 재현해 본 후, 그의 발음적인 문제점은 무엇인지 이야기해 보자.

이후에 청각적인 지각의 보다 나은 발전을 위해 음악작품을 듣고, 연기교육자가 제시하는 다음과 같은 질문에 체계적으로 대답하는 것 또한 유용한 연습과제이다.

① 주어진 음악이 어떤 형상이나 느낌을 불러일으키는가?

② 작곡가는 이것을 달성하기 위해 어떤 방법(멜로디, 리듬, 음향의 강
도, 음조 등)을 사용했는가?
③ 작품은 어떠한 부분들로 이루어져 있는가?
④ 작품의 중심 주제는 어떻게 발전되는가?
⑤ 자신의 목소리로 멜로디를 따라 불러보기

한편 촉각의 발전을 위한 연습과제로는 손으로 더듬어서 사물의 재료, 형태, 크기, 질감을 맞추거나, 다양한 화폐의 금액 맞추기, 손이나 옷을 만져봄으로써 동료 학생 알아맞히기, 방 안의 온도 맞히기 등이 있다.

후각과 미각은 배우가 무대에서 직접적으로 활용하는 경우가 드물다. 이러한 감각은 주로 시각적이거나 청각적인 형태에 부가되거나 감각에 대한 기억으로 대체된다. 예를 들어 어떤 배우가 공연 중에 스튜를 먹어야 되고, 또 다른 배우는 동백나무의 향기를 맡아야 한다면, 그 배우들은 자신의 미각과 후각의 기억에 따라 이러한 대상의 맛과 향기를 표현해낼 것이다.

이제 위에서 언급한 단순한 연습과제로부터 좀 더 복잡한 과제로 옮겨 보자. 학생들에게 위와 동일한 또는 유사한 연습과제를 제시하면서 이번에는 내적인 정당성을 찾도록 하는 것이다. 즉 왜, 어떤 상황에서 내가 주어진 대상을 보고, 듣고, 느끼는 가라는 질문에 대답하도록 한다. 예를 들면 다음과 같다.

① 나는 거리에서 들려오는 자동차 소리를 듣고 있다. 그것은 나에게 소
중한 사람의 목숨을 구하기 위한 응급차의 소리이다.
② 나는 옆 사람의 손목시계를 뚫어지게 쳐다보고 있다. 그것은 언젠가
잃어버렸던 내 시계와 닮았다.

③ 나는 부상당한 동료의 팔을 만지고 있다. 그것은 그에게 붕대를 감아
   주기 위해서이다.

　이러한 방법으로 감각에 의한 지각의 발전을 위해서 행해지는 연습과
제는 일상적인 삶의 차원에서 창조의 시발점인 상상력의 차원으로 점차
이동해 간다.

　예리한 감각, 섬세한 관찰력은 어떤 분야의 예술가에게도 필수적이다.
그러나 다양한 분야의 예술가에게 있어서 삶에 대한 관점은 저마다의 특
성을 가지고 있다. 음악가는 청각적인 감각이 보다 더 발달되어 있어서
다른 직업을 가진 사람은 듣지 못하는 매우 섬세한 소리를 듣고 그 소리
의 뉘앙스까지도 이해한다. 한편 화가는 다양한 색과 빛의 결합 속에서
시각적인 형상을 지각할 수 있도록 자신의 눈을 훈련시킨다. 배우는 다양
한 일상적인 삶의 상황 속에서 사람의 행동의 특성을 볼 수 있는 능력을
자신 속에 발전시킴과 동시에, 발생된 사건의 내적인 논리와 역동성을 이
해하고 지각할 수 있어야 한다.

　학생들에게 거리, 버스, 지하철, 극장, 카페 등의 장소에서 사람의 행동
의 외적인 특징을 관찰한 후, 그의 내면의 상태, 직업, 사회적 지위 등에
대해 이야기해 보도록 하고 또한 그 순간-누군가를 기다리는, 어디론가
서둘러 가고 있는, 산책을 하고 있는 등-의 행동에 영향을 주었을 전前
상황을 논의해 보자.

　행동을 보고 사람들 간의 상호관계를 이해하는 것은 특히 흥미 있는 일
이다. 예를 들어 최근에 만난 사람들, 오래된 친구, 연인(이들의 관계는 어
느 정도까지 발전했는지), 상사와 부하직원, 교육자와 학생, 앙숙지간인
사람들 사이의 상호관계에는 어떠한 행동의 논리가 있는가 하는 것이다.

그리하여 학생들에게 다양한 일상적인 삶의 상황 속에서 다양한 사람들의 행동의 논리를 연구해 오라는 과제를 제시할 수 있다. 유사한 상황들 속에서 사람들에게 나타나는 공통된 형태의 행위를 알아내는 것과 다양한 사람들의 공통적인 행위 속에서 반복되어지지 않는 개인적인 행위의 형태를 알아내는 것도 중요하다. 예를 들어 긴 이별 후에 오래된 친구와의 만남이 이루어졌다고 가정하자. 이러한 만남은 아주 다양한 행위의 형태—격렬하게 또는 절제된 듯 신중하게, 보다 따뜻하게 또는 냉정하게, 급속하게 또는 느리게 등—속에서 이루어질 수 있다. 이처럼 행위의 형태는 다양하지만, 위의 만남에 있어서 행동을 위한 유기적인 과정은 모든 사람들에게 반드시 존재한다.

이러한 유기적인 과정은 어떠한 구체적인 행동을 가지고 나타나는가? 예를 들어 두 명의 파트너 중에서 한 명은 반드시 소리 내어 이름을 부른다든지, 건드린다든지, 특정한 제스처를 사용한다든지, 길을 막는다든지 등의 행위로써 다른 한 명의 관심을 자신에게 끌어오고자 애써야 하고, 나머지 한 명은 반드시 이러한 행동에 반응하게 하고 상황 파악을 해야 한다. 그 다음 인식의 순간(그 사람인가 아니면 그가 아닌가?), 확신(그 사람이다), 그리고 뜻밖의 만남에 대한 반응이 나타난 후, 서로 서로에 대한 탐색과 비교가 이루어지는데, 즉 예전의 모습과 현재의 모습(늙었다, 살쪘다, 말랐다, 건강해 보인다, 나빠 보인다, 또는 활짝 펴 보인다)에 대한 비교, 과거의 관계에 대한 회상, 서로 서로 만져보기, 이후 더 가까운 사이가 되든지 아니면 더 멀어지는 사이가 되든지 간에 새로운 관계의 정립 등이 나타난다.

이처럼 오래된 친구와의 만남이라는 에피소드에 있어서 그들의 행동 논리에서 어떤 하나의 고리가 빠진다면, 그로 인해 사건 전체의 유기적인 과정이 파괴될 것이다. 그러므로 학생배우에게 관찰뿐만 아니라 유기적인 과정들을 분석하고 그것들을 행동의 단위별로 나눌 수 있는 능력을 가르치는 것은 그 무엇보다도 중요하다. 스타니슬랍스키는 배우들에게 일상적인 삶의 다양한 상황 속에서 사람의 행동 논리를 꼼꼼하게 기록할 것을 강력하게 권고하고 있다. 그는 이러한 기록이 이후의 창조 작업을 위해 매우 귀중한 자료를 만들어준다고 확신하고 있다.

연기교육자의 목표는 학생들의 자발적이고 살아 있는 관찰의 방향을 잡아주고 조정하는 것이다. 즉 학생들에게 관찰대상이 되었던 사람들의 행동에 대해 이야기하도록 하고, 그리하여 관찰대상의 행동을 구체적으로 재현하도록 유도한다. 이때 학생들은 관찰대상의 행동을 외적인 측면만으로 복사하거나 외적 형상을 모방하려고만 하지 말아야 하며, 자신이 관찰했던 사람의 속이야기와 그것을 토대로 한 시연을 조합하여 자신의 행동 논리로서 전달할 수 있도록 해야 한다. 속이야기를 하거나 그것을 토대로 시연할 때는 실제로 관찰했던 것보다 더 명확하게 전달할 수 있도록 하기 위하여 실제 관찰한 내용에다 자신의 상상력(속이야기)을 첨가하여도 무방하다.

이러한 종류의 연습과제는 인물형상의 행동 논리에 대한 이해와 연구에 관련된 2학년 과정(인물형상 에튜드)의 수업에서 한층 발전하게 된다.

[4] 느낌에 대한 기억

지금까지 배우의 감각기관, 주위사람들을 보고 듣고 관찰하는 능력의 방법과 발전에 대해 언급하였다. 그러나 배우에게 중요한 것은 삶의 현상 속에서 어떤 대상을 지각하고 관찰하는 것뿐만 아니라 지각된 느낌과 관찰을 자신의 기억 속에 간직하는 능력 또한 중요하다.

느낌에 대한 기억이란 실제의 형상을 머릿속에 재현할 수 있는 능력을 의미한다. 고골에 의하면 '화가는 존재하지 않는 대상을 마치 자신의 눈앞에 있는 것처럼 생생하게 묘사하는 것에 타고난 사람'이라고 말한다. 이러한 창조적 능력을 다시 평가한다는 것은 어려운 일이다. 왜냐하면 이것은 자신의 상상 속에 있는 것을 현실의 형상으로 재현해 내면서, 동시에 자신으로부터 이것의 지각과 관련 있는 기억들을 불러온다는 것은 어렵기 때문이다. 다른 말로 하면 느낌에 대한 기억, 즉 이전에 경험한 자신의 느낌에 대한 기억을 통해 자신의 정서적 기억에 영향을 줄 수 있을 뿐이다.

그러나 직접적으로 정서적 기억에 호소하려는 시도는 부정적인 결과를 초래할 수 있다. 스타니슬랍스키에 의하면 무의식이라는 자루 속으로 몰래 들어가서 그 안을 휘젓는 것은 벌을 받아 마땅한 일이라고 말한다. 무의식 속에 보존된 정서는 우리가 시각적, 청각적, 근육적, 다른 느낌 속에 새겨진 형상이나 사건에 대해 회상할 때 무의식적으로 끄집어내진다. 그래서 의지라는 단순한 힘만으로는 정서를 불러올 수는 없는 것이다. 따라서 본능에 대한 이러한 강요는 배우에게 내면의 이상異狀과 심리적 압박을 초래할 뿐이다.

그렇지만 섬세하게 보고 듣는 능력을 가지지 못하고, 선명하게 자신의 인상으로 받아들이고 또 그것을 자신의 기억 속에 견고하게 보존하는 능력을 가지지 못한 사람은 배우라는 직업에 어울리지 않는다. 이에 대해 A.H. 오스트롭스키는 다음과 같이 확신한다.

우리는 자연으로부터 섬세한 청각적, 시각적 느낌과 더불어 강한 감수성
을 타고난 사람은 배우가 될 사명을 지니고 있다고 생각한다. 그러한 능
력을 가진 사람은 아주 어린 시절부터의 거의 모든 정신적 상태 및 행위
의 모든 외적 표현들이 머릿속에 남아 있으며, 언제든지 그것을 기억해
내어 끄집어낼 수 있다…… 아울러 축복받은 재능을 소유한 사람의 머
릿속에는 유추를 이용하여 특별한 심리적인 과정을 거쳐 창조적 이해가
생겨난다.

다행스러운 점은, 이전에 경험한 느낌들을 자신의 기억 속에 보존하는 능
력은 개선되어 진다는 것이다. 협소한 의미에 있어서 이 능력은 예술적
창조의 근간인 신체적 또는 비유적 사고의 발달과 관련 있다.

연기교수법에는 이 목표를 위한 특별한 방법과 연습과제가 구축되어
있다. 이러한 연습과제의 가장 단순한 형태는 현실의 시각적, 청각적, 그
리고 그 외의 기억을 재현하는 것이다. 예를 들어 학생들에게 잘 알고 있
는 아파트의 가구, 바다에 대한 첫 인상, 유명한 화가의 그림, 건축 기념
비, 학교 친구의 외모 등을 기억하라고 제시하는 것이다.

청각적 느낌의 기억에 대한 일련의 연습과제인 바람 소리, 비 소리, 우
레 소리, 종달새 노래, 낯익은 목소리의 음색, 유행가의 선율 등을 기억하
라고 제시해 보자. 그리고 제비꽃, 장미, 신선한 건초의 향기, 겨자, 레몬,
싱싱한 와인의 맛, 뜨거운 물과 찬물의 느낌, 치통, 심한 추위, 더운 여름
날 등을 기억해도 좋다. 또한 총체적으로 대상에 대한 다양한 느낌의 조
합도 가능하다. 예를 들어 바다에 대한 기억은 수많은 느낌들의 조합이
다. 밀려오는 물결의 형태, 파도 소리, 바닷물의 냄새와 짜고 쓸쓸한 맛,
바닷물의 온도에 대한 느낌 등이 그 예이다. 연습과제에서는 이전에 경험
했던 느낌의 기억을 명확하고 구체적으로 획득하는 것이 중요하다.

느낌에 대한 기억의 발달에서 다음 단계는 자신의 기억에 특정 형상이나 사건을 회상하여 재건하는 것뿐만 아니라, 듣는 사람 역시 말하는 사람의 관점에 의해 영향 받을 수 있도록 말로써 설명할 수 있는 능력이다. 그러나 이것은 이미 언어적 행동에 해당하는 것이며, 이것에 관해서는 텍스트 작업(이것은 또 다른 사람, 즉 작가라는 사람과의 만남)이라는 2학년 과정(인물형상화작업과 역할작업)에서 자세하게 설명할 것이다.

그렇지만 초보적인 수준에서 언어적 행동의 과제는 1학년 과정에서도 이미 나타나는데, 그것은 학생들이 일련의 연습과제와 에튜드에서 말의 도움을 받아야 할 필요가 대두되는 과정에서이다. 물론 학생들은 아직까지 작가의 텍스트가 아니라, 자기 자신의 말을 가지고 수업에 임해야 한다. 그러나 여기에 근본적인 차이가 있는 것은 아닌데, 왜냐하면 어떠한 경우에서도 언어적 상호행동과 교류는 발생하기 때문이다. 그러므로 연기교육자는 처음부터 학생들의 관심을 말의 살아 있음(활동성)과 형상성으로 향하게 해야 하며, 기계적인 지껄임을 허용해서는 안 된다. 따라서 학생들은 언어 뒤에 숨어 있는 실제의 형상을 가지고 상대방에게 영향을 주기 위한(전염시킬 수 있는) 언어적 행동 능력을 획득해야만 한다.

[5] 상상의 상황을 통한 행동

무대적 행동은 삶의 행동과는 다르다. 그것은 현실이 아니라 상상력의 구현이기 때문이다. 무대적 행동은 극작가의 창작에 의해 사전에 제약되어지며, 예술적으로 표현되어지고, 관객에게 명료해야 한다는 무대성이라는 요구 사항들에 부합되어야 한다. 삶의 행동과는 달리 무대적 행동은 모든 우연한 것과 존재하지 않는 것이 제거되어야 하고, 응축되고 집약적인 형태 속에서 역할에 대한 '인간 영혼의 삶'을 구현해야 한다.

그러나 위에서 언급한 것은 행동의 당위성이라기보다는 행동의 성격이나 성질과 관련이 있다. 예술적인 관점에서 내적 체험은 무대에서 배우의 행동의 근간이 되는 것이며, 그리하어 인간의 행동 법칙은 항상 현실적이며 실제적이다. 이러한 의미에서 쉐프킨은 '예술은 자연에 가까워질수록 높아진다'라고 확신하고 있다. 자연의 법칙을 따르는 것은 〈스타니슬랍스키 시스템〉의 가장 중요한 요구사항이다. 배우는 삶에서의 행동과 마찬가지로 무대에서도 유사한 상황에서 주어진 역할로서 행동할 수 있어야 한다.

그러나 무대에서 삶의 법칙에 따라 행동한다는 것은 연극적으로 행동한다고 생각하는 것보다 훨씬 더 힘든 일이다. 왜냐하면 무대의 삶은 예술적 상상의 조건 속에서 제약되어지기 때문에 행동을 완수해야 할 실제적인 당위성이 그만큼 필요하지 않다고 생각하기 때문이다.

스타니슬랍스키에 의하면, 배우의 창조는 〈만약에〉라는 법칙을 가지고 있는데, 이것은 실제적 삶의 측면에서 상상적 삶의 측면으로의 전환을 의미한다. 그러나 이를 위해 상상을 현실로 간주하려고 노력하거나 자기 최면을 걸 필요는 없다. 배우는 상상의 가능성을 현실 속에서 찾고 이해하여 단지 그것에 부합하는 행동을 찾으면 되는 것이다.

그렇다고 하더라도 배우기술의 주된 어려움은 상상의 삶의 조건들 속에서 행동함과 동시에 현실의 삶에서 일어나는 유기적인 과정의 모든 정교함을 유지해야 한다는 것이다. 이것을 위해 예술적 상상이라는 가장 단순한 요소로부터 시작하여 점진적으로 접근할 필요가 있다.

이를 위해 스타니슬랍스키는 다음과 같은 연습과제를 제시한다.

‘우리는 지금 연습실에서 수업 중이다’. 이것은 실제 현실이다. 연습실, 가구, 소품, 학생들, 연기교육자 모두 지금 있는 그 모습 그대로이다. 그러나 〈만약에〉의 힘을 빌려, 나는 이것들을 존재하지 않는 상상의 삶의 차원으로 옮겨 놓는다. 이를 위해 ‘지금은 낮 3시가 아니라 새벽 3시다’라고 생각해보자. 수업이 이렇게 지체된 것에 대해 자신의 상상력을 가지고 행동으로 정당화시켜 보라. 이것은 어려운 과제가 아니다. 예를 들어, 내일이 시험이라서 해야 할 일이 너무 많기 때문에 시간이 많이 지체되었다고 가정해 볼 수 있을 것이다. 그러자 새로운 상황과 더불어 걱정거리가 생겨날 수 있다. 일이 늦어서 시간이 지체되었다는 것을 가족들에게 알리지 못했고, 이로 인해 가족들이 걱정한다. 또 어떤 학생은 초대받은 파티에 가지 못했고, 다른 학생은 멀리 살기 때문에 버스가 끊어진 늦은 시간에 어떻게 집에 가야할지 모른다 등이다. 가정된 상상에 의해 수많은 생각, 느낌, 기분 등이 생겨난다. 이 모든 것은 앞으로 발생할 일들에 영향을 미칠 것이다. 이것은 내적 체험을 위해 제시된 단계 중의 하나이다.

이러한 상상력의 도움으로 우리는 〈야간수업〉이라는 제목을 붙여 에튜드로 더욱 발전시킬 수 있을 것이다.

이처럼 연습과제는 또 다른 새로운 〈만약에〉를 만들어 다양성을 확보할 수 있을 것이다. 예를 들어 위에서 언급한 〈야간수업〉이 겨울철 난방이 되지 않는 연습실에서 있었다거나, 반대로 30도가 넘는 여름철이었다고 가정해 보자. 또는 수업이 정원에서 혹은 순회공연을 떠나는 배의 갑판에서 있었다고 가정해 보자. 이러한 상황들은 수업의 성격을 바꾸고 새로운 색채를 부여할 것이다. 즉, 정원에서의 수업은 주의를 흩뜨리는 요소-나뭇잎 소리, 새 소리, 행인들, 바람 등-들을 극복하기 위해 연기교육자로부터 더 많은 집중을 요한다. 그래서 정원에서의 수업에 좀 더 집중하기 위하여 학생들은 다른 방법으로 자리를 잡고 앉아야 하고, 교육자의 말을 더욱 집중하며 기록할 수 있도록 준비해야 한다. 점차적으로 새로운 상상이 더 도입된다고 가정해 보자. 바람이 더 거세어지고, 비가 내리고, 모기가 물고, 고양이가 뛰어 다니고, 참새가 날아다닌다면, 이러한 상황은 더욱 더 수업의 싱격을 바꿀 것이다.

연기교육자는 학생 중 한 명에게 더 복잡한 상황을 제시할 수도 있다. 〈만약에〉 학생의 이가 아프다면, 날벌레가 눈에 들어갔다면, 신이 발을 조인다면, 그는 아픔을 감추거나 이겨내며 어떻게 수업에 임할 수 있고, 교육자의 질문에 답변할 것인가? 〈만약에〉 그들의 대화가 만원 버스나, 혼잡한 역에서, 아니면 센티멘탈한 왈츠 또는 빠른 댄스곡의 선율 아래 공원에서 산책할 때 일어났다면? 이러한 외적 조건들이 대화의 성격에 어떤 영향을 미치는가? 위의 연습과제들은 제시된 상황의 미묘한 변화가 어떻게 자신의 행동에 영향을 줄 수 있는가 하는 것이다. 대작가의 작품에는 이처럼 부차적인 상황이 사람의 행동에 어떤 영향을 미치는 가에 대한 적지 않은 예가 등장한다. 예를 들어 『전쟁과 평화』에서 톨스토이는 두 친구, 사병으로 강등된 돌로호프와 기병 소위 제르코프는 행군 때 대화를 나눈다. 이들의 대화는 병사들이 부르고 있는 춤곡 〈아, 당신은 보호처, 나의 보호처〉를 배경으로 하는데, '활기찬 노래는 제르코프의 거리낌 없이 즐거운 음색과 돌로호프의 고의적이고 냉정한 대답의 음색에 특별한 의미를 전달한다'고 톨스토이는 적고 있다. 노래의 성격은 제르코프가 사용하는 어휘에도, 돌로호프의 간략하고 단속적인 답변에도 영향을 미친다. 그리고 그들의 대화 자체가 '만약 노래 소리가 들리지 않는 곳에서 일어났다면, 그것은 분명히 다른 내용의 대화이었을 것이다'라고 작가 역시 언급하고 있다. 그리하여 배우는 사람의 행동의 성격과 그 행동이 이루어지는 외적 조건들 사이의 미묘한 관계를 포착할 수 있는 능력을 길러야 한다. 한편 또 다른 종류의 연습과제로서 행동의 정당성을 예로 들어보자.

> ① 학생에게 방을 따라 쭉 걸어가 보라고 한 뒤, 이 행동을 정당화해 보라.
> ② 박물관의 방을 따라 걸어가 보라.
> ③ 숲에서 버섯을 따 모아 보라.
> ④ 어떤 해명을 위해 교장실로 다가가 보라.
> ⑤ 얕은 여울을 건너고 또는 얇은 얼음, 습지, 눈 덮인 벌판, 낭떠러지 위의 통나무를 따라 지나가 보라.

연습과제의 실행 과정에서 새롭고 더 복잡한 상황을 첨가해도 좋다. 예를 들면, 빗속에서 버섯 따기, 밤중에, 강한 바람 속에, 적군의 사격 속에 낭떠러지 건너가기 등이다. 이것은 행동을 명확히 하고 정당화하기 위하여 다른 부차적인 상상(구체적인 상상)이 요구되는 것이다. 따라서 그의 목표, 바로 그렇게 행동하도록 야기한 이유 등이 설명되어야만 하는 것이다. (내가 적의 추격으로부터 피하기 위해) 습지를 건너간다고 가정하거나 아니면 반대로 (내가 그를 추격하기 위해) 완전히 낯선 습지를 밤중에 건너간다고 가정하는 것 등이 바로 그것이다.

연습과제에 부차적인 상황의 도입으로 인해 이전의 상황을 자기화 해 나감에 있어서 행동의 새로운 구체성이 요구된다. 처음에는 습지를 건너가는 것으로 가정해 보자. 우선 학생들은 무엇이 그들로 하여금 이러한 행동을 하도록 만들었는지에 관계없이 불안정하며, 평평하지 않은 습지 표면을 따라 이동하는 행동의 기술이 습득되고 나면 나는 어디서, 언제,

왜, 제시된 행동을 완수해야 하는가 라는 질문이 자연스럽게 떠오르게 된다. 이러한 실행 과정 자체가 항상 상상의 작업을 활성화시키고 자신을 집중하도록 만든다. 위의 연습과제의 목표는 학생들의 상상을 일깨우고, 주어진 행동을 구체적인 삶의 내용으로 정당화할 필요성을 그들로 하여금 만들어 주는 것이다.

'방으로 들어가기'라는 아주 단순한 과제를 제시해 보자. 만약 학생이 자신의 행위에 어떠한 〈만약에〉도 가정하지 않은 채 그냥 문을 열고 방으로 들어섰다면, 그는 어떠한 행동도 행하지 않았으며, 단순히 형식적인 미장센을 수행했을 뿐이라고 말할 수 있다. 현실에서는 이러한 목적 없는 '등장'은 불가능하다. 만약 그가 동료들과 작별을 하기 위해 또는 자신의 갑작스러운 출현으로 동료들을 기쁘게 하기 위해 들어왔다면, 또는 연기 교육자에게 사과를 하기 위해 혹은 예심 판사의 소환을 받고 들어왔다면, 완전히 다른 결과가 될 것이다. 그러한 모든 상상들이 행동의 수행을 위한 동기가 된다. 그러나 '그냥'이 아니라, '구체적'으로 행동하기 위해서는 일련의 부차적인 상상력이 요구된다. 예를 들어 예심 판사 앞에 나타나기 위해서는 내가 어떠한 과실을 저질렀는지, 어떠한 범죄를 목격한 적은 없는지, 또는 소환의 원인에 대해 전혀 짐작할 수 없다든지 등을 알아야만 한다. 따라서 이 모든 것들에 의해 나는 문을 여러 가지 형태로 열 수 있을 것이다.

그리하여 모든 것을 새로운 상상력으로 무장함으로써 단순한 행동(방을 지나가기, 문 열고 닫기 등)은 생산적이고 목적지향적인 것이 되며, 특정한 의미를 획득하게 된다. 다양한 〈만약에〉를 가정함으로써 동일한 과제를 다양하게 실행할 수도 있다.

① 휴식을 위해, 일의 시작을 위해, 상관의 잔소리를 듣기 위해 '의자에
   앉는다'.
② 방안으로 들어오는 사람과 인사하기 위해, 추후의 해명을 피하기 위
   해, 동료에게 약속된 신호를 보내기 위해 '의자에서 일어난다'.
③ 자신에게로 관심을 끌기 위해, 자신의 불만을 이해해달라고 하기 위
   해, 감사/공감/찬성을 표현하기 위해, 자신의 우월성을 나타내기 위
   해 '상대방의 손을 잡는다'.

학생들의 잠자고 있는 상상력을 깨우기 위해 연기교육자는 행동을 정
당화해주는 상황을 제시할 수도 있다. 예를 들어 〈외투를 입고 벗기〉를
가정해 보자. 연기교육자는 이것이 양복점에서 금방 나온 새 외투라는 것
을 제시해 준다든지, 혹은 여기에다 새 외투의 치수가 맞지 않은 것이라
는 사실을 덧붙일 수도 있다. 또는 호주머니에 있는 영수증을 보고, 양복
점에서 서두르다 다른 외투를 포장해서 보낸 것임이 밝혀지는 것이라는
상황을 제시할 수도 있다.

다음 단계로 연기교육자가 상황을 제시하지 않고 일련의 힌트만 줌으
로써 학생들로 하여금 스스로 상황에 부딪치게 할 수도 있다. 예를 들어
'무엇 때문에 외투를 벗었는가?'라는 질문에 학생이 '자신의 모습을 변장
하기 위해 옷을 갈아입으려 했습니다'라고 대답했다고 가정하자.

- 왜 옷을 갈아입지?
- 나를 뒤쫓는 경찰을 피해가며, 파시스트의 포로수용소에서 탈출해 나
  왔기 때문입니다.
- 언제 일어난 일이지?
- 2차 대전, 새벽입니다.
- 어디서 일어난 일이지?

- 벨라루시의 점령된 지역의 어느 마을 끝 농가입니다.

이처럼 학생은 이전의 내용과 관련하여 새로운 질문에 답변해야 한다.
  행동의 최종 목표를 결정하기 위해서 이미 구성된 상상을 논리적으로
완성해 보자. 예를 들어 나는 전선을 넘어 아군과 합류하여 적과의 전투
를 계속하고자 한다고 가정해보자. 가정된 상황은 주어진 행동(외투를 벗
는 것)의 완성뿐만 아니라 에튜드(《포로수용소에서의 탈출》)를 실행하기
위한 기초 또한 제공한다. 한편 학생들에게 조금 더 힌트를 줌으로써 수
많은 부차적인 상상력을 불러일으킬 수도 있다. 예를 들면 다음과 같다.

① 탈출할 때 날씨(비, 눈, 영하의 온도)는 어떠했는가?
② 그가 잠시 은신하고 있는 그 집의 집주인은 그를 어떻게(의심, 동정,
   적의, 우호) 대했는가?
③ 그는 어느 정도의 위험에 노출되어 있었는가?
④ 적들은 얼마나 멀리 떨어져 있는가?
⑤ 그 집주인은 그를 배반할 가능성이 있는가?
⑥ 그는 굶주렸을까, 자고 싶을까 아니면 계속해서 달아나기를 원할까?

이러한 모든 상상은 연습과제로서 혹은 에튜드의 실행 이전까지 만들 수
있다. 배우의 상상력에 보다 적극적으로 영향을 미치는 교수법은 연습과
제나 상황으로부터 행동으로 나아가는 것이 아니라, 주어진 행동으로부
터 부합되는 상황을 가지고 행동의 정당성으로 나아가는 것이다. 이 경우
교육자는 학생들에게 행동의 실행을 위한 것이 아닌 행동 자체의 성질이
나 이유에 대해 말해주어야 한다. 예를 들어 '조심해서 문을 열다'와 같은
행동을 하면서 학생은 스스로 자신의 행동을 정당화하는 상황을 찾게 된

다. 즉, 그는 관심 있는 이야기를 엿듣기 위해 또는 자기 동료에게 쪽지를 살짝 전해주려고 문을 연다는 것이 그 예이다. 만약 그에게 '다급하게 문을 세게 열어라'고 제시한다면 상상은 완전히 다른 방향으로 작용하게 된다. 신속히 뛰어들어 와야만 하는 화재나 어떤 사건에 대해 알리기 위해 급하게 교실로 들어오는 경우가 그 예이다.

M. 체홉은 박탄고프에 대한 회상에서 흥미로운 즉흥적인 배우의 연습 과제를 예로 들고 있다. 그는 다음과 같이 적고 있다.

박탄고프는 어떠한 준비도 없이 즉흥적으로 시작했다. 그는 자신의 상상에 충동을 주어 즉흥적으로 행동을 하기 시작했다. 즉, 책상 위에 있는 연필을 보고 손으로 집었다. 그가 어떻게 연필을 잡았는가. 이것은 그에게 있어서 다음 행동의 고리가 되었다. 연필을 잡는 그의 손동작은 느렸지만 그의 얼굴과 몸체는 결코 느리지 않게 변화되었다. 그것은 마치 내 앞에 평범한 청년이 서있는 듯 했다. 그는 당황한 눈초리로 자신의 손과 연필을 바라보고 천천히 의자에 앉아서 연필에 새겨진 이니셜을 바라본다…… 그녀의 이름. 이 청년은 사랑에 빠진 듯 얼굴에는 붉은 홍조를 띠고 연필에 새겨진 그녀의 이름인 이니셜을 다시 바라보고, 다시 한 번 연필을 잡을지 망설인다. 아직까지 그녀의 이니셜은 희미한 장식으로 된 검은색의 비정형적인 연필통 속에서 빛이 바래지 않았다. 청년의 눈은 눈물이 고였고, 행복해 하며 사랑스러워 보인다. 아직까지 그는 그녀를 그리워한다. 연필로 큰 점을 만들고, 청년은 벽에 매달린 거울로 향한다. 어떤 감정의 빛이 그의 영혼에 스쳐간다. 눈가에, 입술에, 얼굴에, 그의 온몸에…… 사랑하고, 의심하고, 소망하고, 좀 더 나아지기를, 더 아름다워 지기를…… 그의 뺨에 눈물이 흐르고 얼굴을 거울로 대어 보지만, 이미 그는 자신을 보지 못하고 그녀를 보고 있다. 단지 그녀만을 보고, 청년은 거울에 뜨거운 키스를 한다. (M. 체홉, 삶과 만남, 〈뉴욕. 잡지〉, 1944)

자신에게 익숙하지 않은 연필을 잡는다는 것은 재능 있는 배우에게 특별한 느낌과 어떤 연상을 불러일으키고, 이것은 그로 하여금 적절한 형상과 극적인 상황을 암시하는 상상을 일깨울 수 있다. 위의 예는 추상적인 상상의 결과로서의 행동이 아니라 행동 자체의 과정에서 만들어지는 배우의 상상적 본질이 잘 표출되어 있는 예이다.

상상력의 발전을 위해 다양한 종류의 대상을 다루어 보거나, 하나의 대상을 다양한 성질로 다루어 보는 것은 배우에게 있어서 풍부한 재료가 될 수 있다. 예를 들어 거울을 사용해 보자. 나는 누군가와 만나기 위하여 거울을 보며 얼굴에 화장을 하거나, 흰머리를 골라내기 위하여 거울을 보거나 상처를 눈여겨보기 위해 거울을 보는 등의 행동을 할 수 있다. 이제 상상의 도움으로 대상에 새로운 특성을 부여한다면 그것에 대한 관계는 변하고 새로운 행동이 나타난다.

① 거울이 폼페이 유적지에서 찾아낸 것이라면 나는 어떻게 그 거울을 손에 쥐고 또 유심히 살펴보게 될 것인가?
② 거울이 푸쉬킨의 『죽은 공주에 대한 이야기』에 나오는 질문에 대답을 하는 마법의 거울이라면 나는 무엇을 할 수 있는가?
③ 점을 치기 위해 필요한 거울이라면 나는 어떻게 할 것인가?

또한 상상은 연필 깎는 칼을 단검으로, 역사적인 유물로, 외과 수술 도구로도 바꿀 수 있으며, 대상에 대한 관계는 상대방의 행동에 의해 완전히 달라질 수도 있다. 예를 들어 손에서 손으로 책이 전달되는 과정에서 상대방은 책을 마치 선물, 적군의 열차 아래에 놓아두어야 하는 지뢰, 대마조, 사탕상자인 것처럼 전달할 수 있을 것이다. 혹은 책을 선달하면서, 이 책이 푸쉬킨의 개인 서재에서 나온 것이며 그의 자필이 쓰여 있다고 가정할 수도 있다. 물론 그가 아무 말 없이 이러한 역사를 가지고 있는 책을 전달할 수 있다면 더욱더 좋다. 그러면 전달받은 학생은 이 책이 푸쉬킨의 것인지 전혀 알 수 없을 것이다. 그러나 상대방의 행동을 통해, 이 책이 엄청난 서지학書誌學적 가치를 가지고 있다는 것을 짐작할 수 있다.

이제 다른 대상을 가지고 이와 유사한 연습과제를 해보자. 상대방의 손에서 몽둥이를 전달받은 학생은 그것을 플루트, 장검, 식물, 뱀인 것처럼 관계를 맺을 수 있다. 이러한 연습과제에서 행동은 상상으로부터 나오는 것임을 알 수 있다. 그러나 만약 나에게 진짜 뱀을 슬그머니 준다면 어떤 뱀이며, 독이 있는지 없는지, 있다면 어떻게 행동해야 할 지 판단할 시간적 여유가 없을 것이다. 다만 자기방어의 본능이 즉각적으로 필요한 행동을 불러일으킬 것이다. 이처럼 배우는 의식적인 방법을 통하거나 배우의 직관의 힘을 빌려 상상에 영향을 미치는 다양한 방법을 습득하는 것이 필수적이다.

배우의 상상력을 발달시키는 다양한 방법 중에서 특별한 형태의 연습과제가 있는데, 그것은 차후의 〈역할에 대한 배우의 작업〉 과정에서 충분히 논의되고 이해될 '행동의 논리성'에 대한 훈련이다. 어떤 학생에게 논리적 연관성이 완전히 결여되어 있는 독립된 자세와 행위를 하나의 완결된 의미로 연결하라고 제안해보자. 예를 들어 〈방으로 들어간다, 창가로 다가간다, 탁자 아래를 기어 다닌다, 방에서 뛰어 나간다〉 등의 독립된 네 가지의 행동을 제시하면, 학생은 위의 네 가지의 행동에 부합되는 상상력을 동원하여 순서적으로 행동을 정당화시켜 연기교육자에게 보여주어야 한다. 즉,

① 나는 학교를 마치고 집에 와서 내 **방으로 들어간다.**

② 그리고 친구의 고함 소리가 들려 **창가로 다가간다.** 그때 창으로 배구
공이 날아 들어와 탁자 아래로 굴러다닌다.
③ 나는 공을 잡기 위해 **탁자 아래를 기어 다닌다.**
④ 마침내 배구공을 집어 들고 바깥의 배구 경기에 합류하기 위해 **방에
서 뛰어나간다.**

이러한 네 가지의 행동의 순서는 다른 상황을 가지고 행동의 정당성을 찾
을 수 있다. 예를 들면 다음과 같다.

① 누군가의 추격을 따돌리기 위해 방으로 **들어간다.**
② **창가로 다가가서** 추격자가 오는지 본다. 그때 고양이가 방에 들어와
서 탁자 아래로 들어간다.
③ 고양이를 잡기 위해 **탁자 아래로 기어 다닌다.**
④ 마침내 도망치는 고양이를 잡아 가지고 방에서 **뛰어 나간다.**

새로운 행동의 정당성을 찾기 위해 행동의 종류를 바꾸어보자. 예를
들면 〈의자에 올라가 손을 든다, 바닥에 손을 댄다, 벽을 건드린다〉를 가
정해 보자. 이것을 위한 행동의 정당성은 다음과 같다.

① 전구가 타버렸다. 의자를 가져와서 그 위에 **올라가** 전등을 돌려 빼기
위해 **손을 든다.**
② 그러나 전구는 바닥에 떨어져 깨져 버렸다. 파편을 조심스럽게 쓸어
모으기 위해 **바닥에 손을 댄다.**
③ 빗자루를 가져오기 위해 **벽을 더듬어** 출구를 찾아서 방에서 나간다.

이처럼 행동의 연속성(순서)을 가진 채 자신을 해변의 밀려들어 오는 밀

물로 표현할 수도 있을 것이다. 처음에는 **바위에 기어올라** 구명보트에 **신호를 보내고**, 그 뒤 바위에서 떨어져 나와 보트를 **잡으려고 애쓴다.** 그리고 자신을 숲에 있는 어떤 것(바람, 새 등)이라고 상상해 보자. 나무의 그루터기에서 **일어나**, 거기에 있는 새끼 새 또는 희귀한 곤충을 **떨어내려고** 애쓰고, 그 뒤 나무에서 관목으로 **날아간다.** 이처럼 상상은 배우로 하여금 시간과 공간을 쉽게 극복하고, 어떤 상황에서 다른 상황으로 자유롭게 이동할 수 있도록 해준다.

그러나 제시된 상황을 가진다는 것은 실제를 모두 상상으로 대체해 버리거나, 주위에 있는 실제로부터 떼어낸다는 의미가 아니다. '만약 내가 숲에 있다면'이라는 가정은 마음속으로 자신을 어떤 상상의 숲으로 데려가는 것을 의미하는 것이 아니라, 단지 현재의 주위 상황 속에서 실제 대상을 새로운 대상으로 바꾸어 상상의 나래를 펴는 것이다. 다시 말하자면, 배우의 상상으로 인해 의자와 탁자(실제 대상)는 그루터기나 관목(새로운 대상)으로, 벽의 그림은 나무줄기나 잎으로, 양탄자는 초원 또는 늪지대 등으로 변할 수 있다. 여기에서 주위 사물(실제 대상)의 변화는 환각이 아니라 그것에 대한 나와의 관계의 변화일 뿐이다.

한편 수업이 진행되는 연습실에서는 학생들에게 상상력을 제공하는 사물이 부족하지 않아야 한다. 막, 발레 바, 계단, 커튼, 그림, 벤치, 소파, 이동식 문과 창, 간단한 무대 소품(지팡이, 공, 망토, 그릇, 꽃 등)들은 연습과제를 다양화시킬 뿐만 아니라 학생들의 창조적 발의가 나타날 수 있도록 해주기 때문이다. 반면에 연습실의 소도구나 소품의 궁핍함은 수업에 단조로움을 주고 진부한 반복만 초래할 것이다.

〈만약에〉라는 법칙의 연습과제는 학생들로 하여금 상상력의 발달을 돕고, 제시된 상황으로 인한 행동에 직접적으로 응답할 수 있도록 하며,

또한 주어진 행동을 정당화 시켜주는 상황을 찾을 수 있도록 해준다. 그리고 그것은 신속하게 반응하는 법을 가르치고, 부자연스러움과 불필요한 이성을 극복하도록 도와주는 순발력과 재치를 발달시켜 준다.

[6] 배우의 용감성과 대담성의 발달

배우의 창조과정은 배우자신의 진실함에 의해 좌우된다. 진실함이 섬세하고 명확할수록 예술 속에서 창조는 더 많은 결과를 얻게 된다. 따라서 진실함은 배우가 가져야 할 재능의 가장 중요한 특성이다.

그러나 자기 자신과 자신의 예술에 대해 배우적 요구가 아무리 높다할지라도, 처음부터 끝까지 진실에서 벗어나지 않고 진실된 내적 체험 하나만으로 역할 전체를 수행할 수는 없다. 무대에서의 열정은 필연적으로 진실, 그리고 기술적인 요소들과도 맞물려 있다. 예술적 창조의 순간에 배우는 항상 진실과 거짓의 경계선상에서 균형을 잡는다. 중요한 것은, 진실로부터 절대 물러서지 않는다는 것이 아니라 스타니슬랍스키가 언급한 것처럼, 진실의 입장에서 자신을 확신하기 위하여 거짓을 이용할 수 있는 능력이다.

거짓-배우가 행해야 할 필요는 없다.

만약 배우가 순간 올바르지 않고 실수하였다 해도 불행은 아니다. 중요한 것은 실수한 동시에 이 실수를 올바른 길로 이끌어 내는 것이다. 즉, 진실이라는 측면에서 중요한 것은 실수한 순간에 그 실수를 올바른 길로 되돌릴 수 있어야 하는 것이다. 또한 순간의 실수로 잘못된 경우,

배우는 이것을 순응할 뿐만 아니라 다음의 실수로 나아가지 않도록 하며, 그 실수의 경계를 파악할 수 있도록 해야 한다.

거짓은 배우에게 있어 전혀 필요가 없는 율관律管, 음의 높이를 정하기 위하여 쓰던 원통형의 관이다. (2권, 173-174쪽)

무대에서 거짓에 대한 지나친 공포는 배우의 바람과는 정반대의 결과를 초래할 수 있다. 무대적 공포는 배우의 창조적 본질을 방해하는 불필요한 자기 통제를 불러일으키고, 자유롭고 자연스러운 발현을 방해한다.

무대로의 등장 시, 행동에 대해서만 생각하면 되는 것이지 진실에 대해서 생각할 필요는 없다. 다른 말로 하면 스타니슬랍스키가 지적한 것처럼 진실 자체 때문에 진실의 부자연스러움 쪽으로 쉽게 기울어질 수도 있다는 것이다. 이것은 진실하지 못한 모든 것 중에서도 가장 나쁜 것이다.

거짓에 대한 지나친 공포는 가장 심각한 무대적 허위 중의 하나인 부자연스러운 조심성을 만들어 낸다. (2권, 173쪽)

배우들 사이에 광범위하게 퍼져 있는 공포―무대에서 거짓으로 행동한다―에 대한 가장 좋은 해독제는 내적인 창조적 자유, 용기, 결단성, 무대 과제의 실행에 있어서의 대담성을 기르는 것이다. 이를 위해 배우의 병적인 자기애, 수줍음, 당황, 재능 없는 사람으로 보이는 것에 대한 두려움, 서투름, 우스꽝스러움의 결과로 만들어진 학생들 개인의 방어적인 반응을 극복할 수 있도록 도와줄 필요가 있다.

학생들에게 예술은 진실을 향해 절대로 살금살금 다가가서는 안 되며, 지나치게 조심스러워 해서도 안 되고, 그래서 때로는 망설이지 말고 용감하게 물속으로 뛰어들 필요도 있고, 모험도 해야 하고, 달려와 울타리를

뛰어넘어야 한다는 것을 필수적으로 가르쳐야 한다. 스타니슬랍스키가
젊은 배우들에게 곡예술을 배우라고 한 것은 결코 우연이 아니다.

> 곡예술은 결단력을 제공해 주는데, 이 결단력은 창조의 절정의 순간에
> 꼭 필요한 것이다. (3권, 426쪽)

그리하여 스타니슬랍스키는 배우에게 주어진 과제에 대해 빠르고 대담
하게 응답할 수 있는 준비성을 만들어 주기 위하여 특별한 연습과제를 배
우 교육시스템에 도입했다. 예를 들어 학생들에게 어떤 신호에 따라 공포
또는 기쁨으로 인해 소리 치고, 깔깔 웃어대고, 통곡하고, '경호원'이라고
소리치고, 수탉처럼 노래하고, (개처럼) 짖어볼 것을 제안한다. 이러한 종
류의 과제는 순간적인 실행이 필요하며, 분석적인 접근이나 긴 생각(평
가)이 허용되지 않는다. 이때 학생들은 심사숙고하고 조율할수록 과제를
수행하기가 더 힘들어진다. 그래서 이러한 경우에 주저하지 않고 대담하
게 시도할 필요가 있는 것이다. 스타니슬랍스키는 이러한 종류의 연습과
제를 배우의 '내적인 곡예술'이라고 불렀다.

그러나 처음에는 부자연스러움이나 어색함의 순간을 피할 수 없는 것
이 사실이다. 그것은 마치 포병이 목표물을 격파하기 전에 포탄이 목표보
다 멀리 떨어지기도 하고, 가까이 떨어지기도 하면서 격파에 따른 조준을
수정하기 위하여 시범 사격을 해야 하는 것과 마찬가지이다. 배우 역시
어려운 과제를 실행하는 처음 순간에는 도가 지나칠 수 있으며, 차후 불
필요한 긴장을 제거하여 자신의 행동을 정당화하고 자연스러운 표현 방
법을 찾아낸다.

이러한 연습과제는 행동의 언어적 또는 음성적인 표현뿐만 아니라 태

도, 제스처, 미장센으로도 진행될 수 있다. 이러한 경우 연기교수법은 일본 배우의 트레이닝에서 차용된 연습과제가 이용되기도 한다. 일례로 연기교육자의 신호에 따라 학생들은 전혀 예상치 못한 괴상한 자세를 취해 보도록 하라. 그리고 난 후 움직이지 않고서 이 자세에 부합되는 정당성을 찾는다. 정당성의 도움으로 갑자기 취한 자세는 합목적적인 행동으로 변모한다. 이것에 의해 자세 자체는 수정되고 불필요한 긴장은 제거된다. 예를 들어 내가 쪼그려 의자에 앉아서 손으로는 바닥을 짚으려고 한다고 가정해 보자. 이와 같은 자세의 느낌은 나에게 다음과 같은 정당성을 제시해 준다. 나는 세탁용 발판에 쪼그리고 앉아 내의를 빨고 있거나, 아니면 지붕 끝에서 추락하는 어린 새를 처마 아래의 둥지에 넣어 주려는 행동의 정당성이다.

배우의 용감성과 대담성의 발달에 관한 또 다른 연습과제를 예로 들어 보자. 학생들 앞에 어려운, 예상치 못했던, 그러나 지금 당장 실행해야 하는 과제가 놓여 있다. 예를 들어 학생들 모두는 경연극 또는 서커스 공연의 참가자들이다. 어떤 학생이 사회자의 역할을 맡아 프로그램의 차례를 알리며, 관객들에게 보여줄 연기자/연주자들을 즉흥적으로 학생들 중에서 선택한다.

이러한 연습과제는 처음에는 즉흥극처럼 실행되지만, 그 중에서 재미있는 것은 에튜드 단계까지 발전될 수 있다. 이러한 목표를 가지고 학생들은 곡예사, 마술사, 줄타기 곡예사, 조련사, 동물원에 있는 동물 등의 행동을 습득해 보라. 서커스 공연을 준비할 때 학생들에게 주어진 과제는 서커스 배우의 직업적인 기술을 획득하는 것이 아니라, 무대에서 그들의 행동 논리를 배우는 것이다. 예를 들어 '줄타기 곡예사'는 유명한 프랑스 마임가 마르셀 마르소가 하는 것처럼 와이어가 아니라 바닥에 그어진 선을 따라 걷는다. 그러나 공개 발표를 할 때는 서커스 극장에서 행하는 것과 똑같은 책임감을 가지고 임해야 한다. 이러한 연습과제에서는 발표 자체보다는 준비과정과 발표에 대한 태도가 더 중요하다. 동물을 표현하기 위해서는 동물의 형상 중에서 좀 더 흥미롭고 특징적인 세부행동을 다양한 상황 속에서 관찰할 필요가 있다.

또한 이와 유사한 과제로서 우화, 이야기, 영웅 서사시, 전설, 그리고 환상적인 줄거리 등도 이용할 수 있다. 여기에서 학생들은 평범하고 일상적인 논리의 경계를 초월할 수 있다. 그리하여 학생들은 초자연적인 상황, 공상적인 인물, 시공간의 초월, 살아 움직이는 사물 등과 만나게 된다. 학생들은 곧 유년 시절의 관심, 상상, 시적인 형상의 세계로 다시 빠져들게 된다. 배우의 상상은 아이의 상상과 마찬가지로 손대지 못할 것이 없다. 사람이 동물로 변하고, 동물이 사람의 목소리로 말을 하며, 이야기 속의 주인공이 바다 왕국으로 내려가기도 하고, 하늘을 나는 양탄자를 타기도 하며, 요술봉의 도움으로 자연의 힘을 바꾸기도 하고, 돌이 움직이고, 못생긴 사람이 미인으로 바뀌고, 거지가 부자가 되기도 한다. 공상적인 존재가 살고 있는 다른 별에 갈 수도 있고, 타임머신을 타고 다른 시간으로 가기도 한다.

진지한 이성이나 평범한 생활의 논리로는 시적인 세계로 들어갈 수 없다. 여기에는 아이의 특성인 대담한 상상, 용감함, 믿음, 순진성이 필요하다. 배우의 순진성은 무엇이며 어떻게 이해해야 할까? 이 질문에 스타니슬랍스키는 학생들에게 '장작개비를 식탁보로 말아 싸고 상상의 아기를 재우려고 하고 있다'라는 연습과제를 예로 들고 있다.

- 왜 아기를 품에 꼭 안고 있지 않고 허공에 들고 있지? 아르카진 니콜

라예비치가 물었다.

- 그 식탁보 무게를 왜 재고 있니? 그리고 몸에 식탁보를 휘감지 마라.
아르카진 니콜라예비치가 물었다.
- 식탁보 구겨진다니까. 빠샤가 말했다.
- 그리고 식탁보 먼지 많이 난다! 아르카진 니콜라예비치가 다시 덧붙여
말했다.
- 에흐! 토르촙이 소리쳤다.
- 자네의 그 천진난만함으로 인해 마치 모자라는 바보 같아. 자네의 순
간적인 천진난만함은 어린아이 같아. 아르카진 니콜라예비치가 결론
지었다.
- 바보? 우리는 어찌할 바를 몰랐다.
- 정말로 배우는 바보여야 됩니까?
- 그렇다. 만약 어린아이, 천재적인 바보-이반, 그리고 아이 같은 사람들
의 천진난만함을 생각하면 그들은 순박하고 고귀하다. 이런 고귀함,
의심치 않는 마음, 현명함, 청렴함, 두려움 없음, 사심 없는 바보, 우리
는 이러함이 바로 소설 속의 인물인 이반에게 있음을 안다. 위대한 바
보들. 그의 이러한 별명은 그가 정말 지능이 없어서가 아니라, 그가 천
진난만하기 때문에 붙여진 것이다. 자네 삶에서 이런 것들이 있는가,
아니면 무대에서 이런 것들이 있는가. 이것은 배우에게 있어서 귀중한
자질이다. 푸쉬킨은 '신이여 용서하소서, 시는 천진난만함이 있어야 합
니다'라고 노래하고 있다. (2권, 398쪽)

스타니슬랍스키는 배우에게 이성적인 분석으로부터 출발하여 무대적
순진성과 함께 자신의 상상을 진실로 믿는 어린 아이의 직접성(대담성,
결단성, 적극성)을 배우라고 권유한다.

무대적 믿음과 순진성의 발달에 대한 다른 연습과제로서 스타니슬랍스
키는 어린아이의 놀이―나무 쌓기 놀이, 인형놀이, 말 타기 놀이, 기차놀

이 등—을 배우 트레이닝에 도입하였다. 이러한 종류의 연습과제에서 배우의 목표는 아이의 행동을 모방하여 아이를 표현하는 것이 아니라, 아이의 주어진 상황에 자신을 놓고, 이 상황을 믿고 행동의 진실된 논리를 찾아내는 것이다. 이에 대해 스타니슬랍스키는 다음과 같이 말한다.

> 여러분의 예술에서도 놀이를 하고 있는 어린 아이의 진실과 믿음에 이르게 될 때, 비로소 여러분은 위대한 배우가 될 수 있다. (2권, 170쪽)

여기서 스타니슬랍스키는 배우의 순진성, 즉 예술적 상상에 집중할 수 있는 능력을 강조했는데, 그러나 이것은 배우의 순진한 척함, 순진성 자체를 보여주고자 하는 것과 혼동하지 말아야 한다. 왜냐하면 이러한 척함과 보여주고자 하는 것은 가장 나쁜 무대적 상투성 중의 하나이기 때문이다.

[7] 상상의 사물을 다루는 행동

이제 우리는 예술을 직업교육이라는 측면에서 다루어야 할 때가 되었다. 그것은 주어진 과제의 실행에 있어서 절대적인 정확성과 기술적인 완성도를 요구함을 의미한다. 물론 이 과제는 학생들이 달성 가능한 것이어야 하며, 첫 번째 단계에서는 가장 기초적이며 연습과제로부터 시작하는 것이 좋다.

이미 재능을 보이고 있는 풍속화가나 컬러리스트가 미술학교에 입학한다하더라도 처음에는 연필을 잡고 기하학적인 형상을 종이에 그리도록

요구한다. 마찬가지로 이미 어려운 곡을 연주할 수 있는 음악가가 음악학
교에 입학한다 하더라도 절대적인 음과 단순한 음을 고르게 울리도록 연
주하라고 요구한다. 그리고 즉흥 안무를 할 수 있는 무용가에게도 몸을
바로잡기 위해서 매일 바를 잡고 연습하도록 요구한다. 또한 가수에게도
아리아나 로망스를 부르도록 하기 전에 단순한 '보칼리제'(발성 연습용
곡)나 연습곡을 부르도록 요구한다.

이러한 측면에서 배우도 예외는 아니다. 배우 역시 가장 기초적이며
창조적인 정확성과 완성도를 배워야만 하는데, 자신의 일에서 거장이 되
고자 하는 사람은 다소 긴 기간 동안 부단한 인내와 항상 매력적이지는
않는 예비적이고 험한 일을 실행하기 위해 극기와 의지로서 무장해야 한
다.

이러한 배우의 트레이닝을 위해 연기교수법에서는 자신으로서의 연습
과 '보칼리제'가 만들어져 있다. 여기에 첫 번째로 해당하는 자신으로서의
연습이 바로 〈물체 없는 행동(대상 없는 행동)〉이라고 불리는 것이다. 좀
더 정확하게 말하자면 〈상상의 사물을 다루는 행동〉이다.

〈물체 없는 행동〉은 의식의 통제에 의해 이루어지고, 유기적인 창조의
요소들(행동을 위한 요소훈련)의 총체를 트레이닝 하는데 대단히 유용한
도구이다. 〈물체 없는 행동〉은 엄청난 집중과 상상, 예리한 관찰력, 이전
에 경험한 느낌에 대한 기억, 논리와 연속성 등을 필요로 한다. 정확한
의식의 통제 덕택에 〈물체 없는 행동〉은 완전한 진실까지 이르게 됨과
동시에 배우의 유기적인 본능 자체가 무의식과 더불어 창조의 과정으로
들어갈 때 진실성에 대한 믿음이 생긴다. 이것은 부담이 되는 복잡한 심
리적인 것이 아니라, 현실에서 익숙한 일상적인 행동이기 때문에 학생들
에게 충분히 이해 가능한 것이다. 이렇게 자신이 〈물체 없는 행동〉에 접

근한다면 이 연습과제는 정확성과 기술적인 완성도를 가지고 실행될 수 있다.

〈물체 없는 행동〉은 신체적 행동의 가장 단순한 예이며, 배우의 창조적 과정의 첫 번째 고리이다. 스타니슬랍스키는 〈물체 없는 행동〉에 각별한 의미를 부여하였고, 초보배우뿐만 아니라 경험 많은 배우를 위한 전문적인 트레이닝의 토대임을 강조하였다. 그리하여 배우를 위한 이 연습과제는 피아니스트에게 있어서는 음계, 가수에게 있어서는 보칼리제, 무용수에게 있어서는 바를 잡고 하는 트레이닝과 같은 의미를 가지는데 이것은 배우의 전 생애를 통해 매일 일관되게 훈련되어야 한다.

스타니슬랍스키의 이러한 요구는 아직까지 대체적으로 이해되지 않는 듯하다. 왜냐하면 〈물체 없는 행동〉이라는 연습과제가 다양한 관점으로 해석되고 있기 때문인데, 어떤 사람은 아주 낡은 것이어서 실전에서 자신에게 도움을 주지 못하는 것으로 간주하고 있고, 또 다른 사람은 이 연습과제가 젊은 배우들을 고갈시키고, 그들의 창조적 충동을 억제하고, 감수성과 열정의 발휘를 방해한다고 말하기도 한다. 그리고 또 어떤 사람은 능동적이며 활동적인 시작이 결여되고, 대단한 생각과 느낌을 가져오지 못하고, 불필요한 자연주의적인 세세함으로 배우의 놀이성을 자주 훼손하는 매일의 일상적인 행동에만 관심을 고정시킨다고 말하기도 한다. 그리하여 〈물체 없는 행동〉은 진정한 창조의 순간에 배우에게 필요하지 않기에 반대한다는 것이다. 따라서 여기에 근거하여 때때로 이것을 배우교육 프로그램에서 제외하기도 한다.

또한 〈물체 없는 행동〉이 배우 트레이닝에 포함되어 있다 하더라도, 그것과 예술적 창조와의 연관성에 대한 깊은 이해 없이 형식적으로 실행되는 경우도 있다. 그리하여 이것의 최종목적은 배우의 기지, 공개적으로 빈틈없음, 〈빈 물건〉을 교묘하게 조작하는 능력 정도로 바꾸어 놓았다.

이렇게 접근할 경우 이 연습과제는 올바른 목표를 달성하지 못하고 배우의 본성 또한 건드리지 못한다. 그리하여 이것은 배우의 행동에 있어서 진실의 느낌을 불러일으킬 수 없고, 이득 대신 해만 끼칠 뿐이어서 학생들에게 거짓된 배우의 자감만 확인시켜 줄 뿐이라는 것이다.

그러나 〈물체 없는 행동〉은 일상에서 반복으로 인해 자동화되고, 기계적, 반사적으로 실행되는 신체적 행동의 논리와 연속성을 의식적으로 복구시켜준다.

왜 실제 사물을 다루는 연습과제에서는 신체적 행동의 논리와 연속성을 배울 수 없는가? 그래서 상상의 사물을 선택해야 할 필요성이 있는가? 이 질문에 대해 스타니슬랍스키는 다음과 같은 확신을 가지고 대답한다.

실제의 사물을 다룰 경우, 수많은 행동은 본능적인 일상의 기계성에 의해 사람이 그 뒤를 따라갈 수 없을 만큼 질주한다. 이러한 질주를 포착하기는 어려우며, 설사 그러한 질주를 허용한다고 하더라도 신체적 행동의 논리와 연속성의 선을 파괴하는 실패를 맞게 될 것이다. 그리하여 이제는 거꾸로 파괴된 논리가 진실을 없애버릴 것이며, 진실이 없다면 배우에게는 물론 관객에게도 믿음과 내적 체험도 불러일으킬 수 없다.

그러나 〈물체 없는 행동〉의 경우에는 다른 조건이 전제된다. 그것은 의식적이던 무의식적이던 간에, 큰 행동을 이루는 작은 행동 부분 각각에 대한 관심이 집중되는 것이다. 이것 없이는 전체 행동을 이루고 있는 모든 부차적인 부분행동을 기억할 수도 실행할 수도 없으며, 결국 전체를 위한 부차적인 부분 행동 없이는 큰 행동 자체를 실행할 수 없을 것이다…… 왜 내가 여러분에게 첫 시간부터 〈물체 없는 행동〉으로 시작할 것을 권유했는지 그리고 왜 여러분에게 일시적으로 실제 사물을 눈앞에서 제거하였는지 이제 알 것이다. 여기에서 대상의 없음은 우리를 더욱 주의 집중할 수 있게 만들어주고, 신체적 행동의 본질 자체로 더 깊이 탐구하고 연구하도록 만들어 준다. (2권, 186-187쪽)

실제로 일상적 행동의 실행보다 〈물체 없는 행동〉에 대한 연습과제로 접근하는 것은 우리에게 더욱 합목적적이다. 예를 들어 연기교육자가 학생에게 담배를 피기 위해 또는 잃어버린 어떤 물건을 찾기 위해 성냥을 켜라고 말한다. 학생으로 하여금 일상에서 최소한의 집중으로도 거의 자동적으로 실행되는 이 행동을 우선 완수한 후에, 성냥과 성냥갑 없이 손가락만으로, 그리고 난 후 먼저 성냥을 제거하고 다음에는 성냥갑을 제거하는 점진적인 방식으로 불을 켜는 과정을 반복해 보라고 제시해 보라.

익숙한 손가락의 동작을 정확하게 복구하기 위해서 처음에는 적지 않은 노력과 집중이 요구되며, 검증을 위해서 실제의 성냥으로 다시 돌아와서 해봐야 한다. 행동의 모든 과정을 통째로 간파할 수는 없기 때문에 먼저 작은 행동의 구성 요소로 나눌 필요가 있다. 즉,

① 주머니에서 성냥갑을 찾는다.
② 그것을 잡아서 꺼낸다.
③ 두 개의 혹은 세 개의 손가락으로 성냥갑을 쥐고, 다른 손가락으로 성냥갑의 아래 곽을 민다.
④ 손가락으로 성냥개비 한 개를 골라낸다.
⑤ 두 손가락으로 그것을 잡고 성냥갑에서 꺼낸다.
⑥ 성냥개비의 머리를 아래로 돌린다.
⑦ 불을 켤 때 데지 않도록 성냥개비의 끝을 잡는다.
⑧ 황이 칠해져 있는 성냥갑의 옆면을 성냥개비의 아래에 놓는다.
⑨ 성냥을 긋는다.
⑩ 불길이 타오를 수 있도록 성냥개비를 돌려놓는다.

⑪ 만약 길거리나 바람이 있는 곳에 있다면, 손이나 몸으로 불길을 가려
   준다.
⑫ 성냥개비를 담배 가까이 혹은 어두운 구석 쪽으로 가져간다.
⑬ 담뱃불을 붙이거나 필요한 것을 찾아본다.
⑭ 성냥개비를 불거나 재빠른 손동작(손목을 흔듦)으로 불길을 끈다.
⑮ 타버린 성냥개비를 어디에 버릴지 생각하고 버릴 장소를 찾는다.
⑯ 성냥개비를 버리거나, 재떨이에 놓거나, 성냥갑에 다시 넣는다.

학생은 자신의 행동이 최종 단계까지 효과적이고 합목적적인 것이 될 때까지 이 모든 논리적 단계를 연속적으로 따라가야 하지만, 그러나 그가 행한 일련의 동작들이 실제로 성냥의 점화로 이끌 수 있을지 아직 믿을 수는 없다. 이것은 〈물체 없는 행동〉을 실제의 행동과 계속적으로 대조해 봄으로써 쉽게 검증할 수 있다.

행동을 연구함에 있어서, 자신의 행동을 더욱 더 전형적이고 분명하게 만들어주는 방해물을 설정하는 것도 도움이 된다. 물론 일상에서는 아무런 노력 없이 금방 성냥갑을 열 수 있으며, 성냥개비를 단숨에 필요한 면으로 돌려놓거나, 성냥갑에 가볍게 스침으로써 불길이 일어날 수 있다. 그러나 강화된 방해물이나 곤경의 발생이라는 새로운 부차적인 상황에 의해 행동의 과정은 보다 더 명확하게 드러날 수 있다. 예를 들어 불을 피우려고 할 때 성냥개비가 부서지거나 또는 성냥갑이 습기에 차 있어서 한 번에 불이 켜지지 않는다거나, 아니면 불을 켠 순간에 바람이 불었다든가 하는 것이 그 예이다.

어느 날 스타니슬랍스키는 수업 시간에 어떤 학생에게 상상의 물로 양동이를 채워보라고 제안했다. 그 학생은 손잡이를 살짝 누르면 물이 흘러나오는 것으로 가정했다. 스타니슬랍스키는 그를 멈추게 하고, 물을 양동

이에 모으기 위해서는 좀 더 다양한 능동적인 행동이 필요한 다른 것을 상상해 보라고 제안했다. 그리고 그는 만약 모든 것이 저절로 (별다른 행동이 없는 것) 일어난다면, 무대성은 상실될 것이고 그래서 행동은 이해할 수 없는 비전형적인 것이 될 것이라고 덧붙였다.

〈물체 없는 행동〉의 연습과제로 들어갈 때, 곧바로 상황을 부여하여 과제를 수행 할 필요는 없다. 상황은 그 속에서 요구될 때, 그리고 필요성에 따라 만들어지기 때문이다. 따라서 시간이 흐름에 따라 이 연습과제는 에튜드로 성장한다. 예를 들어 적군의 참모부를 불 질렀던 〈성냥의 점화〉는 어떤 여자의 공적이 되었다. 그러나 만약 처음 단계에서부터 학생에게 그러한 과제를 부여했다면, 그녀의 행동은 거짓된 길을 따라 향했을 것이다. 왜냐하면 〈성냥의 점화〉라는 행동의 정확성은 가지지 못한 채 영웅적인 형상이나 극적인 상황의 표현만으로 향했을 것이기 때문이다.

그리하여 주어진 사건(〈성냥의 점화〉)에 집중하여 무엇보다도 행동 자체의 테크닉을 우선 자기화해야 한다. 이에 스타니슬랍스키는 학생들에게 '자연주의의 마지막 단계까지 도달하여' 마치 현미경으로 보듯이 행동의 구성 요소 각각을 공부하기를 요구했다. 그때서야 비로소 행동의 전형성은 포착되고, 그것이 비록 아주 작은 것이라 할지라도 자신의 무대적 행동의 진실을 느낄 수 있는 데 유용하다. 따라서 스타니슬랍스키는 다음과 같이 강조한다.

> 작은 진실을 만드는 능력−이것은 이미 창조이다…… 작은 신체적 행동을 실행한 사람은 이미 시스템의 절반을 아는 것이다.

〈물체 없는 행동〉의 연습과제가 행동의 나열이나 전시展示로 변하지 않도록 유의해야 한다. 학생은 어떤 상황에서도 행동을 묘사하거나 표현하

려고 해서는 안 된다는 것이다. 그래서 항상 행동을 찾아야 하고, 연습과
제를 반복할 때마다 다시 행동을 연구해야 한다.

처음에는 보통 일상에서 필요한 것보다 더 많은 일을 하려고 하거나
그리고 불필요한 긴장이 발생된다. 예를 들어 일상에서는 두세 손가락으
로만 컵을 집어 드는 학생이 상상의 물 컵은 손바닥으로 집어 들려고 애
쓴다. 손가락 끝으로만 일을 해야 하는 것임에도 불구하고 손 전체로 일
을 함으로써 근육의 긴장이 발생하는 것이다. 신체적 행동의 진실을 찾을
때, 거짓은 보통 잉여분(경제적이지 못한 쓸데없는 일이나 불필요한 일)
속에서 드러난다는 것을 기억해야 한다. 그러므로 〈물체 없는 행동〉에
대한 연습과제는 특히 처음 단계에서는 교육자의 엄격한 감독 하에서만
성공적으로 실행될 수 있다.

또한 〈물체 없는 행동〉을 습득할 때 상상의 사물과 실제의 사물을 합
목적적으로 결합하여 진행하는 것이 좋다. 예를 들어 실제 숟가락으로 상
상의 설탕을 젓고, 실제 컵으로 상상의 차를 따르고, 상상의 붓으로 실제
캔버스나 합판에 그리고, 상상의 삽이나 쇠 지렛대를 실제 막대기로 대신
하거나, 실제 손수건을 상상의 바늘과 실로 꿰매고, 가벼운 공을 상상의
무거운 수박으로 받아들이고 하는 것 등이 그러한 예이다. 이때 실제의
물건들은 나중에 제거하라. 그 이유는 만약 내가 〈거울 앞에서 화장하기〉
라는 연습과제를 실행한다면, 처음부터 실제 거울 또는 거울과 비슷한 모
양의 것을 거부하는 것은 실재성을 가지지 못하기에 좋지 않다. 반대의
경우, 즉 상상의 거울로 처음부터 시작하는 것은 과제가 힘에 버거울 수
있기 때문이다.

〈물체 없는 행동〉이라는 연습과제의 효용은 극단적인 세밀함과 정확
성, 그리고 거장의 수준에까지 이르러야 한다는 전제에서 잘 나타난다.

그리하여 거장의 기교는 연극학교의 졸업 때가 아니라 1학년 때 이미 시작되는 것이다. 학년이 올라갈수록 창조적 과제의 난이도는 변하지만 과제 수행의 완수는 변함없이 높은 수준에 머물러 있어야 한다.

〈물체 없는 행동〉을 연습할 때, 행동의 순서를 작은 단위로 나누고 수많은 반복연습을 통해 반드시 실제 사물을 가지고 하는 것과 똑같은 편안함과 자연스러움(실제 사물을 다루는 행동의 템포와 리듬을 구사하는 것)으로 경제적인(사물을 다루는 데 있어서 불필요한 일을 하지 않는 것) 집중을 사용하여야 한다. 그리하여 〈빈 물건〉을 가지고 할 수 있는 완전한 자동성(기계성이라는 말과 구별해야 한다)의 단계까지 도달해야 한다. 그리고 행동 논리의 의식적인 습득으로부터 무의식적인 실행에 이르는 길로 도달할 때까지 타협 없이 가야만 한다. 이러한 조건 속에서만 창조의 과정이 시작된다. 우리 기억의 창고에서 습관적인 근육의 사용에 대한 느낌은 행동의 특징적인 세부사항들을 반사적으로 끄집어내어 즉흥을 향해 나아가도록 한다.

〈물체 없는 행동〉이라는 작업의 다음 단계는 나는 무엇을 위해, 그리고 왜 이 행위를 실행하는 가라는 질문에 대답하는 것이다. 이제 기술적으로 일을 마친 행위(예를 들어, 물 한 컵 마시기)는 제시된 상황에 의해 점차로 특별한 〈만약에〉를 획득해야만 한다. 즉 그것은 경험한 것, 또는 일상의 삶에서 보고 들은 것, 책에서 읽은 것 등의 연상에 의해 저절로 생겨난다. 예를 들면 갈증 때문에 괴로워서, 보고할 때 목구멍이 바짝 말라서, 약을 먹기 위해 등의 이유로 물을 마실 수 있다. 또한 물은 약, 포도주, 뜨거운 차, 독약 등으로 대체될 수도 있다.

기술적으로 일을 끝낸 행동은 행동의 성격이나 색채를 바꾸는 다양한 상황에서 실행될 수 있어야 하지만, 행동의 논리나 연속성은 변함없이 남

겨 두어야 한다. 이에 스타니슬랍스키는 연기교육자들에게 다음과 같이
말한다.

> 나에게 물체 없이 행동할 수 있는 그리고 다양한 제시된 상황-나폴리
> 에서도, 영하 50도의 북쪽 지방에서도-에서 작은 과제를 실행할 수 있
> 는 배우를 준비해 주십시오. 그러한 극단이라면 기적을 만들어 낼 수 있
> 습니다.

〈물체 없는 행동〉은 배우자신으로서의 행동 과정의 첫 번째 단계인데,
스타니슬랍스키는 '초자연주의'의 단계까지 도달해야 한다고 말했다. 그
래서 연습과제의 실행에 있어서 모든 전형적인, 특징적인 세부행동을 뽑
아내고 그 속에 우연한, 여분의, 방해가 되는 것은 가려내야만 한다. 이러
한 행동의 선택 과정은 행동의 구체화를 가져오는 제시된 상황과 함께 발
생한다. 예를 들어 가능한 빨리 어떤 손님에게서 벗어나고 싶은 여종업원
이 레스토랑에서 서빙하고 있다면, 일련의 특징적인 세부행동이 발생할
것이다. 그러나 여종업원이 비싼 고객을 맞을 준비를 한다면, 이것은 완
전히 다른 문제다. 제시된 상황의 구체성과 전형적인 행동을 선택하여 꺼
내는 것 사이에는 직접적인 연관이 있다는 것이 이를 통해 드러난다.
　그리고 스타니슬랍스키는 〈물체 없는 행동〉으로부터 출발한 에튜드는
예술적 완성의 단계로까지 이끌어져야 한다고 주장하고 있다. 〈오페라
드라마 스튜디오〉에서의 수업 중에 〈모짜르트와 살리에리〉라는 제목을
부여 받은 에튜드는 〈물체 없는 행동〉에 대한 연습과제-〈그림 만들기〉
-로부터 생겨난 것이다. 물감, 캔버스, 팔레트, 붓을 다루는 행동기술이
충분히 연습되고 난 후, 두 배우의 특정한 상호관계-한 명은 교사이고,
다른 한 명은 학생이었다-는 에튜드를 하기 위한 출발점이었다. 스타니

슬랍스키는 이 학생들에게 에튜드를 더 발전시켜 볼 것을 요청했다. 교사는 학생의 그림이 자신의 그림보다 우월한 것이라고 생각하고, 질투가 생겨서 교사는 학생을 피살하여 그림을 부쉈지만 나중에 자신이 저지른 범죄를 뉘우친다. 그리하여 에튜드는 극적인 줄거리를 가진 온전한 단막극으로 변모했다.

한편 학업 과정에서 연습과제와 에튜드의 양을 쫓아 질이 손실을 입는 것은 잘못된 일이다. 그러한 접근은 학생배우에게 부주의와 대충 작업하는 것을 익히게 하는 것이며, 창조에 대한 피상적, 표면적, 경박한 태도를 길러준다.

만약 학생들 앞에 보다 더 심오한 창조적 과제와 필요성이 놓여 있지 않다면, 그리고 만약 학생들에게 새로운 추구와 성취로 이끌어줄 수 있는 '가연성 물질'을 던져주지 않는다면(물론 끝도 없이 똑같은 것을 반복할 수는 없지만), 에튜드와 연습과제의 양이 아니라, 질에 대한 끊임없는 고민만이 스타니슬랍스키 배우학교의 중요한 교육적 과제-숙련된 배우를 위한 전문성의 획득-를 수행할 수 있다.

완성의 단계까지 이른 하나의 에튜드는 표피적으로 연기한 열 개의 에튜드 보다 더 많은 것을 가르쳐준다. 스타니슬랍스키는 『지혜의 슬픔』에서 언급된 '숫자가 적을수록 가치는 높아진다'라는 말에 의거하여 이러한 생각을 강조하고 있다.

이제 〈물체 없는 행동〉에 대한 연습과제의 실행과 그것을 에튜드의 단계까지 이끌어 가는 실제의 예를 살펴보자.

① 〈물체 없는 행동〉 자체의 행동 기술 습득, 예를 들면 '편지 쓰기', 즉 종이, 펜, 잉크 등의 사물을 자신의 신체로 다루기. 행동의 모든 작은 구성 요소들의 논리(논리적인 행동 단위의 분절)와 연속성('편지쓰기'

라는 전 과정으로서의 행동) 및 총체적인 행동의 전 과정에 대한 세밀한 반복 학습.

② 상상의 사물의 취급부터 완성까지 행동 기술의 진행. 행동의 자동화까지 점진적인 이행.

③ 문제 제기: 누구에게 그리고 왜 편지를 쓰는가. 여기에서는 업무상의 편지 쓰기보다 사랑의 고백을 위한 편지쓰기를 선택하는 것이 훨씬 더 흥미롭다. 왜냐하면 후자가 자신에게 보다 더 흥미 있는 논리로 이끌어줄 뿐만 아니라 여러 가지의 방해물을 만들어 내어 행동을 찾아 실행하는 데 유익하기 때문이다. 예를 들어 만약 사랑의 편지라면 행동의 논리는 필요한 단어를 찾기 위한 고민스러운 탐색 및 이미 쓴 것을 버리고 또 다시 쓰는 끝없는 개작으로 인해 복잡해진다. 이 경우 종이, 펜, 잉크보다 이 편지의 수신자인 사랑하는 사람이 중요 대상이 된다. 그래서 상상의 상대방과의 무언의 대화가 행동 논리의 기본이 되며 편지 쓰기의 기술 자체는 점점 부차적인 것으로 밀려난다.

④ '편지 쓰기'의 행동 기술 자체에서 전형적이고 보다 더 표현적인 세부 행동을 선택하거나 제시된 상황에 의해 새로운 세부행동의 발견. 예를 들어, 볼펜으로 쓰는 것보다 펜과 잉크로 편지를 쓰는 것이 행동을 찾고 실행하는 데 더 유용한 가능성을 부여해 준다. 또한 시간과 장소의 상황에 의해, 즉 언제 그리고 어디편지를 쓰느냐에 따라 행동은 달라질 수 있다. 만약 이러한 행동이 19세기 초에 일어났다면, 거위 펜대로 편지를 쓰는 행동기술을 자기화해야 하며, 그리고 압지押紙, 잉크나 먹물 따위로 쓴 것이 번지거나 묻어나지 않도록 위에서 눌러 물기를 빨아들이는 종이가 아니라 사판砂板, 글씨 연습을 하기 위하여 널조각에 모래를 깔아서 만든 기구을 사용하는 방법을 배워야 한다.

⑤ 이제 제시된 상황을 좀 더 심화시켜 보자. 예를 들어 오네긴에게 보내는 타치아나의 연애편지는 에튜드로 발전할 수 있는데, 타치아나의 감정과 행동의 대립—그녀의 곤혹스러움, 탈출구를 찾기 위한 고

통스러운 모색, 정신적인 고양 및 몰락의 순간-을 구현하는 행동의 논리를 만들 수 있다. 그러나 이러한 종류의 에튜드 완성은 이미 말한 바와 같이, 유기적인 행동을 위한 모든 기본적인 요소를 자기화한 후 2학년 과정으로 넘겨야 한다.

만약 제시된 상황이 자연스럽게 생겨나지 않는다면 스타니슬랍스키는 음악과 함께 〈물체 없는 행동〉을 실행해 볼 것을 조언한다. 음악은 행동을 새로운 상상의 길을 따라 가도록 만들어 주고, 행동의 리듬을 결정해 주며 그리고 행동에 특정한 정서적 색채를 부여하여 행동을 조직하고 상상을 키워준다.

학생들은 일상에서 풍부한 〈물체 없는 행동〉에 대한 연습과제의 소재를 찾을 수 있다. 이러한 연습과제들은 크게 두 가지 종류로 나누어진다. 첫 번째는 몸 전체나 특정한 근육 그룹을 사용하는 행동이다. 이것은 무거움의 느낌, 몸통을 구부리고 펴는 것, 팔과 다리의 움직임, 어떤 공간 속에서 몸 전체의 위치 바꿈 등과 관련된 모든 종류의 신체적 작업이다. 예를 들어,

① 방 청소하기
② 바닥 닦기
③ 세탁하기
④ 난로 피우기
⑤ 다양한 무게와 다양한 형태인 상상의 사물위치 바꾸기
⑥ 땅 파기
⑦ 나무 심기
⑧ 볼링하기
⑨ 나무토막 쓰러뜨리기 놀이

⑩ 극장 막 열기

그리고 여러 가지 노동적, 생산적인 과정의 일이 여기에 해당한다. 이러한 종류의 연습과제는 신체적 행동의 진실을 위해 특정 그룹의 근육을 자유롭게 긴장시키고 이완시키는 법을 배우기 위함이다. 그리하여 다양한 무게와 형태의 사물을 올바른 방법으로 취급할 수 있도록 학생들에게 제시할 수 있는 무대동작 교육자를 적절하게 도입할 필요도 있다. 이후에 무대동작 교육자가 무대동작 수업시간에 이러한 연습과제들이 완성될 수 있도록 도와줄 것이다.

두 번째 종류의 연습과제는 손가락과 손끝이 우선적으로 사용된다. 예를 들어 다음과 같은 일상적인 행동들이다,

① 세수하기
② 먹기
③ 마시기
④ 옷 입기와 벗기
⑤ 깁기
⑥ 다림질하기
⑦ 읽기, 쓰기, 그리기
⑧ 담배피기
⑨ 자물쇠/열쇠/돈 취급하기
⑩ 보드게임하기
⑪ 크리스마스트리 꾸미기
⑫ 악기 연주하기

학교, 관청, 공장, 병원, 극장, 실험실, 농장 등에서의 생활은 모든 종류

의 〈물체 없는 행동〉에 대한 많은 예를 제공하며, 아울러 숲 속의 산책, 딸기와 버섯 그리고 꽃 재배, 낚시, 사냥 등과 같은 자연 속에서의 휴식 또한 마찬가지이다.

〈물체 없는 행동〉은 이전에 했던 모든 행동을 위한 요소훈련들을 포함하고, 다른 유형의 연습과제와의 결합 또한 가능하게 한다. 즉, 행동 기술의 터득과 집중의 경중輕重에 따라 〈물체 없는 행동〉에 대한 연습과제는 두 명의 실행자 또는 그룹에서의 상호행동을 통해 보여줄 수도 있다. 예를 들어 컨베이어를 실행하는 학생들은 단 일 초도 동작을 멈추지 않고 서로간의 대사를 주고받으며 〈물체 없는 행동〉을 하기 시작한다. 이것은 행동의 논리가 점진적으로 자동화되고 무의식적으로 실행되는 어떠한 작업 과정에서도 가능하다. 그러나 1학년 기말발표에서는 〈물체 없는 행동〉에 대한 집단적 연습과제가 제외될 수도 있다. 예를 들어 점심 식탁에서의 만남, 공장이나 가게(구매자와 판매자간의 상호행동이 발생하는 장소)에서의 공동작업 등이 그 예이다.

한편 개개인이 자신의 일을 하고 있는 의상실을 가정해 보자. 한 사람은 자르고, 다른 사람은 깁고, 세 번째 사람은 다리고, 네 번째 사람은 주문자의 치수를 재던지 가봉을 하고, 다섯 번째 사람은 영수증을 써 주고 돈을 받는다. 시간이 지날수록 일하는 사람들은 서로에게 아니면 고객들과 가벼운 일상의 이야기를 하거나, 서로에게 서비스를 제공하거나, 도구를 교환하기도 한다. 이후의 연습과제는 모든 사건을 연결해서 고리를 찾아야 하는데, 예를 들어 고객의 충고가 그들을 불편하게 만들어 각자의 발단, 전개, 해결을 가지고 있는 싸움으로 이끌 수도 있다. 이러한 연습과제와 이후의 좀 더 복잡한 에튜드를 만드는 문제는 이미 본 단원의 영역을 넘어선 것이다.

〈물체 없는 행동〉의 체득은 가장 근본적인 신체적 행동의 본질을 익힌다는 것과 행동의 논리와 연속성을 재인식하고 복구하는 데 도움이 되기 때문에, 배우기술의 발전을 위하여 이후의 〈역할에 대한 배우의 작업〉이라는 메소드를 습득함에 있어서 중요한 고리가 된다. 그리고 〈물체 없는 행동〉은 배우로 하여금 기본적인 신체적 행동에서 좀 더 복잡하고 심리적인 내용으로 가득 찬 행동으로 이전하게 해주는 특별한 숙련성을 길러주기 위한 매개체가 된다. 또한 이 연습과제는 신체적, 정신적 본질의 작업과 관련되어 있는 올바른 무대적 자감을 위하여 배우를 강력하게 만들어 준다.

그리하여 〈물체 없는 행동〉은 배우의 보다 나은 섬세한 표현력을 위한 막강한 수단이 되며, 또한 이것은 배우로 하여금 대단한 정확성과 관찰력, 긴장된 집중, 근육의 섬세한 움직임을 요구하고, 초보배우에게 있어서 무대적 행동을 위한 전문적인 정확성을 체득하게 해준다.

〈물체 없는 행동〉을 위한 숙련은 이처럼 커다란 실제적 의미를 가지고 있다. 그러나 이것은 배우가 무대에서 상상의 대상을 취급하는 방법을 가르치기 위해서만 존재하는 것은 아니다. 그것은 무대에서 배우는 있지도 않는 요리나 가짜의 요리를 먹고, 상상의 포도주 또는 차를 마시고, 상상의 장작이나 등을 피우고, 쓰여 있지도 않은 편지의 내용을 읽고, 잉크나 물감도 사용하지 않고 상징적으로 쓰고 그리고 있지도 않는 술잔을 부딪치고, 상상의 물로 양동이나 주전자를 채우고, 무게가 전혀 없는 텅 빈 가방이나 어떤 물건을 무거운 것처럼 무대로 들고 나오고, 장난감 칼이나 단도를 마치 쇠칼인 것처럼 사용하고, 텅 빈 냄비를 뜨거운 것이 가득 찬 것처럼 받아들이고, 종이꽃의 향기를 맡고, 상상의 나비를 잡고, 상상의 실로 바느질하고 등의 행동을 위해서도 필요하다.

실제의 사물을 행동으로 다루어내며 무대 소품을 사용하여 자신의 무대적 행동으로 소품을 살아나게 할 수 있는 배우는 많지 않다. 대부분의 경우 무대에서 편지쓰기는 전광석화같이 빠른 속도로 쓰이고, 보통은 잉크가 마를 시간도 주지 않은 채 재빨리 봉투 속으로 넣는다. 또한 전화기의 번호는 다 눌러지지도 않으며, 무거운 가방이 텅 빈 것처럼 들려지고, 건배할 때는 포도주 전부가 다 튀겨 나올 만큼 술잔을 부딪친다. 격투에서는 위험한지도 모르고 장검의 칼날을 움켜쥐고, 물건 값은 계산도 없이 지불되며, 메모는 한번 눈알의 굴림으로 읽혀지고, 뜨거운 사물은 맨손으로 옮겨지는 것 등이 그 좋은 예이다.

그러나 진실의 감정으로 연기하는 대 배우들은 아무리 단순할 지라도 언제나 신체적 행동의 논리를 귀중하게 여긴다. 이와 관련하여 스타니슬랍스키는 〈말리극장〉의 유명한 여배우 N.M. 메드베제바의 일화에 관해 언급한 바 있다.

공연 중에 그녀는 뜨거운 스프가 든 냄비를 무대로 가져와야 했다. 그런데 그녀가 등장해야 할 시간이 다 되어 가는데도 그녀는 보이지 않았다. 그래서 조연출은 무대 뒤로 가서 그녀를 찾았는데, 그녀는 뜨거운 냄비를 잡기 위해 걸레를 찾고 있었다.

자연주의적인 세밀한 행동에 대한 경시는 배우의 자감에 이상을 일으킨다. 그래서 단순한 신체적 행동의 실행에 있어서 허용된 작은 거짓이 큰 거짓으로 변한다. 작은 신체적 행동에 대한 논리의 파괴는 필연적으로 배우의 내적 삶에 이상을 초래하여, 무대에서 실행되는 행동의 진실에 대한 믿음을 위협하여 내쫓는다.

[8] 상대배우와의 상호행동

　상대배우와의 상호행동은 무대적 행동에 있어서 기본이며, 연극예술의 본질이라고 할 수 있다. 무대적 상호관계 속에서 작품의 사상과 등장인물의 성격은 드러난다. 즉, 창조의 중요한 목적이 달성되는 것이다. 수업 과정에서 무생물(물체)과의 교류로부터 살아 있는 대상(상대배우)과의 교류로 전환하는 순간은 배우기술의 습득에 있어서 새롭고 보다 높은 단계를 의미한다.

　오늘날 배우의 창조 작업에 있어서 교류의 중대한 의미를 그 누구도 부정할 수 없다. 현재 이 개념은 연기교수법과 연기실습에 확고하게 도입되었다. 그러나 무대적 교류는 배우의 창조 작업에 있어 다양하게 이해되었을 뿐만 아니라 다양하게 왜곡되어 왔다. 살아 있는 유기적인 교류를 얻으려고 노력하지 않는 어떤 사람들은 연극적인 외형적 표현에 만족하고, 또 어떤 사람들은 상대배우와의 교류를 관객과의 교류로 슬쩍 바꾸기도 한다. 결과적으로, 살아 있고 유기적인 과정으로의 교류가 그들에게 있어서는 원칙이라기보다는 재미있는 예외가 되는 셈이다. 이것은 배우기술을 조야하게 만들고, 배우예술의 궁극적 목적인 '인간 영혼의 삶'을 구현하는 데 있어서 참된 진실의 획득을 방해하는 것이다.

　무대적 교류에 대한 이해의 과정은 즉각적으로 형성되지 못했었다. 배우의 대사가 상대배우가 아닌 관객석으로 향하는 시기가 있었기 때문이다. 그리고 관객에게 등을 보이고 서는 것은 가장 무례한 행동으로 간주되기도 했다. 이후 배우는 관객석과 상대배우 사이에 자신의 주의를 두게 되었다. 이와 관련하여 괴테는 다음과 같이 언급한다.

배우는 항상 두 대상 사이에 있어야 한다. 즉, 배우 자신과 말하고 있는
사람, 또는 배우자신과 말을 듣고 있는 사람 사이.

이후 사실주의 연극미학의 발전으로 인해 관객에게 영향을 미치는 가
장 좋은 방법은 상대배우와의 교류를 통한 것이라는 사실을 더욱 확신하
게 만들었다. 그러나 무대에서의 교류는 작품에 이미 제시되어 있기 때문
에 진실되고 살아 있는 교류는 오로지 배우 개인의 창조 작업에서만 자연
발생적으로 만들어지는 것으로 과소평가되었다.

그런데 무대에서 앙상블의 문제가 최우선의 과제로 인식되었을 때, 창
조의 순간으로서의 배우의 교류는 특별한 의미를 부여받게 되었다. 그래
서 작품에서 예술적 완성도를 실현하기 위해서는 창조 작업 과정에서 배
우간의 특별한 조화와 상호의존을 요구했다. 따라서 오늘날 배우의 과제
는 자신에게 주어진 대사를 상대배우에게 전달하는 것이 아니라, 상대배
우와의 주고받는 무대적 행동 속에서 미세한 변화를 민감하게 반영하여
상대배우와 내적인 접촉을 확립하는 것이다. 스타니슬랍스키가 배우의
창조적 시스템을 연구하면서 무대적 교류의 문제에 그렇게 많은 관심을
쏟아 부은 것은 지극히 당연한 일이었다. 그는 살아 있는 유기적인 교류
는 내적 체험의 예술에서 가장 중요하고도 차별되는 특징이라고 생각했
기 때문이다.

무대에서 배우의 행동이 언제나 고정되어 있는 '진열의 예술'과 '기능적
예술'에서는 유기적인 상호행동으로서의 살아 있는 교류는 발생하지 않는
다. 또한 '묘사의 예술'에서 배우의 연기는 전형적이고, 상대배우와의 생
생한 교류는 지금 여기에서 발생하는 것이 아니고 무대 바깥에 있다.

또한 위의 예술은 연기에 있어서도 자기 자신을 인물형상 속에서 드러

내려는 것에만 관심을 가지는데, 이것은 주의의 중요한 대상이 바로 그 자신이기 때문이다. 그러나 '내적 체험의 예술'에서 배우는 자신의 모든 주의를 상대 배우에게 쏟아 붓는다. 따라서 스타니슬랍스키는 '기능 예술'에서는 '대중을 향한 연기'가, '진열 예술'에서는 '자신을 위한 연기'가 특징적이지만, '내적 체험의 예술'에서는 '상대배우를 위한 연기', 즉 상대배우와의 끊임없는 상호행동이 특징적이라고 말한다.

그렇지만 관객석을 향한 모든 행동을 단지 기능적인 작업으로 간주해서는 안 된다. 때로는 의도적인 예술적 방법으로 사용하는 경우가 있기 때문이다. 잘 알려진 바와 같이 스타니슬랍스키와 네미로비치-단첸코가 이 방법을 사용했는데, 도스토예프스키의 『카라마조프가의 형제』와 톨스토이의 『부활』 및 다른 작가들의 소설을 각색하여 무대와 관객석 사이의 중재자 역할을 하는 듯한 인물을 공연에 등장시켰다. 또한 스타니슬랍스키는 〈검찰관〉 공연 마지막에 시장의 역할을 맡은 배우 I.M. 모스크빈에게 인물의 행동에서 빠져 나와 등불 쪽으로 다가가 '무엇을 비웃고 계십니까? 자신을 비웃으십시오'라는 대사를 관객석을 향해 직접적으로 바라보고 할 것을 요구하였다. 이때 객석에는 환한 조명이 켜졌다. 고골의 풍자성을 강화하기 위하여 이러한 방법으로 연출가는 용감하게 사회에 대하여 비판적으로 폭로하고자 했던 것이다.

오늘날 배우와 관객과의 직접적인 교류는 이미 널리 이용되고 있다. 그러나 이것은 부분적인 방법일 뿐 전체적인 것은 아니다. 그리하여 무대적 행동의 근본은 과거나 오늘날이나 여전히 상대배우들 간의 교류이다.

그래서 스타니슬랍스키는 무대에서 상대배우와의 생생한 상호행동에 각별한 의미를 부여하고 있다. 그러나 그가 자신의 시스템을 연구하면서 무대적 교류의 본질에 대한 정확한 이해로 즉시 다가섰던 것은 아니다.

오랫동안 그는 무대적 교류를 배우의 내적인 창조적 자감의 요소로서 검토하였으며, 구체적인 행동을 위하여 외적인 것은 순전히 정신적인 교류의 가능성으로서만 허용하였다. 이와 관련하여 그의 저서 『자신에 대한 배우의 작업』 초기 작업에서 그는 이렇게 언급하고 있다.

> 영혼에서 영혼으로의 순수한 의미에서 직접적인 교류라는 언급은 '본다'라는 것이 신체적 행동을 위한 것이라는 말로 부연 설명되어지고, 또한 이 말은 '영혼의 흐름의 교환 과정'으로 설명되어진다. (2권, 268쪽)

스타니슬랍스키는 내적 교류를 교류의 최고 종류로 간주했다. 그는 모든 신체기관의 도움으로 행위, 제스처, 표정, 느낌을 나타내는 무대에서의 외적인 '신체적 교류'는 제외하지는 않았으나, 이것은 독립적일 뿐만 아니라 무대의 교류에 있어서 부차적인 것으로 간주하였다. 물론 그의 저서에서 〈교류〉편은 정신과 신체의 유기적인 연관, 그리고 배우의 창조 작업에 있어서 신체적인 것과 심리적인 것의 유기적인 연관에 있다고 언급되어 있다. 그러나 이러한 생각은 〈교류〉편의 구성에 있어서 결정적인 원칙이 되지 않았고 더 이상 발전도 되지 않았다. 결과적으로 스타니슬랍스키의 후기 저서의 관점에서 볼 때, 〈교류〉편은 모순적이며 단점이 많은 것이다.

따라서 〈교류〉편은 그의 저서 『자신에 대한 배우의 작업』에서 진술된 바와 같이 그가 이 장章의 내용에 만족하지 못하게 된 이유가 되었다. 이것이 스타니슬랍스키가 책을 인쇄소에 넘겨준 후 바로 개작에 착수한 가장 중요한 이유이다. 그리하여 새로운 개정판에서 그는 〈교류〉를 '배우의 모든 내적인 그리고 외적인 창조 기관의 참여를 요청하는 유기적인 과정'으로서 정의하고 있다(2권, 393쪽). 여기에서도 그는 이전과 마찬가지로 창조 작업의 정신적 측면을 귀중히 여기고 있지만, 자신 속에 이러한 과정을 불러일으키기 위하여 내적인 행동으로부터 떨어져 나올 것을 제안한다. 즉 새로운 개정판에서 스타니슬랍스키는 창조적 요소인 〈교류〉를 자감(정서적 흐름의 '발산과 흡수') 속에서 배우의 정적인 머무름의 측면으로부터 능동적인 행동의 측면으로, 다시 말하자면 자신의 목표 달성을 위하여 상대배우와의 싸움(상대배우와의 충돌, 이것은 상대배우와의 언어적, 신체적 상호행동이다)으로 이동시키고 있다.

스타니슬랍스키의 교정 덕택에 오늘날 〈교류〉의 본질은 상대배우들의 상호행동이라고 더욱 명확하게 정의 내릴 수 있게 되었다. 살아 있는 대상과의 상호행동은 앞 장에서 언급했던 상상의 대상이나 실제 무생물 대상과의 상호행동과는 본질적으로 다르다. 여기서 우리는 상대배우의 능동적인 의지와, 그의 반항과, 그의 다양하고 예상치 못한 행동과 부딪치고, 그리하여 이번에는 거꾸로 나를 다르게 행동하도록 강요하기도 한다. 상대배우와의 이러한 관계에서 무대적 싸움은 발생하는 것이다. 상대배우와의 싸움으로 인해 특정한 극적 갈등 또한 발생한다. 그리고 어떤 중재에 의해 갈등은 해결되기도 한다. 싸움은 다양한 동기에 의해 야기되어질 수 있으며 다양한 형태로 나타난다. 그러나 모든 경우에 싸움은 유기적인 상호행동을 전제로 하지만 반대로 상호행동이 싸움을 전제로 하기도 한다.

한편 작품에서 싸움의 시작은 미리 예정되어 있고, 싸움의 과정 또한 정확히 고정되어 있기 때문에 그 속에서 의외의 상황이 생길 여지는 없다. 그것은 현실적인 실재가 필요치 않다는 뜻이다. 여기서 무대의 법칙은 삶의 법칙과 다르지만, 무대에서도 삶을 상실하지 않고 파괴된 법칙을 복구하기 위해서는 수준 높은 배우기술이 필요한 것이다.

상호행동의 유기성은 때때로 배우가 전혀 눈치 채지 못하는 사이에 상실된다. 역할의 잦은 반복연습으로 인해 상대배우와의 내적인 관계는 무너지고 마침내 과정의 외적인 행동만 덜렁 남는다. 즉, 근육의 기억에 의해 재생된 미장센과 습관적인 적응만 남게 되는 것이다. 민감한 배우라면 누구나 이것을 예리하게 경험했을 것이다. 일례로, A.K. 타라소바는 〈바냐 삼촌〉 공연 시, 자신에게 일어났던 흥미로운 사건을 이렇게 상기한다.

그녀는 소녀의 역할을 맡았고 상대배우는 스타니슬랍스키였다. 2막에서 소냐가 아스트로프에게 더 이상 술을 마시지 말라고 설득하면서 마시지 못하도록 '그를 방해한다'라는 작가의 행동지시문이 있다. 정해진 장면배치(행동 미장센)에 의하면, 소녀의 간절한 부탁에 대한 대답으로 아스트로프(스타니슬랍스키)가 가득 찬 술잔을 소녀에게 건네주면, 소녀는 그것을 급하게 벽장 속에 숨긴다.

그런데 어느 날 공연에서 그녀가 술잔을 건네받으려고 하는데도 스타니슬랍스키가 계속해서 술잔을 쥐고 있는 것이었다. 그녀는 자신이 상대배우를 확신(상대배우에게 자신의 무대적 목표를 정확하게 전달하는 것)시키지 못했구나 라고 생각했다. 대사는 이미 전부 다 말했는데, 행동이 아직 실행되지 못하고 있었던 것이다.

이때 그녀는 너무나 간절하게 스타니슬랍스키를 바라보았고, 그 시선에는 말보다도 더한 진실이 담겨 있었다. 스타니슬랍스키(아스트로프)는 천천히 손가락을 펴고 술잔을 건네주었다. 그는 마치 민감한 기압계처럼 상대배우의 행동에서 진실(간절하게 그를 바라본 것)과 거짓(술잔을 건네받으려고 했던 것)을 반영하였고, 결국 그것은 그들로 하여금 살아 있는 유기적인 창조의 길로 돌아올 수 있도록 도움을 주었다.

그러나 상대배우가 상호행동의 유기적인 과정을 확립하려는 의지가 없이 외적이고 형식적인 표현에 만족하고 있다면 어떻게 해야 할까? 만약에 텍스트에 의해서 상대배우가 나를 확신시켜야 함에도 불구하고 실제로는 확신시키지 못했고, 또는 놀라고 겁먹게 만들어야 하는데도 그의 주의의 대상은 내가 아니라 관객에게 향해 있기 때문에 나를 놀라고 겁먹게 만들지 못했다면, 결과적으로 살아 있는 교류의 실은 끊어지고 앙상블은 파괴될 것이다. 그러나 배우는 이런 이유로 공연을 중단시킬 수는 없는 것이다. 이러한 어려운 상황에서 탈출구를 찾아야만 하는데 바로 여기서 도움을 줄 수 있는 것이 상상력이다. 이런 경우에 만약 그가 나를 확신시켰다면, 놀라게 했다면, 겁먹게 했다면 등의 질문을 자신에게 제시할 수 있다. 이러한 방법은 어느 정도까지는 상대배우로 인해 야기된 예술적 손실을 보충하는 데 도움이 된다.

그러나 나와 상대배우 둘 다 진실한 교류를 원한다 할지라도 심각한 방해물을 극복해야 하는 경우가 있다. 그것은 바로 무대적 행동의 반복성이라는 특성 때문이다. 유기적인 창조 작업은 우리가 도달하기 위해 애써야 하는 이상理想이다. 공연 시간 전체에 걸쳐 그것을 절대적으로 실현한다는 것은 이미 앞에서 언급한 것처럼 실제적으로는 불가능한 일이다. 스타니슬랍스키는 이와 관련하여 다음과 같이 말한다.

전적으로 옳은 또는 전적으로 틀린 교류는 없다. 배우의 무대적 삶은 이러 저러한 순간들로 가득 차 있다. 그래서 옳은 것과 옳지 않은 것이 번갈아 생기기 마련이다.

만약에 교류를 통계적으로 분석할 수만 있다면, 상대배우와의 교류는 몇 퍼센트, 관객과의 교류는 몇 퍼센트, 역할의 형상을 보여주는 것은 몇 퍼센트, 대상을 보는 것은 몇 퍼센트, 자신의 표현이나 드러냄 및 기타는 몇 퍼센트인지 표시할 수 있을 것이다. 이러한 교류의 퍼센트의 총합이 특정한 교류의 특정 단계에서 옳음을 결정하도록 할 것이다……
모든 배우의 과제는 불균형에서 벗어나 항상 바르게 연기하는 것이다.
　　이를 위해 다음과 같이 행동하는 것이 최선이다. 한편으로는 무대에
서 대상(상대배우)과의 진실한 교류를 통해 상대배우를 확신시키는 것
을 배운다. 다른 한편으로는 옳지 않은 대상과의 교류를 잘 인식하여 창
조의 순간에 이러한 실수와 맞서는 것을 배운다. (2권, 264쪽)

　　무대에서 상대배우를 확신시킨다는 것은 진실로 보고, 듣고, 그의 행동
을 예리하게 지각하는 것이다. 이것은 '내가 어떻게 행동 하는가'가 아니
라 상대배우에게 올바르게 적응하여 자신의 행동을 변화시키는 것인데,
그리하여 '상대배우가 어떻게 행동하는가'에 대해 우선적인 주의를 가지
는 것을 의미한다. 위와 같은 목표를 실행하기 위해서는 연습과제가 필요
하다. 이것은 상대배우의 주의가 향하는 곳을 정확하게 통제할 수 있는
능력을 제공하고, 자신들의 성공적인 목표 실행을 위해 서로간의 예리한
'감시'(주시)와 행동의 정확한 계산을 요구하는 것이어야 한다.
　　이러한 요구를 만족시킬 수 있는 가장 좋은 연습과제는 상대배우들이
서로의 진실한 의도를 알 수 없게 하는 것이다. 간단한 연습과제를 예로
들어보자. 친구는 얼마 전에 빌렸던 돈을 나에게 다시 돌려준다. 경제적
으로 어려운 친구의 상황을 이미 알고 있기에 지금은 그에게서 돈을 받을
수 없다며 다시 돈을 되돌려준다. 그러나 친구는 막무가내로 돈을 돌려주
려 한다. 여기서 연기교육자는 상대배우들 각자에게 또 다른 부가 과제─
어떤 경우에라도 돈을 자신에게 남겨두면 안 된다. 만약에 상대배우가 돈
을 받고 싶어 하지 않는다면, 그가 눈치 채지 못하게 그의 주머니에라도
넣어두어야 한다─를 제시한다. 연습과제가 진행됨에 따라 누가 상대배
우의 행동에 좀 더 주의를 기울였으며, 좀 더 정확하게 행동했는가를 판

단할 수 있을 것이다. 상대배우에게 자신의 숨겨진 목표를 수행하기 위해서는 상대배우에게 집중해야 되며, 재치가 있어야 하며, 상대배우의 행동을 정확하게 계산해야 된다. 그리하여 자신의 숨겨진 목표를 수행하기 위해서는 상대배우에게 두 배로 집중할 필요가 있다. 즉, 상대배우로의 주의 집중이 없이 진실하고 살아 있는 연습과제는 수행할 수는 없는 것이다. 바로 여기에 이 연습과제의 분명한 효용이 있는 것이다.

살아 있는 상호행동의 과정을 습득하기 위해서는 일상의 삶에서 그것이 어떻게 발생하며, 어떻게 흘러 지나가고, 어떠한 필수적인 단계를 거쳐 구성되는지 철저하게 연구하고 분석해야 한다.

모든 유기적인 행동의 출발은 목표설정이다. 상황에 대한 목표설정을 하지 않으면 상대배우가 누구며, 그가 무엇을 하며, 어떤 상황에 처해 있는지도 이해할 수 없으며, 이것이 나의 의도의 실현에 어떻게 반영될 지도 평가할 수 없으며, 그리하여 결코 올바른 행동을 시작할 수 없다. 목표설정이 없음은 이후 배우의 행동에서 거짓을 불가피하게 초래하는 반면, 바른 목표설정은 상호행동을 올바른 궤도 위에 즉시 올려놓는다.

학생들에게 일상에서 경험한 상황 중에서 도움이 되는 목표설정의 과정을 재현해 보도록 해보라.

① 학생들은 학교에서 영화촬영을 위해서 초대된 졸업반 학생을 볼 수 있다고 가정해보자. 그는 여러 번 총장실을 힐끔힐끔 보고 있고, 총장은 어떤 일 때문에 초조해 보인다. 졸업반 학생은 내키지 않은 부탁 때문에 그를 대면할 결정을 내리지 못하고 있다. 이제 그의 모든 행동은 목표설정에 따라 달라질 수 있을 것이다.

② 연극학교에 입학시험을 치르기 위해 모스크바 역에 처음으로 온 젊은이가 있다. 이전에 한 번도 만난 적이 없는 그의 친척이 역으로 마

중 나오기로 했다. 사람들의 무리 속에서 그는 친척을 찾아야만 한
다. 이를 위해서는 한 방향뿐만 아니라, 여러 방향으로 적극적인 찾
아봄이 요구된다.

③ 어떤 교사가 군 사령관으로부터 한 학생이 용감한 행동―물에 빠진
사람을 구해 주었는데, 굳이 자신의 이름을 밝히지 않았다―을 했다
는 소식을 들었다고 말한다. 그러나 또 어떤 학생은 싸움을 벌여 밤
새 경찰에 구금되었다고 말한다. 학생이 절대 자기의 정체를 드러내
지 않는다면, 수업에 출석한 학생들에게 동료 중 누가 경찰서에 있었
으며 또는 용감한 행동을 했는지 찾아볼 것을 위임해보라.

목표설정 이후 상대배우와의 교류를 시작하기 위해서는 그의 주의를
자신에게 끌어 오는 것이 필수적이다. 만약 상대배우가 교류를 회피하거
나 주의가 어떤 다른 것에 돌려져 있다면 주의를 끌기 위해 능동적인 어
떤 것을 시도할 수 있을 것이다. 어떤 부탁을 하기 위해, 무엇인가를 전
달하기 위해, 또는 무엇에 대해 약속하기 위해 등이 그 예이다. 이때 학
생들이 연기교육자나 다른 학생의 주의를 끌기 위해 무엇을 시도하게 내
버려 두어라. 모르는 사람, 유명 인사, 아이, 당신의 말을 듣지 않고 교실
에서 떠들고 있는 사람, 서두르거나 의도적으로 대화를 회피하는 교장의
주의를 끈다는 것이 무슨 의미인지 검토하게 내버려 두어라. 이것을 위해
어떠한 신체적 행동을 완수해야만 할까?

한편 유기적인 행동의 과정에 있어서 또 다른 중요한 것은 대상에 대
한 적응 또는 합류이다. 적응은 수많은 상황―나와 상대배우와의 상호관
계, 상대배우와의 관계에 의한 나의 의도, 상호관계의 조건 속에서 상대
배우의 행동―에 의해 좌우된다. 다음과 같은 상대배우에게 적응하는 연
습과제를 제시할 수 있다.

① 부탁이나 명령을 실행하도록 만들기 위해

② 좋은 혹은 나쁜 소식을 알려주기 위해

③ 친구 관계를 확립하기 위해, 반대로 절교하기 위해

④ 나이 많은 사람, 어린 사람, 매력적인 사람, 불쾌한 사람 등과 친밀한
   혹은 공식적인 대화를 하기 위해

그리하여 상호관계를 통해 행동함에 있어서 나는 상대배우에게 적응하는
것이지, 변하지 않은 채로 남아 있어서는 안 된다. 상황의 변화와 상호관
계의 발전에 따라 나와 상대배우는 변화되는데, 만약 상호관계를 싸움으
로 인식한다면 그것은 새로운 공격이나 방어의 행동으로 끊임없이 변해
야 한다.

우리는 A. 체홉의 단편 『뚱뚱한 사람과 마른 사람』에서 그러한 행동의
적응에 대한 좋은 예를 찾아볼 수 있다. 어릴 적 학교 친구였던 두 관리
의 만남은 철도 플랫폼에서 이루어진다. 서로 인사를 나눈 뒤 친구들은
세 번 입 맞추고 눈물이 그렁그렁하여 서로의 눈을 바라보고 있다. 그러
나 하급 관리인 친구는 다른 친구의 지위가 3등관이라는 사실을 알게 되
자, 행동의 변화가 일어난다.

마른 사람의 얼굴이 갑자기 창백하게 굳어졌다. 그러나 곧 그의 얼굴은
사방으로 벌려진 큰 미소로 인해 일그러졌으며, 눈에서는 불꽃이 튀어나
오는 것 같았다. 그는 스스로 몸을 움츠리고, 등을 구부리고 작아졌다.

친구로서의 교류는 완전히 파괴되었다. 사회적인 지위의 차이는 이제
옛날 학교 친구 사이에 극복할 수 없는 갈등을 야기시켰다.

만약 유기적인 행동의 과정이 올바르다면 적응 또한 삶에서와 마찬가

지로 무대에서도 무의식적으로 발생할 것이다. 그러나 이후에는 의식적으로 반복되었던 무대적 적응이 점차 생기가 없어지다가, 마침내 배우의 내적인 삶의 표현자가 되는 것을 중단한다. 그것은 상대배우에게 적응하는 대신 눈치 채지 못하는 사이에 관객에게 적응하는 것으로 변하기 때문이다. 이때 행동은 역할의 유기적인 삶을 마비시키는 상투적인 것으로 변해간다.

따라서 배우는 낡은 적응의 쇄신과 새로운 적응을 위하여 끊임없이 자신의 상상을 자극하고 정서적 기억의 예비창고를 풍부하게 할 필요가 있다. 상대배우를 설득하여 부탁을 들어주도록 하기 위하여 반드시 상대배우에게 적응해야 한다고 가정해 보자. 이를 위해 스타니슬랍스키는 사람의 다양한 상태, 기분, 느낌의 목록을 만들 것을 제안한 바 있다. 예를 들면 '평정, 각성, 선량, 반어, 빈정댐, 트집을 잘 잡음, 비난, 변덕, 의심, 절망, 위협, 기쁨, 호의, 놀람, 경고' 등이 그러한 예이다.

> 손가락으로 이 목록 중 하나의 단어를 가리켜라. 그리고 우연히 가리키게 된 그 단어가 의미하는 상태가 너의 새로운 적응이 될 것이다. (2권, 292쪽)

어떤 경우에는 행동의 논리에 가장 적합하지 않고 모순된 것처럼 보이는 적응이 상대배우에게 가장 강하게 영향을 미치기도 한다. 누군가에게 부탁을 하는 태도는 이를테면 그 사람에 대한 조소나 경멸하는 태도와는 결합하기 어렵다. 그러나 단어의 직접적인 의미와 실행되는 행동의 성격 사이에 예상치 못한 결과가 최대의 효과와 표현력으로 나타나는 경우가 적지 않다.

중요한 것은, 목표설정, 대상의 주의 유도, 대상으로의 적응 또는 합류,

즉 살아 있는 유기적인 과정의 가장 중요한 이 모든 필수 단계는 상대배우에 대한 영향력으로 작용한다는 것이다.

언어적 상호행동의 교류는 신체적 상호행동의 교류보다 우세하게 나타난다. 그러나 말이 불필요한 것이 되는 경우에 상호관계는 단지 신체적 행동의 도움만으로도 가능하다. 그것은 제스처, 표정, 접촉, 시선 등을 통해 나타난다. 그래서 이러한 경우를 통해 언어적 상호행동 시 쉽게 파괴되는 상호관계의 유기적인 과정을 배우기 시작해야 한다. 그리하여 처음에는 신체적 상호행동 속에서 발생하는 유기적인 상호행동의 과정 자체를 견고히 하는 것이 중요하다. 신체적 상호행동은 언어적 상호행동의 기반에 놓여있다. 신체적 상호행동 없이 언어적 상호행동은 불가능하다. 제시된 상황에서 신체적 상호행동은 말없이도 가능하다.

그리하여 무언의 상호관계에 의한 연습과제나 에튜드는 〈침묵 에튜드〉로 불려진다. 이것은 상호관계에 있어서 본질적으로 침묵이 절대적이어야 함을 의미한다. 따라서 처음 단계에서는 신체적 행동이 언어적 행동보다 중요하며 우선시 되어야 한다.

이러한 목적을 가지고 학생들에게 다음과 같은 상황을 제시할 수 있다. 며칠간 불면의 밤을 보낸 후 잠이 든 중병 환자의 침상이라고 가정하자. 그와 가까운 사람들이 그를 방문하여 그의 건강에 대해 알고자 한다. 병상을 돌보는 사람은 그의 안정을 방해하지 않기 위해 표정과 제스처로써 이전 상황 및 현재 환자가 어떤 상태에 놓여 있는지 설명하고자 애쓴다.

침묵이 행동의 필수적인 조건이 될 수 있는 다른 제시된 상황을 예로 들어보자.

① 적의 후방에서 정찰병으로서 중요한 과제의 수행 행동들

② 적군의 접근으로 인한 행동들

③ 맹수에게 접근할 때 사냥꾼의 행동들

④ 말이 전혀 들리지 않는 소란스러운 공장견학에서의 행동들

⑤ 마이크를 켜놓은 라디오 방송실에서의 행동들

⑥ 기차가 출발할 때 열차의 닫힌 창문을 사이에 두고 하는 행동들

⑦ 말을 모르는 외국인에게 하는 행동들

⑧ 청각장애자와의 교류

위의 연습과제를 실행함에 있어서 목표는 대사 없이 최대한의 세밀함으로 유기적인 상호행동의 과정을 실행하는 것이다. 학생들은 오로지 신체적인 행동만으로 상대배우의 주의를 끌어오고, 그에게 적응하고, 그와 접촉을 하고, 그에게 영향을 주어야 한다는 것을 인식함과 동시에 그의 반응을 지각하고, 평가하고, 변화하는 상황 속에서 자신의 행동에 보다 더 합목적적인 논리를 찾아낼 수 있는 능력이 중요하다.

따라서 학생들은 신체적 행동으로 반드시 상대배우에게 영향력을 행사해야 한다. 그의 행동을 조정하는 것을 배워야 하고, 그를 입 다물게 제어할 수 있어야 하고, 꼼짝하지 않고 멈추게 하거나, 가까이 다가가거나 반대로 멀리 떨어지는 것 등을 할 수 있어야 한다.

상대배우에게 이러한 영향력은 투박한 신체적 힘에 의해서가 아니라, 표정, 눈, 제스처, 기타 방법의 도움으로 상대배우의 심리와 의식에 영향력을 행사함을 뜻한다. 신체적 상호행동을 단순하고 투박한 형태(잡기, 밀기, 던지기, 주먹질 등)로 이끌어 가는 것은 보통 예외적인 상황에서만 허용되는 것인데, 이것은 그 밖의 외적인(신체적인) 표현 수단을 이용할 줄 모르는 배우의 무능에서 기인한다.

이러한 외적인 표현 수단을 습득하기 위해서는 목적에 맞게 각각의 요

소들을 개별적으로 훈련해야 한다. 연습과제로는, 상대배우와의 상호행동의 과정이 눈, 손가락, 손끝 등과 같은 교류 수단들의 결합으로 실행되도록 구성하는 것이 좋다.

상호행동은 상대배우에게 능동적으로 영향을 미치는 능력뿐만 아니라 영향력을 정확하게 지각하는 것 또한 전제로 한다. 그럼에도 불구하고 지각의 과정은 무대에서 자주 파괴되거나 부재하기도 하는데 스타니슬랍스키는 이에 대해 다음과 같이 말한다.

> 많은 배우들이 역할의 말을 스스로 찾지 못하고 침묵으로 일관하고 상대방에게 대사를 그냥 건네준다. 그들은 듣지 못하고, 파트너의 사고를 인식하지 못하고, 자신의 대사를 파트너에게 던질 때 연기를 지속적으로 이어가지 못한다. 단지, 대사를 되받아 칠 수 있기를 기다리는데, 이러한 배우의 자세가 연속적으로 상호관계성을 파괴하는 것이다. 무대에서 인식한다는 것은 대사를 건넬 뿐만 아니라, 말을 듣고 그리고 침묵 속에서도 눈의 대화를 계속 이어갈 수 있어야 한다. (2권, 256쪽)

상대배우의 반응을 지각하지 않고 또 평가(상대배우의 행동을 생각하는 것)하지 않고서는 결코 그에 대해 올바르게 영향을 줄 수 없다. 이러한 유기적인 상호행동을 조직하고, 그것을 조정하는 것을 도와주는 방법이 있는데, 그것은 연습과제나 에튜드를 마친 후 배우에게 상대배우의 행동에 대해 상세하게 이야기해 줄 것을 요구하는 것이다. 만약 실제로 그가 상대배우에게 집중했다면, 어렵지 않게 대답할 수 있을 것이다. 그러나 만약 그가 자기 자신에게만 집중했다면, 즉 자신이 계획한 행동의 진열된 선만 따라 갔다면, 그는 상대배우가 어떻게 행동했는지 쉽게 말하지 못할 것이다. 이와 관련하여 스타니슬랍스키는 다음과 같이 말하고 있다.

만약 어떤 배우가 '상대배우가 어떻게 연기했는지 (무엇을 했는지) 기억
나지 않지만 저는 잘했어요'라고 대답한다면, 이것은 '나는 연기를 잘 못
했어요'라는 뜻이며, 그러나 만약 '제가 어떻게 연기했는지 기억나지 않
지만, 상대배우가 어떻게 했는지는 기억납니다'라고 한다면, '나는 연기
를 잘했습니다'라는 말과 동일한 의미이다.

상호행동에 대한 최상의 연습과제는 상대배우들을 충돌과 싸움으로 이
끌어주는 능동적인 과제를 제시하는 것이다. 만약 행동의 능동성이 자연
스럽게 발생되지 않는다면 제시된 상황의 구체성을 심화시켜 불러일으킬
수 있다. 예를 들어 학생들에게 관객들이 극장으로 입장하는 순간의 재현
을 과제로 제시해 보자. 어쩌면 이러한 과제는 별로 흥미롭지 못한 것으
로 보일 수도 있는데, 그것은 극장 문으로 다가가서 매표원에게 티켓을
내밀고 그가 티켓을 찢어 주면 극장 안으로 들어가는 것 외에는 특별한
노력이 필요치 않기 때문이다. 그러나 이것은 피상적으로 과제를 수행한
것이다. 삶은 이러한 설명보다 훨씬 더 재미있고 풍요롭다. 삶에서는 어
떤 극장으로, 어떠한 상황에서라는 전제가 없다면 결코 극장에 가지 않기
때문이다.

예를 들어 오늘 〈발쇼이 극장〉에서 세계적으로 유명한 이탈리아 극단
〈라 스칼라〉의 마지막 공연이 있다. 티켓을 구하려면 한 달 반전에 줄을
서야 하며 매일 동정을 살펴야 한다. 이러한 상황에서 극장에 들어간다는
것 자체가 사건이다. 입장하려는 사람은 극장이 수용할 수 있는 사람보다
항상 많다. 표가 없는 많은 사람들이 어떻게든 극장에 들어가려고 하기에
극장 입구는 항상 대 혼잡을 이룬다. 관객들은 단순히 문을 지나가는 것
이 아니라 문으로 돌격하는 듯하다. 군중 속에는 의례히 기다리는 사람,
지각한 사람, 티켓을 양보한 사람과 획득한 사람, 날짜를 혼동한 사람, 매

표원에게 자기들을 담당자에게 들여보내 달라고 설득하는 사람 등이 있게 마련이다. 또한 군중 중에는 연인, 권태기의 부부, 혼자 출장 온 지방 사람, 배우의 열렬 팬, 외국인 관광객, 외국 외교관 등을 만날 수 있다. 만약 주의 깊게 살펴본다면, 군중 각자마다 자신의 독특한 성격, 다른 사람들과는 구별되는 자신만의 행동선이 있다.

이 모든 것이 학생들에게는 주어진 연습과제를 실행하는 데 있어서 흥미로운 재료가 될 수 있다. 또한 군중들과의 관계나 매표원과의 관계를 다양하게 드러낼 수 있는 일련의 에피소드를 만들 수도 있을 것이다. 하나의 에피소드를 만들어보자.

> 이곳에서 저곳으로 자리를 옮겨가며 주위를 살펴보는 한 젊은이를 볼 수 있다. 그는 늦는다고 연락이 없는 여자 친구를 기다리고 있다. 그의 뒤에는 어떤 금발의 아가씨가 지나가는 사람들에게 표가 남는 것이 없느냐고 물어보고 있다. 그녀는 공연을 보기 위해 일부러 다른 지방에서 모스크바로 온 것인데, 표를 구해 놓겠다고 한 사람이 결국은 표를 구하지 못한 것이다. 입장을 알리는 마지막 종이 울린다. 매표원은 곧 공연이 시작된다며 사람들을 재촉한다. 그때 금발의 아가씨가 그 젊은이에게 다가와 남은 표 한 장을 자기에게 양보해 달라고 부탁을 한다. 그는 주위를 다시 한 번 둘러보더니 그녀에게 표를 건넨다. 그녀는 신속히 표를 낚아채고는 표 값을 치르려고 가방을 연다. 그러나 젊은이는 돈 받기를 거부하고, 그녀의 팔을 잡고 입구로 들어가려 한다. 그녀는 호의적인 웃음을 짓다가 바로 그 자리에 얼어붙어 버린다. 왜냐하면 어떤 검은 머리의 아가씨가 숨을 헐떡이며 그를 향해 달려오면서 소리를 질렀기 때문이다. 그 또한 당황하며 멈춰 선다.

필연적으로 갈등이 발생한다. 이후 갈등의 전개는 이 세 명의 남녀 사이에 상호관계가 어떻게 발생하느냐에 달려 있다. 예를 들어 검은 머리 아가씨의 남자친구가 금발머리 여자에게 표를 양보했다는 사실이 드러나자, 화가 난 검은 머리 아가씨가 그와 함께 극장으로 들어가지 않을 수도 있다. 또는 남자가 아주 난처한 상황에 처했음을 알게 된 금발 머리 아가씨가 그에게 표를 돌려주던지, 아니면 남자가 여자 두 명만 보라고 제안할 수도 있다. 또한 이 상황을 딱하게 여긴 매표원이 세 명 모두를 극장으로 들여보내 줄 수도 있다.

연습과제의 즉흥적인 성질은 다양한 결과를 도출시킬 수 있을 것이다. 여기서 항상 성공적인 결과를 이끄는 것이 아닌 우연성의 순간은 필연적이다. 그러나 이것이 즉흥의 본질적인 효용을 감소시키지는 않는다. 그리하여 즉흥은 학생들의 상상, 의지, 재치를 활성화시킨다. 그들이 무대에 있는 동안에는 다음 순간에 무엇이 일어날지 알 수 없으므로 배우들은 진실로 서로 서로를 주시해야 하며, 상대배우가 제공하는 예상치 못한 상황으로부터 탈출구를 찾아야만 한다. 일차적인 즉흥성은 행동의 본질에 도달하도록 도와줄 것이다.

즉흥적 연습과제의 실행 이후, 연기교육자는 학생들의 성공과 실패, 논리성과 상호관계의 유기적인 과정에 있어서 발생할 수 있는 잘못에 대해 초점을 맞춰 설명할 필요가 있다. 만약 학생들이 시연을 할 때, 갈등의 해결에 대한 몇 가지 대안이 떠오른다면 질문을 할 수도 있을 것이다. 그것들 중에서 어느 것이 더 흥미롭고 유익한 것인가 라는 질문에 학생들이 답변하기 위해서는 세 남녀 사이에 형성된 갈등에 대하여 자신의 생각을 결정하고, 그 결정에 대한 평가가 요구된다. 그래서 단순히 극장 입구에서 일어난 우스꽝스러운 사건으로 연기할 수도 있고, 이 사건으로부터 어떤 의미 있음이나 도덕성 같은 것을 드러낼 수도 있다. 즉, 이와 같은 난

처한 상황에 처했을 때 사람들의 동정심을 유도하거나 또는 교양 있음을 보여준다든지, 아니면 반대로 그들의 행동을 비난한다든지 등이다.

갈등에 대한 어떠한 가능성 있는 해결이라고 할지라도 즉흥의 과정에서 만들어진 모든 것은 새롭게 이해할 필요가 있다. 따라서 처음부터 결말을 준비하지 않아야 하며, 사건의 모든 상황, 인물들의 상호관계, 상호관계의 유기적인 행동 과정 등은 결말에 맞추지 않아야 하고, 절대로 미리 의도했던 결말을 향해 다가가서는 안 될 것이다.

이제 이 모든 질문들에 대한 해결은 연습과제가 에튜드로 발전되는 1학년 과정의 다음 단계와 관련이 있다.

4

에튜드 작업

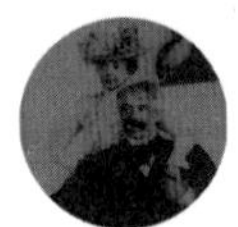

　무대작업에 있어서 에튜드란 무엇이며, 연습과제와 차이점은 무엇인 가? 만약 둘 사이에 아무런 차이가 없다면, 연기교수법에 이러한 두 가지 의 개념이 도입된 의미는 무엇인가?

　그러나 에튜드와 연습과제의 개념은 분명히 존재하고 있고 차이점 또 한 있다. 이것들은 인접 예술의 실기에도 도입된 것과 마찬가지로 연기실 습에도 확고하게 자리매김하고 있다.

　예를 들어 음악교수법에서 연습과제는 빠르기, 유창함, 정확한 리듬감, 다양한 역동성 등과 같이 순전히 기술적인 과제의 해결을 위해 만들어졌 으며, 또한 연주 테크닉의 완성이라는 목표 이외에 어느 정도의 예술과 음악의 발전이라는 논리의 성취라는 목표를 내포하고 있다.

　물론 각각의 예술에는 저마다의 특성이 있으므로 어떤 분야에서 만들어진 개념이 다른 분야에서 기계적으로 적용되어서는 안 될 것이다. 특히, 음악적 연습과제와 달리 무대적 연습과제는 순전히 기술적인 과제로만 한정되지 않고 어느 정도 창조의 요소를 내포하고 있다. 예를 들어 음악적 연습과제가 악보에 의해 분명히 규정된 것이라면 무대적 연습과제는 즉흥성 속에서 제시된 과제에 대한 반응으로서 수행된다. 무대적 연습과제의 수행자는 행동의 논리를 선택함에 있어 자유로우며, 이러한 행동의 논리는 행동을 만들어주는 상황에 의거하여 다시 형성된다. 무대 에튜드는 제시된 상황 속에서 인물의 행동 발전 논리를 전제로 한다.

배우기술을 위한 기본 요소의 획득에 있어서 훈련의 개념인 연습과제에서는 분명한 초목표가 없다. 그래서 연습단계 처음 단계에서는 학생들 자신의 창조적 목적—장래 직업을 위한 테크닉을 완성의 단계까지 획득하는 것—이 인식되는 단계까지를 초목표로 삼는다. 그러나 에튜드의 기저에는 비록 단순한 과제라 할지라도 예술적 사고가 분명히 자리 잡고 있다. 연습과제와는 달리 에튜드에는 사건의 발전에 있어 우연성의 요소가 배제된다. 이처럼 에튜드는 연습과제에는 없는 예술적 특성들을 보유하고 있는 것이다.

그리고 연습과제에서는 행동의 즉흥성이 우선적이지만 에튜드에서는 행동의 논리가 고정되어 있어서 반복성을 필요로 한다. 그래서 에튜드는 매번 새로운 것이라는 인식을 절대적으로 요구하고 있다. 즉 에튜드를 반복할 때마다 이미 잘 알고 있는 사실, 사건, 행동에 대해 마치 처음 발생한 것처럼 대할 필요가 있다는 것이다.

또한 연습과제에서 학생들의 관심은 당연히 무대적 행동을 위한 어느 한 가지 요소(긴장과 이완, 주의 집중, 상상력 등의 무대적 행동을 위한 제요소)에 고정되어 있는 반면, 에튜드에서는 무대적 행동을 위한 이러한 모든 요소의 동시적인 참여가 필수적이다.

이러한 측면에서 에튜드는 배우기술과 메소드 사이의 연결 고리라 할수 있다. 〈자신에 대한 배우의 작업〉에서 에튜드는 배우를 위한 기본적인 기술을 숙련시켜 공고히 해 주면서 프로그램의 다음 단계인 〈희곡 또는 역할에 대한 배우의 작업〉으로 이끌어준다.

그러나 희곡에서는 배우가 준비된 텍스트에 의해 등장인물의 행동과 사건의 발전이라는 이미 제시된 논리로 움직이는 반면, 에튜드에서는 학생들 스스로 자신이 이해한 자신의 행동 논리를 만들고, 또 자신의 말로써 행동 논리를 표출한다.

한편 에튜드에서는 아직까지 전형적인 인물 성격의 창조와 인물형상으로의 변신이라는 과제를 부여하지는 않는다. 배우는 자신에게 익숙한 삶의 상황 속에서 자신의 이름으로 행동하는 사람이다. 만약 작업과정에서 어떤 특정적인 요소가 유기적으로 갑자기 발생한다고 해서 연기교육자는 당황하지 않아야 한다. 왜냐하면 연기교육이라는 전 과정의 연속성을 유지하면서 학생들에게 창조적인 본성의 발현을 제한해서는 안 되기 때문이다. 교육자는 학생들로 하여금 삶의 경험을 토대로 행동에 대한 자신의 논리를 세우고, 무대에서는 유기적이면서도 생동적이어야 한다는 것을 명심하도록 가르쳐야 한다.

에튜드 과제 그 자체는 매우 복잡한 것이기에 그것으로부터 성공적인 해결이나 무대적인 통달을 습득한다면, 이미 큰 도약을 한 것이나 다름없다. 에튜드에 대한 작업은 1학년 2학기부터 시작되며 연습과제 수업과 병행된다. 그러나 에튜드는 연습과제보다 우선시 되어서는 안 되며 대체하는 정도가 되어야 한다.

우리는 연습과제에서 에튜드로의 성장에 대한 많은 예를 들었다. 작업

과정에서 어떻게 연습과제가 제시된 상황에 의해 점진적으로 풍부해지는지, 그래서 어떻게 사건이 명확해지는지 보여주면서 줄거리의 윤곽이 드러나고, 창조적인 목표가 결정되고, 관통하는 행동선이 정해지고, 행동의 논리가 선택되고 고정된다. 예를 들어 아무런 행동 없이 무대에서 무엇을 보고 있다면, 새로운 땅의 발견을 위한 항해자에 관한 에튜드를 해 볼 수 있을 것이고, 성냥불을 켠다면, 조야 코스모지먄스카야의 헌신을 구현하는 에튜드를 상상할 수 있을 것이며, 거리의 소음을 듣고 있다면, 심하게 아픈 환자를 살리기 위해 구급차를 기다리는 에튜드를 생각해 낼 수 있을 것이다.

다음과 같은 구체적인 예를 들어 연습과제에서 에튜드로 변화하는 자연스러운 단계를 만들어보자. 우선 학생에게 무대에서 숨겨놓은 성냥갑을 찾는 것 등과 같이 단순한 일상의 행동을 완수하도록 제시한다. 이 행동이 완료되자마자 숨겨진 성냥갑이 어디에 있는지 이미 알고 있다는 차이점만을 가지고 그에게 성냥갑을 찾는 행동을 반복하도록 한다. 이것을 반복할 때 학생은 보통 처음의 행동 논리를 상실하여 이전의 기억을 따라 그에게 생각나는 행동을 재현하기 시작할 것이다. 즉 성냥갑을 찾는 행동을 외적으로 표현해 내려고 하는 것이다. 연기교육자는 잘못을 교정해 줌과 동시에 정확한 행동의 논리를 따라 가도록 도와주고, 학생의 행동이 익숙한 미장센(성냥갑을 찾는 행동의 나열, 배열)의 반복이 아니라 잃어버린 물건을 찾는 행동 과정의 재현으로 향하도록 해야 한다.

이러한 행동의 논리를 확고히 하기 위해 제시된 상황 속에서 찾고자 하는 대상이 무엇이며, 어떤 가치가 있는지, 어디서, 언제, 어떤 상황에서 그 대상을 잃어버렸는지, 만약 잃어버린 물건을 찾지 못하면 어떤 불행이 야기되는지 등과 같은 목표를 명확히 해야 될 필요성이 발생한다.

만약 배우의 상상력이 '자신은 담배를 피기 위해 성냥갑을 찾고 있다'라는 것으로 귀착된다면 이러한 상황은 자신의 적극적인 행동을 유발시키지 못할 것이다. 이러한 상상력으로는 무대에서의 진정한 집중과 명확한 연상을 불러일으킬 수 없고, 그래서 이것은 적극성의 결여로 배우의 깊숙한 내면세계를 건드리지 못하는 경우라고 할 수 있다.

그러나 만약 그가 I. 오시포프의 단편『부치지 못한 편지』의 주인공처럼 울창한 타이가 숲에서 길을 잃고 굶주림과 목마름으로 죽어가고 있다면 또는 철교를 폭파하기 위해 적지에서 도화선에 불을 붙여야만 한다면, 이와 같은 상황 속에서 성냥갑의 상실은 엄청난 의미를 내포할 것이다. 이러한 경우에 배우자신의 행동은 매우 적극성을 띄게 될 것이다.

이처럼 처음에는 단순한 일상의 행동으로 실현된 것이 점차 예술적인 상상의 차원으로 전환됨으로써 내적인 정당성과 근거를 요구하게 된다. 그리하여 행동은 다르게 찾아지고 새로운 내용으로 풍부해진다.

잃어버린 물건을 찾는 것은 학생 한 명뿐만 아니라 서로 간에 상호관계를 맺으며 서로 방해되거나 혹은 도움이 될 수 있도록 여러 명에게 시켜도 좋다. 어쩌면 처음 단계에서는 1인 에튜드보다 2인 또는 집단 에튜드를 만드는 것이 보다 합목적적일 수 있다. 왜냐하면 모노드라마는 무대적 행동의 훨씬 더 복잡한 형식이며, 독백은 언어적 행동의 가장 어려운 형식의 하나인 상상의 대상과의 교류를 전제로 하는 것이기 때문이다. 어떻든 유기적인 행동의 과정은 상대배우와의 상호행동이 어떤 상황 속에서 무엇보다도 성공적으로 학습되고 조정되며, 아울러 갈등, 상반되는 힘의 충돌, 인지, 평가, 영향의 순간들의 교체 등이 쉽게 형성되기 때문이다.

한편 에튜드는 항상 복잡한 줄거리(내용이나 이야기)에 의해 발전되거나 심화되는 것은 아니다. 오히려 에튜드는 많은 양의 사실(복잡한 줄거리)들을 가득 싣기 보다는 단순한 줄거리의 구조를 선호한다. 중요한 것은 에튜드의 내용이 학생들 자신의 삶의 관찰로부터 꺼내어져야 한다는 것이다. 유감스럽게도 많은 에튜드들이 학생들 개인의 정서적 기억으로부터가 아니라 연극이나 영화의 모방이거나 기존의 상투적인 내용으로부터 에튜드가 발생한다는 것이다. 그리하여 학생들로 하여금 초보배우들에게 자신에게 맞지 않는 작품의 역할을 연기하기를 강요할 때 자주 일어나는 것과 마찬가지가 되는 것이다. 따라서 이것은 학생들을 극적 줄거리를 고안하거나 어설픈 문학적인 저술의 길로 떠미는 것이 되고 만다.

학생들이 만들어 낸 '작은 작품'(학생들이 에튜드용으로 만든 줄거리를 가지고 있는 이야기)은 대부분의 경우에 연기교육이나 예술적인 경향과는 거리가 먼 낮은 수준의 자율적인 작품에 지나지 않는 경우가 많다. 그러므로 에튜드의 내용은 학생들이 만들어낸 대본이 아니라 즉흥의 방법으로 만들어진 연습과제의 발전과 심화로부터 접근하는 것이 좋다. 이러한 경우에만 작업의 두 단계—연습과제 작업과 에튜드 작업—사이의 직접적이고 직선적인 관계의 확립이 보다 가능하기 때문이다.

또한 에튜드 작업은 다른 방법도 가능한데 그것은 에튜드의 내용을 극작품이나 소설에 의해 차용하는 것이다. 〈물체 없는 행동〉을 위한 연습과제의 실행 중에 어떤 학생이 손님을 면도해 주는 이발사의 역할을 맡았다고 가정하자. 학생이 이발사의 직업으로서 특징적인 신체적 행동을 습득한 후, 학생으로 하여금 수행된 연습과제를 발전시켜 또 다른 창조적 과제를 찾아보도록 제안해 보라.

그러나 어떤 경우에는 학생들이 행동을 발전시키는 것이 아니라 오히려 행동으로부터 벗어난 제시된 상황에 초점을 맞추어 에튜드에 도입하는 경우가 적지 않다. 예를 들면 이발사와 손님은 예전의 군대 동료임이 밝혀져 그들은 회상에 잠기고 결국 이것이 에튜드의 중요한 초점이 되는 것이다. 그러나 에튜드의 이런 식의 전개는 대부분의 경우에는 대화로 귀착되며 이럴 경우 행동은 이미 실패한 것이 되어 버린다.

그렇지만 〈세빌리아의 이발사〉에서 피가로가 손님인 바르톨로 의사의 등 뒤에서 일어나고 있는 일 때문에 그의 주의를 딴 곳으로 돌리려고 하는 그 면도 장면을 학생들에게 제시해 준다면, 이것은 완전히 다른 에튜드가 될 것이다. 피가로는 의사가 알마비브 공작에게 애교를 부리고 있는 자신의 여직원에게로 뒤돌아보지 못하도록 만들고, 그들이 키스하는 장면에서는 그의 눈에 면도 거품을 뿌린다. 학생들은 자신의 삶의 주변에서 이러한 상황을 가지고 와서 그 상황을 이해하려고 노력하고, 단지 보마르세로부터 에튜드의 발전을 위한 소재만을 빌려올 수 있다. 보마르세의 희극적 상황과 인물형상의 복잡성을 재현할 필요는 없지만 하나의 줄거리적인 상황 정도는 이용할 수 있는 것이다. 예를 들면 내가 손님을 면도하고 있지만 '그의 등 뒤에서 일어나고 있는 일을 못 보게 막는 것'이라는 상황을 이용할 수 있다. 학생들이 이러한 상황을 가져올 수도 있지만 연기교육자가 제시해 주는 것도 물론 가능하다. 그러나 통상적으로 에튜드를 만드는 과정은 교육자가 학생에게 극작가나 연출가의 역할을 부여하는 것이 아니라 교육자의 간단한 조율 하에 학생들의 자율적인 작업이 되어야 한다. 그렇지 않을 경우 에튜드 작업은 그 의미가 상실된다.

처음에 학생들은 아직 에튜드를 심화할 필요성을 느끼지 못하고 오히려 외적인 측면, 즉 자신의 연기로서 증명할 줄거리에 관심이 더 많다. 그러나 이미 언급한 바와 같이 에튜드가 창조적 예술작업의 씨앗의 형태라 하더라도 무대예술을 위한 예술성의 모든 요소들을 가지고 있어야 한다. 배우기술을 위한 준비성, 특정한 삶의 관찰을 무대적 형식으로 재현하는 능력뿐만 아니라, 그것을 올바르게 나타내고 그것에 대한 자신의 관계를 표현하는 것 또한 요구한다. 여기에서 학생 각자의 견해, 세계관, 예술적인 취향 등이 드러난다.

또한 에튜드 작업의 목표는 배우에게 필요한 전문적인 자질의 발전만이 아니라 교육적, 도덕적인 의미 또한 내포하고 있다. 학생들은 자신의 창조 작업이 어떤 사상적인 내용을 담고 있는 지에 대해 심각하게 고민할 필요가 있다. 기술적으론 나무랄 데 없이 수행되었으나 아무런 도덕적인 사상도 내포되지 않은 에튜드는 결코 좋은 에튜드로 인정할 수 없다. 에튜드의 질이 비록 초보적인 수준이라고 할지라도 주제 및 줄거리의 선택에서부터 시작하여 그것의 사상적 목표(초목표)의 결정으로써 에튜드는 완성된다. 에튜드의 또 다른 목표는 확실한 세계관의 형성을 도와 학생들의 작업에 저속함, 불쾌한 취향, 삶에 대한 냉소적인 태도가 스며들지 않도록 막아야 한다. 상상력으로 내용이 풍성해지지 못하거나 행동을 위한 창조작업이 수행되지도 못한, 그리하여 초목표가 상실된 에튜드는 이로움 보다 해로움이 더 많다. 따라서 이것은 창조적 과제의 해결에 있어서 결국 표면성과 유사성만을 익힐 뿐이다. 이와 관련하여 스타니슬랍스키는 다음과 같이 말한다.

> 아주 작은 에튜드를 포함한 모든 에튜드는 초목표와 관통된 행동의 내면에서 살아 움직이는 것이다. (3권, 395쪽)

그리하여 내용이 빈약한 에튜드, 즉 '얕은 깊이'를 가진 에튜드는 쉽게 싫증이 나므로 아무리 세밀하게 준비한다 하더라도 이러한 에튜드는 아무런 소용이 없다.

에튜드의 교육적인 측면에서 볼 때 간혹 에튜드가 주제의 선택에 초점을 맞추어 사실상 가장 중요한 에튜드의 초목표는 놓쳐 버리는 경향이 있다. 이로부터 제한적이고 편파적인 경향이 발생하는데, 일례로 사람의 성격의 부정적인 면만 보여주는 에튜드는 전면적인 세계관의 형성에 도움이 되지 못하며 대신 긍정적인 에튜드의 측면으로 학생들을 교육하는 것이 좋은 것이다. 따라서 교과과정이나 메소드의 측면에서 다음과 같은 에튜드는 결정적인 비난을 받는다.

어떤 학생은 아침에 일어났지만 학교에 가지 않았다. 그는 아픈 척하며 자신의 결석을 정당화하기 위해 병원을 찾았다. 의사가 학생에게 체온계를 꽂아 준다. 학생은 체온계를 마구 비빈다. 수은이 올라가고 온도가 높아진다. 감쪽같이 속은 의사는 학생에게 쉬어도 좋다는 소견서를 발급해준다.

연극학교에서 이와 비슷한 종류의 에튜드가 실행되어서는 안 된다는 것에는 동의하지만, 이러한 에튜드가 행해져서는 안 되는 이유가 인물의 행동거지가 바르지 않고 나쁜 성향을 드러내기 때문만은 아니다. 배우의 심리와 등장인물의 심리를 절대 동일시해서는 안 되지만 정작 이러한 에튜드의 문제점은 그 속에 초목표가 없고 도덕적인 목표 또한 부재하다는 데 있다.

그러나 위와 동일한 소재를 가지고 좀 더 내용이 풍부한 에튜드를 만들 수는 있다. 이를 위해 학생들에게 다음과 같은 질문을 제기할 필요가 있다. 자기 스스로 주인공의 행동에 대해 어떻게 생각하는가? 에튜드를 통해 무엇을 말하고자 하는가? 그러나 만약 에튜드의 주제가 의사를 속이는 방법을 보여주는 것이라면 이러한 비도덕적인 목표는 결코 창조의 초목표가 될 수 없다.

중요한 것은 무대에서 발생하는 사건들에 대한 자신의 태도를 결정하기 위해 학생들 스스로 에튜드의 초목표를 찾아내야 한다는 것이며, 초목표는 인위적으로 만들어 내는 것이 아니라, 극적 갈등 자체로부터 도출되어야 한다는 것이다.

연기교육자이자 연출가인 B.I. 베르쉴롭프는 거짓의 토대에 기반한 에튜드 생성의 확실한 예를 제시한다.

어느 날 연극학교의 학생들에게 다음과 같은 에튜드가 제시되었다. 독일군 점령 시기에, 옆방에서 독일 파시스트 장교가 어느 아가씨에게 드러내놓고 수작을 걸며 귀찮게 하고 있었다. 그런데도 그 아가씨는 자기가 반항하면, 가족들에게 피해가 돌아갈까 두려워 그 수작을 참고만 있어야 하는 상황이었다. 다행히 잠시 그에게서 벗어나 다른 방으로 가서 좀 쉴 수 있게 되었다. 그러나 곧 자신을 부르는 장교의 목소리가 들리자, 소녀는 일어나서 머리와 옷매무새를 가다듬는다…… 그때 소녀는 병과 잔들을 발견하고는 거기에다 포도주를 따른다. 그 중 하나의 잔에 독을 넣고는 옆방으로 가져간다.

언뜻 보기에는 훌륭한 애국 사상, 행동선의 구축 가능성, 관통 행동의 결정, 그리고 무대적 사건과 줄거리, 그리고 주제 모두 만족스러워 보인다.

그러나 이 에튜드는 제시된 상황이 너무 복잡하여 그 만큼의 세밀한 정당성이 요구된다. 즉, 왜 파시스트에게 대항하지 않는가? 독은 어디서 났는지? 무엇을 위해 그는 그 소녀에게 매달리게 되었는지? 등이 그러한 예이다. 이와 같은 구체적인 정당성이 없다면, 배우는 도식적, '전반적인'

연기, 감정, 기분, 상태의 연기에 이르게 된다.

에튜드를 시연한 그 여학생은 주어진 사건과 맞닥뜨린 적이 없었음은 물론, 심지어는 이러한 사건에 대해 들은 적도 없었으므로 어쩔 수 없이 이 여학생은 멜로드라마적인 상투성으로 자신의 연기를 '풍부하게' 만들며 영화나 연극에서 본 어떤 여배우의 연기를 모방할 수밖에 없었다.

이러한 예는 만약 에튜드의 소재가 자신이 잘 알고 있는 삶의 실제가 아니라, 비사실적인 연극적 상투성이나 문학적이거나 연극적인 진부한 틀에서 나온 것이라면 가장 절대적인 사상조차도 이러한 변이로부터 학생을 지켜낼 힘이 없다는 것을 증명하고 있다.

그리하여 위와 같은 에튜드 작업에 있어서 잘못은 다음과 같은 두 가지 이유로 요약된다. 첫 번째는, 학생들이 유기적인 행동의 요소(행동을 위한 요소훈련)들을 습득함에 있어서 느껴지는 결과를 아직 획득하기도 전에, 혹은 배우 기술의 영역에서 초보적인 숙련을 달성하기도 전에, 충분히 준비되지도 않은 채 연습과제에서 에튜드로 넘어간 것이 시기상조였기 때문이다. 올바른 창조적 작업에서 어떤 성과를 확신하지도 못한 채 학생들은 새롭고 보다 더 어려운 교육적 과제의 해결로 넘어가서 결국 과장연기, 줄거리의 외적인 표현이라는 길로 불가피하게 미끄러지게 된다. 만약 이런 경우에 학생들이 어떠한 기술적인 숙련을 획득하였다 할지라도, 이것은 살아 있는 유기적인 창조의 습득에 있어 도움이 아니라 오히려 방해가 될 것이다.

두 번째는 에튜드 작업의 과정으로부터 기인하는데, 스타니슬랍스키는 이것과 관련하여 다음과 같이 경고하고 있다.

어떤 교육자들은 실행되어진 에튜드의 질이 아니라 수량에 지나치게 집착한다. 만들어진 에튜드의 수량이 아니라 작업 과정에 의한 질이 중요한 것임을 결코 잊지 말아야 한다. 외적으로, 표면적으로만 작업된 백 개의 에튜드보다 한 개의 에튜드에 집중하여 끝까지 끌고 나가는 것이 훨씬 더 낫다. 끝까지 마무리된 에튜드가 진정한 창조 작업이 될 수 있으며, 표피적인 작업은 임시변통이나 기교만을 가르칠 뿐이다. (3권, 410쪽)

한편, 교육과정에 있어서 1인 또는 2인 에튜드 외에 학생 전체가 실행하는 무리 에튜드와 그룹 에튜드 또한 합목적적으로 만들어야 하는데, 이것은 집단적인 작업으로서의 교육적인 의미 외에 학생배우들에게 새로운 예술적 과제를 제시한다.

① 전체적인 예술적 구성 속에서 자신의 자리 찾기
② 대중 앞에서 자신의 행동의 논리를 찾고 실행하기
③ 필요한 경우 대중의 주의를 자신에게 집중시키기
④ 눈에 띄지 않게 서 있기
⑤ 사라지기
⑥ 차선책으로 물러나기

집단 에튜드는 차후의 2학년 교육 프로그램의 학습과 관련하여 자세하게 말하게 될 〈구현의 요소〉들과 관련 있다. 그것은 율동적인 표현력, 템포와 리듬, 집단화와 미장센의 문제이다.

이제 집단 에튜드의 예를 들어보자. 행위는 기차의 출발을 앞둔 역의 플랫폼에서 일어난다. 이를 위하여 학생들을 플랫폼에서 떠나는 사람, 배웅하는 사람, 이들에게 서비스를 제공하는 사람(표를 검사하는 차장, 짐꾼, 아이스크림 장사하는 여자 등)으로 나눈다. 에튜드는 즉흥적인 성격의 연습과제로부터 만들어진다. 학생들 개개인은 전체적인 과제 속에서

자기 자신의 적합한 행동들을 찾아야만 한다. 예를 들면,

① 열차의 플랫폼에서 서로 헤어지는 연인들
② 싸우는 부부들
③ 노래와 음악을 하며 같은 반 친구들을 어떤 곳으로 떠나보내는 학교 친구들
④ 어음 때문에 딸과 이별하는 부모
⑤ 차장을 속이려고 애쓰는 무임 승차자
⑥ 휴양지 입장권을 집에 놓고 온 휴양객들
⑦ 열차에 빈 상자를 싣기 위해 차장을 설득하는 과일 상인들
⑧ 인맥을 만들어 보려고 애쓰는 약간 취한 출장객

교육자는 많은 즉흥 중에서 에튜드에 포함시켜도 될 만한 괜찮은 것들을 가려낸다. 줄거리의 전개, 행동과 상황의 연속성 등은 명확하게 이야기되어지고 설정되어져야 한다. 방송에서 열차가 출발하기 전까지 남은 시간을 알려줌으로 인해 행동의 적극성은 점차적으로 증가한다. 첫 번째 안내 방송은 5분 전에, 두 번째 방송은 2분 전에, 두 번째 방송 후 전송자는 역에서 나가야 한다. 드디어 기차가 움직이기 시작한다.

이러한 에튜드 작업에 있어서 개별적인 에피소드는 역의 플랫폼이라는 공간에서 서로 잘 섞여야 하며, 기차가 출발하기 전 플랫폼의 생생한 모습에 대한 진실된 그림으로 만들어져야 한다. 일례로, 역의 소음을 배경으로 사랑하는 사람과의 이별이라는 에튜드를 만든 배우들은 진실된 애정이 선명하게 드러나고 거짓 없이 가장 비밀스런 고백을 할 수 있어야만 하는데, 즉 보는 사람들에게는 이별이라는 것이 신체적으로 떨어지는 것이지만, 그러나 그들의 관계에 있어서 보이지 않는 내적인 연관성을 공고히 함으로써 내적으로는 오히려 더 가깝게 만들어 주는 것이라는 생각이

들도록 할 필요가 있다.

에튜드에 대한 작업은 1학년이라는 틀로 인해 제약되어서는 안 된다. 배우에게 있어서 에튜드는 배우의 창조 작업을 점진적으로 풍부하게 만들어주고 완성시켜 주는 행동이며, 그 속에서 구현된 삶의 관찰이다. 따라서 에튜드는 단지 학교수업에서뿐만 아니라 배우의 인생 전체에 걸쳐 필요한 것이다.

그리고 배우기술의 요소들을 습득함에 있어서 1학년 교육 프로그램의 양은 엄청나게 많기 때문에 어쩌면 에튜드로의 정확하고 성실한 이행은 2학년 1학기에나 가능할 지도 모른다. 그래서 결코 1학년 학생이 한 학기 동안 에튜드를 만들기 위한 테크닉을 깊이 습득할 수 있으리라고 생각해서는 안 된다. 바로 이러한 이유 때문에 비록 학생들이 획득한 숙련으로 인해 보다 뛰어난 창조적 결과에 도달했을지라도 스타니슬랍스키는 2학년에서도 에튜드 작업이 계속되어야 한다고 주장하고 있는 것이다.

5

공개 발표

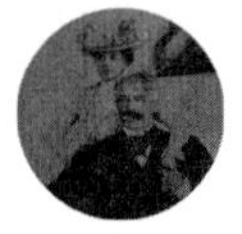

시험이라는 공개 발표는 1학년의 교육적 과제－학생들로 하여금 익숙한 환경 속에서 매우 단순한 유기적 행동을 무대에서 완성할 수 있는 능력－가 어떠한 지에 따라 달라진다.

그러나 1학기 끝 무렵에서 유기적인 과정의 실현을 위해 필수적인 배우기술의 자기화에 대한 결론을 내리기는 아직 이르다. 왜냐하면 이렇게 짧은 기간 동안에는 아직 가장 초보적인 기술의 숙련만이 가능할 뿐이기 때문이다. 그래서 공개 발표라는 시험보다 1학기 동안 실시한 다양한 종류의 연습과제로 구성된 〈컨트롤 수업〉으로 마무리하는 것이 적절하다.

〈컨트롤 수업〉은 특별히 연출되거나 연습된 공개 발표가 아니라 한 학기 동인 실시한 다양한 연습과제를 가지고 평상시 수입처럼 진행하는 것을 말한다. 그러나 〈컨트롤 수업〉을 발표나 공연처럼 만들 경우 교육자와 학생들의 관심이 결과를 보여주는 것에만 집중될 수 있고, 아울러 배우기술의 요소들을 습득하는 과정을 보여주는 것이 마치 수업의 목표처럼 될 수 있다.

예술로 첫 발을 내디딘 학생들에게 아직은 창조를 위한 반복이라는 조건 속에서 유기적인 과정을 실현하는 것은 어려운 일이다. 교육자가 제시한 즉흥적인 과제에 대한 무의식적이며 반사적인 반응은 그것이 여러 번 반복될 경우, 제스처, 억양, 근육적인 기억으로 인해 의식적인 수행으로 변할 수 있다. 이로 인해 (과제)수행의 신선함이 상실되기 쉬울 뿐만 아니라, 학생들은 행동에 대한 '표현'(보여주기 위한, 척하는 것 등의 진실되지 못한 외적인 행동이 되는 것을 의미)으로 넘어갈 수도 있다.

따라서 〈컨트롤 수업〉에서는 평상시의 수업에서와 마찬가지로 즉흥적인 성격의 연습과제가 우세해야 하며, 그 속에서 유기적인 과정의 모든 단계를 준수하여 제시된 상황에 대해 목표 설정을 하고, 그것을 자신의 상상으로 살아 움직이게 만들어 행동으로 실현시킬 수 있는 학생들의 가능성이 보다 더 확실하게 드러나야 한다. 만약 〈컨트롤 수업〉에 미리 완성된 연습과제나 단순한 에튜드가 포함된다면 여기에는 교육자의 특별한 지도가 필요하다. 행동의 유기성을 유지하기 위하여 행동의 실현을 위한 조건을 매번 새롭게 해주고, 연습과제에 새로운 창조적인 '미끼'를 도입해야 한다. 예를 들어 학생이 상상의 바늘과 실로써 단추를 꿰매야 한다고 가정하자. 교육자는 〈컨트롤 수업〉에서 이 연습과제의 수행 과정 중에 바늘이 손가락에서 미끄러졌다든지, 실이 끊어졌다든지 등의 새로운 '미끼'를 제시하는 것이다. 이러한 예상치 못한 작은 방해가 상상에 대한 새로운 자극점이 될 수 있고 행동에 활기를 불어 넣을 수 있다.

〈컨트롤 수업〉의 내용과 형식은 아주 다양하다. 〈컨트롤 수업〉의 진행에 대한 예는 차후의 〈배우의 화장실〉이라는 장에서 다루도록 한다.

1학년 수업의 말에는 공개 발표라는 시험을 보는데 이 공개 발표에서는 1학년 교육 프로그램을 얼마나 깊이 자기화하였는지, 그리하여 배우기술 습득의 새로운 단계로 이행하기 위해 학생들 각자는 어떤 방법으로 얼마만큼 준비되었는지 반드시 보여줘야 한다. 보통 이 공개 발표에서는 에튜드만 해당될 뿐 연습과제는 포함되지 않는다. 그러나 에튜드의 준비에만 집중하다보면 연기교육자가 훈련격인 연습과제를 등한시 하는 경우가 자주 있다. 그리하여 만약 어느 날 훈련을 중지한다면 나중에는 이미 훈련으로 다시 돌아오는 것이 힘들 뿐만 아니라 일상적인 훈련체계를 재정립하는 것이 매우 어려워진다.

배우기술의 기본을 배우는데 있어서 정당하지 못한 서두름, 가능한 빨리 연습과제를 끝내고 〈역할에 대한 배우의 작업〉으로 이행하고자 하는 바람은 수업 진행을 오히려 더욱 지체시킬 수도 있다. 그리하여 학생들로 하여금 수업의 관심을 무대 메소드에 대한 학습으로 전환하기 위해 연기교육자는 학생들에게 끊임없이 배우기술에 대한 질문을 한다든지, 아니면 창조 작업의 결과물을 가지고 예술적인 강화와 속성이라는 타협적인 길에 서야 한다. 그래서 스타니슬랍스키는 연습과제를 근거로 성장한 에튜드뿐만 아니라 훈련형태의 연습과제 또한 시험기간에 제시되어야 한다고 요구하고 있다.

1학년 에튜드 작업의 질에 대한 지표는 줄거리의 흥미로움이나 연출성(어떤 무대적인 결정)이 아니라 그 속에서 나타나는 행동의 유기성의 획득 정도이다. 이미 언급했듯이 에튜드의 준비 과정에 있어서 연기교육자의 도움은 학생들의 적극적인 발익아 실행을 뛰어 넘어 진행되어서는 안 된다. 이것은 에튜드가 학생들의 자발적인 창조에 의해 행해져야만 하는 교과과정이기 때문이다.

기초연기의 결과물인 〈컨트롤 수업〉과 공개 발표 외에 화술, 무용, 무대 동작 등의 〈컨트롤 수업〉과 공개 발표 또한 실행해야 한다. 이러한 특정 과목의 자기 성취도 정도(발성, 발음, 걸음걸이, 자세 등에 있어 개인적인 약점의 극복 정도)에 따라 학생들의 성적은 각 과목의 교육자들이 평가한다. 1년간 수업의 성과는 반드시 학생의 개인 성적표에 반영되어야 하며, 이것은 학생이 학교에 계속 남아서 교육을 받을 가치가 있는 가 라는 문제에 대한 결정이며, 다음 학년을 위한 고려사항이다.

기본적인 배우기술과 인접 학과들의 시험은 학생들에 대한 평가일 뿐만 아니라 교육자의 다른 목적을 위해서도 합목적적으로 사용된다. 즉, 시험은 학생들에 의해 획득된 숙련의 정도를 확고히 하기 위해서도 사용되는 것이다. 이를 위해 1학년의 시험은 심사위원(각 과목의 교육자들로 구성)들에게 넓은 강의실에서 공개적으로 보여주는 것이 바람직하다. 어차피 연습과제나 에튜드의 최종 목표는 초보배우들에게 수업시간의 익숙한 환경 속에서가 아니라, 무대라는 공개된 공간에서 유기적으로 행동하는 것을 가르치는 것이기 때문이다.

강의실에서 수업을 할 때와 공개적인 공간에서 발표할 때 무대적 자감이라는 측면에서 분명한 차이가 있다. 그러므로 관객과의 만남은 1학년 때부터 배우의 전문적인 교육 프로그램에 포함되어있다. 그러나 일반 관객에게 학교의 교육 프로그램을 공개하는 것은 깊이 숙고되어야 하고, 정확하게 조직화되어야만 한다. 공개적인 발표에는 발표에 대한 교육자의 설명이 수반될 수도 있고, 연극학교의 수업에 대한 설명회의 성격을 띨 수도 있다. 스타니슬랍스키의 〈오페라-드라마 스튜디오 프로그램〉의 각색은 이러한 설명회의 조직과 구성에 대한 좋은 예이다.

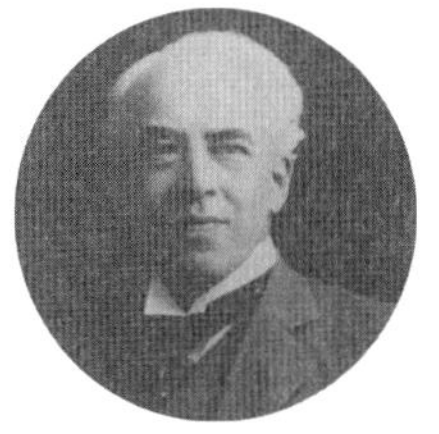

2학년

수업 내용

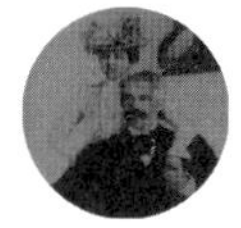

　스타니슬랍스키 배우교육은 〈자신에 대한 배우의 작업〉과 〈역할에 대한 배우의 작업〉의 올바른 결합을 전제로 한다. 2학년부터 이 두 개의 선은 나란히 가야 하며 서로가 서로를 공고히 하고 풍성하게 만들어 주어야 한다. 배우기술을 위한 요소를 습득하는 작업을 계속하며, 학생들은 무대예술 메소드의 연구를 시작한다. 1학년에서 학생들은 자신의 삶의 틀 안에서 자신의 일상과 비슷한 상황 속에서 행동하는 것을 배웠다면, 2학년에서는 이미 작가의 텍스트(희곡이 아니어도 무방하다)나 극작가가 만들어 놓은 상황 속에서 등장인물의 행동 논리와 만나게 된다.

　작가가 제시한 상황 속에서 행동하는 것을 배우는 것―이것이 바로 2학년 교육의 주목표이다. 1학년 때 배운 행동의 유기적 과정은 이제 학생들로 하여금 한 차원 높은 기술을 요구하는 보다 복잡한 조건 속에서 진행된다. 그러므로 작업의 방향은 한편으로는 이전에 해왔던 것들의 확립과 심화이고, 다른 한편으로는 배우기술을 위한 새로운 요소들의 자기화이다. 스타니슬랍스키는 이것을 〈구현의 요소〉라고 명명했으며 2학년 교육과정으로 분류하였다.

작가의 텍스트로의 이동—이것은 언어적 행동의 기술 습득과 관련된 새로운 단계이다. 언어적 행동, 좀 더 정확히 말한다면 언어적 상호행동인데, 이것은 수년간의 교육과 트레이닝을 통해 이해되고 달성되는 어려운 기술이다. 연극학교에서는 세밀하게 이것의 기본을 가르쳐야 한다.

말로써 행동하는 능력은 학생들과 화술교육자와의 수업 결과이다. 화술이 배우에게 필수적인 것과 마찬가지로 연설가, 아나운서, 낭독자, 교육자, 즉 살아 있는 말과 관련된 일을 하는 모든 사람들에게는 공통적으로 필수적이다. 그러나 배우에게는 무대예술의 본질에서 기인한 말에 대한 자신만의 특별한 접근이 있어야 한다. 화술의 이와 같은 특성 때문에 배우는 무대에서 파트너와의 언어적 상호관계 속에서 존재해야 한다. 언어적 상호관계는 신체적 상호관계와 떼래야 뗄 수 없으며, 배우의 연기와 독립적으로 가르쳐서도 안 된다. 이것은 부분으로 나누어질 수 없는 하나의 과정이다. 그러므로 신체적 행동 및 언어적 행동에 대한 전문가가 다를 수 없다.

연기전공 교육자는 상실된 언어적 시발성時發性을 배우예술의 기본과정으로 생각하고, 언어적 상호관계를 위한 기술 수업에서 이것을 회복해야 할 필요가 있다. 따라서 연기교육자는 반드시 작업의 모든 단계에서 언어적 상호관계의 살아 있는 유기적 과정을 확립하고 유지해야 한다. 왜냐하면 이러한 과정이 파괴된 곳에서 그냥 읽음, 거짓, 말의 기계적인 지껄임 등이 나타나기 때문이다. 무대화술 교육자는 위의 과제에 종속되어야 하고, 연기전공 교육자의 가장 가까운 조력자가 된다.

배우의 창조는 말 뿐만 아니라 움직임에서도 구현된다. 이것은 연극학교에서 왜 배우의 신체기관에 대한 교육 및 발전에 관심을 기울이는지를 설명해 주는 것이다. 이미 1학년 때부터 스포츠, 체조, 무용 수업이 도입된다. 2학년 때는 보다 복잡한 과제, 이른바 〈움직임〉으로 불리는 과목의 전문가나 교육자에 의해 율동교육이 시작된다.

여기에서는 움직임 과목의 전문적-기술적 측면에 대한 검토까지는 미뤄두고 우리는 배우의 예술이라는 입장에서 제시하는 공통 요구사항에 대해서만 다루기로 한다. 배우는 역할을 수행할 때 신체적으로 무력하고 구속된 듯한, 혹은 우아한 무용수나 정교한 체조선수를 창조할 수도 있을 것이다. 어쩌면 이것은 무용적, 율동적 숙련이 창조의 내적인 측면과 유기적인 연관 없이 생겨나는 경우일 수도 있다. 스타니슬랍스키의 배우에게 있어서 제스처와 몸놀림은 그 자신으로서가 아니라 역할의 정신적 삶의 구현으로써, 행동의 외적 표현으로써만 필요하다.

배우에게 있어서 율동성의 과제는 많은 연극학교의 교육과정에서 부당하게 제외된 음악-리듬교육의 과제와 긴밀하게 엮여있다. 따라서 배우기술의 내적인 요소와 마찬가지로 외적인 요소인 행동의 템포와 리듬 습득 문제에 특별한 관심을 기울일 필요가 있다.

스타니슬랍스키는 〈그룹나누기와 미장센〉 또한 무대적 구현의 요소로 관련짓고 있다. 그의 견해에 따르면 배우는 〈그룹나누기와 미장센〉을 통해 발생된 사건의 의미를 펼쳐 놓으며 가장 합목적적이고 표현력 있게 무대공간에 자리 잡을 줄 알아야 한다는 것이다.

미장센과 그룹화의 문제는 무대예술의 영역으로서 오직 연출가의 권한에 포함되는 것이라고 생각하고 있다. 배우는 '연출가에 의한 미장센의 이행자가 되어야지, 그것의 창조자가 되어서는 안 된다'라는 근거에 의해 그룹나누기와 미장센의 기술은 배우 트레이닝에서 자주 제외되어 연출과에서만 배우고 있다.

그러나 미장센과 그룹화는 배우의 표현력 중 가장 중요한 요소이다. 이것은 연출에 대해서 뿐만 아니라 배우예술에 대해서도 직접적인 관계를 가진다. 그것은 배우가 역할에 대한 무대적 구현에 의해 관객이 어떻게 받아들일지 무관심할 수 없기 때문이다.

그리고 미장센은 창조의 최종 결과는 아니며 적절하게 찾아진 미장센은 창조를 위한 자극이 될 수도 있고 배우가 무대적 존재감을 진실로 느낄 수 있도록 돕기도 한다. 반대로 배우의 내적 충동에 응답하지 못하는 미장센은 거짓 자감의 잉태를 돕고, 유기적 창조에 방해가 될 수도 있다.

말, 동작, 템포와 리듬, 미장센과 함께 〈성격특징묘사〉 또한 스타니슬랍스키의 시스템에 포함된다. 인물형상에 개성적이고 그만의 자질을 부여하는 능력-이것은 배우 재능의 특성일 뿐만 아니라 트레이닝에 의해 달성될 수 있는 특정한 기술적 능력이다.

〈자신에 대한 배우의 작업〉에서 〈성격특징묘사〉의 제외는 〈스타니슬랍스키 시스템〉을 창조의 내적 요소, 즉 내적 체험의 시스템으로만 단순하게 이해함에서 비롯되는 경우가 많다. 스타니슬랍스키가 제안한 '나로부터 출발'하여 역할에 대한 접근은 배우로부터 무의식적이고 직관적인 방법에 의해 이루어져야만 하는 성격특징묘사나 변신에 대한 우려를 제거하는 것으로 이해되고 있다. 그러나 성격특징묘사는 배우자신을 상실하는 것으로 이해되었고, 시스템에 따라 작업할 경우 아예 성격특징묘사 없이도 해결될 수 있다는 잘못된 생각을 하도록 하였다.

스타니슬랍스키와 단첸코는 성격특징묘사의 외적 표현을 가장假葬된 형상과 비교하여 투쟁을 벌였고, 항상 형상화의 유기적인 형성 방법과 형상 고유의 특징을 발견하고자 노력하였다. 두 사람은 성격특징묘사의 습득이 직관적으로만 발생하는 것이기에 배우는 그 어떤 의식적인 노력도, 그 어떤 기술적 방법에도 특별한 탐색을 하지 않아야 한다고 주장한 적이 결코 없었다. 이에 대해 단첸코는 다음과 같이 말한다.

> 오늘날 연극계에서 배우들은 점차적으로 성격특징묘사를 찾는 일을 내던지고 있다. 매우 안타깝다. 처음 십년간 〈예술극장〉은 지나치게 성격특징묘사의 탐색에 매달렸다. 어떤 매부리코가 좋을지, 어떻게 하면 특별하게 눈을 깜박거릴 수 있을지, 손가락에서 성격특징묘사를 찾을 수 있을지를 생각하고 실행하기 전까지는 연기하지 않았다. 그러나 이후 성격특징묘사에 대한 이러한 탐색은 점차적으로 버림을 받았다. 다시 반복하지만 진실성, 단순성, '나로부터'라는 근간을 훌륭하게 개발해 온 우리 극단은…… 성격특징묘사에 대한 탐색을 아예 제쳐두고 있다.

그리하여 스타니슬랍스키는 성격특징묘사의 습득 기술을 연구하고 그것을 실제 교육에 도입하였다. 이것에 관해서는 특히 〈오페라-드라마 스튜디오〉에서의 그의 작업 경험이 말해준다. 그래서 〈성격특징묘사〉 장章을 『자신에 대한 배우의 작업』에 포함시킨 것은 당연하다. 그러므로 스타니슬랍스키 교육원칙에 대해 말하면서 성격특징묘사의 문제를 짚고 넘어가지 않으면 안 되는 것이다.

2학년에서는 과제가 개별적으로든 서로간의 결합이든 배우기술의 모든 요소들이 심화와 완성도로 나아간다. 이것은 트레이닝과 '가혹한 기계적인 훈련' 실기수업의 내용을 이루는, 또는 스타니슬랍스키가 명명한 것처럼 〈배우의 화장실〉을 이루는 체계적인 연습과제의 도움을 받아 달성된다. 〈배우의 화장실〉에서는 구현의 요소에 대한 연구와 관련된 새로운 자료들, 즉 언어적 상호행동과 화술, 움직임, 율동, 리듬, 매너, 미장센과 그룹화, 성격특징묘사의 요소 등에 따른 연습과제가 끊임없이 도입되었다. 〈배우의 화장실〉은 천성적 자질을 발전시키고 배우기술의 요소들을 무대 행동의 과정에서 무의식적이고 반사적으로 사용할 수 있는 수준에 이르기까지 도와준다. 여기에 〈배우의 화장실〉 트레이닝 작업의 주된 의미가 있는 것이다.

2학년에서 학생들은 〈자신에 대한 배우의 작업〉이외에 프로그램의 두 번째 부분인 〈역할에 대한 배우의 작업〉을 진지하게 시작하게 된다. 사실 이 과정은 이미 1학년 때 시작되었는데, 그것은 자신이 만든 에튜드의 실행 시, 무대적 사건, 갈등, 제시된 상황과 같은 개념과 이미 접목하였고, 일관된 행동 및 초목표에 대한 개념 또한 여기에 해당된다.

가능한 1학년에서의 성과 있었던 에튜드는 2학년 교육과정의 초기에 내던지지 말고 예술적 완성의 단계까지 끌고 갈 필요가 있다. 이것은 에튜드의 내용을 심화, 구체화시키고 그 속에서 일관된 행동의 보다 명확한 수행 혹은 제시된 상황에서 보다 표현력 있고 잘 끄집어내어진 배우의 행동 논리를 달성할 필요가 있음을 의미한다.

화가가 자신의 예술적 구도를 그림으로 구현하기 전에 수십 번, 수백 번 실물을 스케치하고 습작하는 것과 마찬가지로, 배우 또한 그의 삶의 관찰들이 에튜드에서 구현될 수 있도록 숙달시켜야만 한다. 그러므로 에튜드는 배우교육의 모든 단계에서 필수적인 것이다.

한편, 이미 1학년 때 우리가 알게 되었던 자작自作 에튜드와 함께 2학년에서는 문학적 기반을 가진 새로운 유형의 에튜드를 실행한다. 이것은 각색된 이야기 또는 비교적 내적인 완결성을 가진 희곡, 단편소설, 소설의 단편을 재료로 구성된 에튜드이다.

학생들이 상상력을 통해 자신의 행동에 대한 유기적 과정을 습득했던 1학년 때와는 달리, 2학년에서는 문학적 기반에서 말과 자신의 행동 논리를 사용하여 제시된 예술적 상상의 진실을 믿고, 예술적 상상으로써 살고, 작가의 텍스트를 정당화하고, 자신의 살아 있는 형상, 느낌, 연상으로써 예술적 상상을 에튜드를 통해 살찌워야 한다. 그리하여 학생들은 인물 형상과 역할의 행동 논리를 점차적으로 근접시키고, 역할의 상황 속에서 행동 논리를 자주적으로 형성하는 것을 배워야 한다. 이를 위해 무대적 사건에 대한 정도와 크기를 올바르게 결정하고, 갈등을 드러낼 줄 아는 능력이 필수적이다.

아울러 문학 자료는 성격특징묘사의 요소를 위한 재현을 필요로 한다. 그러나 역할의 성격특징묘사를 찾는 것은 아직 무대적 형상을 만든다는 의미는 아니다. 훌륭한 문학 및 작품에서 인물 형상작업은 시간을 요구하는 것이며, 소설, 희곡, 공연의 전체 내에서 이루어지기 때문이다. 희곡에서 부분적으로 떼어낸 에피소드나 소설에서 떼어낸 단편은 역할의 삶의 순간들 중 하나일 뿐이다. 예를 들어 〈오델로〉에서 데스데모나에 대한 모로코인의 사랑이 펼쳐지는 1막의 장면을 연기한다면, 여기에서 전반적으로 질투하는 남자의 비극적 형상을 만들어서는 결코 안 된다는 것이다. 정작 오델로의 사랑은 비극의 발전과정에서 나타나는 수많은 역경을 지나가야만 한다.

차츠키_{그리보예도프의 『지혜의 슬픔』에 나오는 남자주인공; 역주}의 몇몇 특징적인 자질은 소피야_{위의 작품 여자주인공; 역주}의 객실에 그가 처음으로 등장하게 되었을 때 그의 행동 속에서 포착되고 구현될 수 있는데, 그러나 자유를 사랑하고 자신의 흔들리지 않는 신념으로서의 사랑의 형상화는 차츠키 자신과 파무

소프위의 작품 여자주인공의 아버지; 역주와의 갈등 속에서만 성립되기 시작하고, 희곡의 마지막에서야 비로소 그가 내뱉는 마지막 대사와 함께 완결된다.

인물형상—이것은 배우에 의해 조각되며, 배우에 의해 어떤 무대적 장소에서 보이는 인물의 정적인 초상화가 아니라 때때로 복잡하고 구불구불한 여성에 의해 발전되는 역할의 일관된 행동 구현이다.

또한 완결된 무대적 인물형상이란 희곡 및 역할의 제시된 상황의 복합체로서 정확한 계산의 결과 속에서만 이루어지며, 그리고 작가의 문체 및 작품의 장르적 특성을 포함한 제시된 상황의 모든 생활적, 사회적, 역사적 구체성 속에서만 이루어진다. 그렇지만 이러한 과정은 이미 2학년이 아니라 3학년 교육의 과제이다. 만약 2학년에서 이미 희곡의 제시된 상황의 모든 복잡성을 이해하여 전형적인 형상을 만들 수 있다면 더할 나위 없이 좋은 일이지만, 그러나 2학년의 프로그램적 요구사항이 우선시 되어야 한다.

2학년 교육에서 학생들은 무대적 사건 속에서 충돌의 논리를 이해하고, 자신으로서 행동을 진정으로 수행해야 한다. 이러한 행동 없이는 사건 또한 존재할 수 없기 때문이다. 그래서 이것을 달성하는 것은 2학년의 프로그램을 성공적으로 수행한다는 의미이다.

또한 문학적 기반에서 에튜드의 준비는 교육자의 지도하에 실현되어야 하지만, 그 준비가 학생에게 있어서 연출가의 목표 아래 수동적인 연기자 역할만 하는 무대작업으로 변해서는 안 된다. 문학작품을 기반으로 하는 에튜드의 핵심적 교육과제는 〈역할에 대한 배우의 작업〉을 배우가 독립적으로 숙련하여 습득하는 것이다. 그러나 역할에 대한 작업 메소드는 3학년 교육프로그램에서 자세하게 설명될 것이다.

2

언어적 상호행동

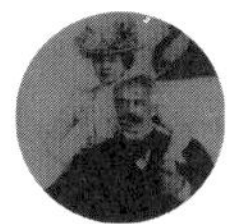

　신체적 상호행동 과정의 습득은 언어적 상호행동이라는 배우 테크닉의 새롭고 큰 항목으로 자연스럽게 유도한다.

　학생들이 살아 있는 유기적인 관계로서 신체적 본질이라는 학습에 주의를 집중할 수 있도록 고의적으로 1학년 과정의 연습과제와 에튜드에서 언어를 배제했고, 언어가 없이는 행동이 완성되지 못하는 부득이한 경우에만 언어를 사용하였다. 이제 행동계획에 의해 정확하고 정돈된 신체적 상호행동에 바로 언어적 교류가 뒤따라야 하는 그러한 순간이 다가왔다.

　언어는 파트너에게 영향을 미치기 위하여 자신의 생각, 느낌을 파트너에게 전달하기 위한 필수불가결한 수단이 된다. 그리하여 이 단계에서는 일부러 비언어적 신체 행동에서 꾸물거리지 말고 더 용감하게 에튜드 작업 속에 언어를 끌어들여야 한다.

학생들이 자신의 생활 주변에서 가져와서 만든 에튜드와 파트너와의 살아 있는 상호행동이 진행됨에 따라 언어는 자연스럽게 발생한다. 연습 과제가 즉흥적인 성격을 유지하고 있는 한 이러한 언어적 발생 과정의 유기성은 비교적 쉽게 달성된다.

학생들은 자신들이 생각해낸 상황을 가지고 관객(교육자, 동료)의 눈앞에서 시연한다. 즉 보여주기 위한 연기를 할 때 자연스럽게 말을 하게 되는데, 이때 어떤 단어를 지나칠 정도로 세게 발음하는 일이 종종 발생한다. 그래서 교육자는 선명하고 명확한 발음을 요구함과 동시에 불필요하고 쓸데없는 단어들을 근절시키면서 대화의 능동성과 실제성을 강화할 수 있도록 학생들을 재촉해야 한다.

그러나 즉흥적인 연습과제에서 고정적인 텍스트가 있는 에튜드로 넘어갈 때 더 큰 어려움이 생긴다.

> 그 때 예기치 못한 일이 발생한다. 자신의 에튜드 속에서의 말이 학생들에게는 거의 남의 것이 되어버리고, 살아 있는 인간의 억양이 아니라 비사실적인 배우의 억양으로 발음하기 시작한다…… 이때 텍스트 속의 의미와 텍스트와의 분리가 일어나며, 이로 인해 언어는 공허한 생명 없는 차가운 것이 되어버리고, 안에서 데워지지 않은, 생각을 가지고 정당화되지 않은 형식적인 것이 되어버린다. 그리하여 생각의, 느낌의, 의지의, 모든 정신적인 요소의 작업보다 앞서는 무의식적인 발음과 변형이 나타난다. (3권, 438-439쪽)

위에서 스타니슬랍스키가 언급한 것처럼, 고정된 텍스트를 가지고 말할 때 배우의 속수무책은 재능 없는 배우에게만 해당되고 능력 있는 배우에게는 관련 없는 것인가? 물론 재능 있는 배우는 어려움을 쉽게 극복한다. 그러나 어떤 배우라 할지라도 자신의 재능의 정도와는 별개로 어느 하나의 어려움과 부딪치게 마련이다.

배우의 연기술 중에서 가장 큰 어려움 중의 하나는 창조 과정에 있어서의 반복훈련과 관련이 있다. 텍스트를 가지고 하는 연습과제에서 무의식적으로 나타난 첫 번째 말은 거의 일상의 언어와 같다. 반복연습에 있어서 암기한 텍스트는 처음인 것처럼 말해져야만 하는데, 그러나 이때 말은 이미 인위적인 것이 되어 버린다. 한번 말해진 대사의 불가피성과 정해진 텍스트는 유기성의 파괴로 이끈다. 만약 에튜드 작업을 할 때 학생으로부터 살아 있는, 무의식적인 말의 탄생을 얻어내지 못한다면 유기적인 과정의 파괴를 방치하는 것이 되며, 이후의 역할을 위한 텍스트로 옮겨갈 때 이 과제를 바로잡기는 더욱 어려워진다.

> 심지어 배우 자신으로부터 출발한 고정된 텍스트를 가지고 하는 에튜드에서도 변형이 나타난다면, 작가의 낯선 말을 가지고 하는 역할에서는 더 심한 변형이 나타날 것이다. 이 말들은 텍스트의 의미를 사전에 자신이 이해하여 생각해 보지 않고 자주 강제적으로 혹은 서둘러서 배우에 의해 암기되기 때문이다.
>
> 기계적인 기억으로 익숙되면 될수록 이 과정은 더 강하게 배우를 사로잡고, 그것에 의해 배우가 강하게 사로잡힐수록 기계적인 측면이 더욱 더 발전되고 연마된다. 이것은 결과적으로 배우가 무대에서 인간답게 말하는 능력을 상실하는 단계까지 이르게 되고, 기술에 의존하여 만들어진 비사실적인 말이 되는 것이다. 이처럼 말은 잦은 반복으로 인해 저절로 기계적이 된다. (3권, 439쪽)

따라서 우연한 영감의 빛에 의지하지 말고, 배우는 주어진 낯선 단어를 자신의 것으로 그리고 내적인 필수불가결한 것으로 만들 수 있어야 하

고, 작가의 텍스트에 배우의 살아 있는 서브 텍스트로 가득 차게 만들어
야 한다.

다음에 언급할 〈배우의 화장실〉로 이끌어주는 특별한 훈련용 연습과
제의 도움으로 학생들은 점차 언어적 상호행동의 테크닉을 획득하게 될
것이다.

[1] 듣기: 집중하면서 듣기와 인지하면서 듣기

무대화술의 기본적인 형태는 대사이다. 대사란 차례대로 언어를 말하
는 것이 아니라, 무엇보다도 예리하고 섬세하게 파트너의 상태를 인지해
야 하는 언어적 전쟁이다. 그러므로 무대에서 말하는 능력은 듣는 능력과
불가분의 관계이며, 듣는다는 것은 단순히 소리를 지각한다는 의미가 아
니라 파트너가 발음하는 모든 단어의 의미를 간파한다는 뜻이다.

모든 배우들이 이러한 능력을 가지고 있는 것은 아니다. 많은 배우들
이 들을 수는 있지만 인지하지는 못하고 있다. 즉, 파트너가 자신에게 어
떻게 말하느냐 하는 것을 인지하지 못한다는 의미이다. 이때 자기 자신에
게만 주의를 기울이며 적당한 말의 색채와 억양까지도 이미 다 갖추어 놓
고 답변할 대사를 준비하고 있다. 이러한 배우들은 관객의 관심을 자기에
게로 집중시키기 위해 파트너의 말이 끝나기만을 기다린다. 그러나 이것
은 이미 언어적 상호행동이 아니며 텍스트를 기계적으로 이용하는 것뿐
이다. 말에 대한 이러한 접근방식은 어떤 유기적인 과정에서라 할지라도
절대로 말이 될 수 없다.

무대에서 듣는 것과 인지하는 것을 배우기 위해서는 배우로 하여금 파

트너의 행동, 생각, 억양에 있어 아주 작은 변화도 놓치지 않고 주의 깊게 관찰하는 연습과제가 필수적이다. 연기교육자는 학생이 눈치 채지 못하도록 언어적 전쟁 속으로 끌어들일 수 있을 것이다. 예를 들어 학생이 수업 중에 어떤 원칙을 어겼다는 것을 알아챈 교육자는 그가 사과하거나 혹은 정당화할 수 있도록 잔소리를 할 수 있다. 만약 이러한 대화가 나올만한 현실적인 동기를 찾기 어렵다면 허구로 지어내도 무방하다. 수업시간에 연기교육자와 학생 간에 다음과 같은 대화가 일어났다고 가정해 보자.

- 이바노프, 어제 무슨 일을 저지른 거니?
- 저지르다니요…… 어제요?
- 그래, 어제. 방과 후에.
- 아무것도요. 무슨 말씀을 하시는 거예요?
- 극장 근처에서 소동을 일으키고 싸움까지 벌였다고 하던데.
- 싸움요? 누가 그런 말을 했나요?
- 그건 중요치 않아…… 다만 알아둬라. 너에게 좋지 않은 결과가 생길 것이라는 걸.
- 그건 오해예요! 저는 어제 극장 근처에도 가지 않았어요.
- 그럼 너는 도대체 어디 있었니?
- 공원에서 산책하다가 보트를 탔어요……
- 보트를 탔다구?…… 정말이야?
- 본 사람도 있어요…… (그 자리에 출석한 몇몇의 학생들이 앞 다투어 그의 편을 들며 말한다)
- 하여튼, 좋아, 자리에 앉아. 차근차근 알아보자. (흥분하면서 학생들이 자리에 앉는다)

그때서야 교육자는 이 모든 것이 연습을 위해 지어낸 상황이었음을 알려준 후, 어떻게 단어를 발음했는지 기억하고 또 그 발음을 정확하게 반복할 것을 제안한다. 연기교육자는 자신의 역할을 학생 중 누구에게 대신 맡겨도 좋다.

학생들이 자신들이 체험한 느낌, 즉흥적인 대화의 과정에서 무의식적으로 나타났던 억양, 휴지, 제스처에 대한 기억을 명확하게 새현하려고 노력하면 할수록 살아 있는 유기적인 행동으로부터는 점점 더 멀어진다.

그렇지만 학생들이 자신의 경험 속에서 저절로 생긴 당황, 모욕, 반항, 격분의 느낌을 의식적으로 재현하려고 한다면 내버려둬라. 왜냐하면 이것을 제어하기에는 현실적으로 불가능하기 때문이다. 자신을 엄습한 신경이 곤두서는 것 같은 흥분, 빠르게 뛰는 심장 박동소리, 어쩌면 새하얗게 질려버렸을 수도 있는 얼굴 등, 이 모든 것들은 의식적으로 절대 재현될 수 없다. 아울러 내면의 손실 없이 행동의 외적 형태(제스처, 억양)에 대한 몸(근육)의 기억 및 청각적인 기억의 복구 또한 절대로 불가능하다. 왜냐하면 본질적으로 우연히 발생된 행위는 반복될 수 없는 것이며, 그것을 똑같이 재현하려는 시도는 행위 자체를 죽이는 것이기 때문이다.

느낌은 의지에 종속된 것이 아니기 때문에 필요에 따라 불러올 수 있는 것이 아니다. 그러므로 우연히 체험한 느낌을 반복이 아니라, 생겨난 느낌을 다시 가져보려고 노력할 필요가 있다. 바로 이 과제에서 신체적인 그리고 언어적인 상호행동의 기술이 필요한 것이다. 기술은 배우에게 있어서 행동의 최종 결과가 아니라, 그 결과를 초래한 원인을 상기시켜 주는 일련의 방법을 제시하는 것이 되어야 한다.

무엇보다도 먼저 사건의 전개 과정과 학생 각자의 사건 진행에 대한 논리를 연구할 필요가 있다.

① 갑작스럽고 근거 없는 비난은 어떻게 이해하였는가?
② 이때 어떤 광경(공원에서의 산책, 요트를 타는 자신)이 떠올랐는가?
③ 비난 받은 학생이 당황과 의아함의 순간 후에 사태를 파악하고 자기
　방어 혹은 반격을 어떻게 준비하였는가?
④ 연기교육자로부터 만족스러운 답변을 얻지 못한 채 '앉아라'라는 교
　육자의 명령을 마지못해 어떻게 수행했는가?

그러나 언어적 상호행동의 논리는 정확하게 재현되지 않으며, 형태-억양, 리듬, 역동적인 말의 뉘앙스, 말에 따르는 얼굴의 표정, 행동-를 완전히 정확하게 반복할 수도 없다. 이것을 위해 애쓰지 않아도 된다. 예술에 있어서 말의 유기적인 창조는 '예속된 기억이 아니라, 가슴'을 잉태한다. 똑같은 무대라고 할지라도 정확하게 재현되지 않으며, 일체의 변화 없이 두 번 반복될 수 없는 것과 마찬가지다. 즉, 가슴의 명령을 따르기만 하면 되는 것이다. 그것은 마치 피아니스트가 연주하는데 있어서 똑같은 악보라 할지라도 매번 새롭게 연주되는 것과 같다. 따라서 모든 연습 과제는 반복 시, 마치 처음인 것처럼 연기하도록 가르쳐 주어야 한다. 예를 들어 즉흥적으로 만들어진 대화의 텍스트를 바꾸지 않고 가상의 사건에 대한 자신과의 관계를 바꿀 수도 있고, 그리하여 신랄한 비난, 부드러운 질책, 반어적인 훈시, 냉정한 외면, 유감, 엄격, 연민 등의 형태 속에서도 비난을 할 수 있다. 이러한 모든 변화는 반드시 상응하는 행동의 변형을 뒤따르게 하고, 파트너의 행동 논리 속에서 자신의 행동에 대한 새로운 색조를 첨가시킬 수 있다.

또한 이러한 변화는 교육자의 부당한 비난에 맞서는 반항처럼, 혹은 자신을 정당화하고 교육자를 설득하려는 시도처럼 들릴 수 있는 대답의 억양으로도 나타날 수 있다. 이때 지각知覺에 대한 시간 경과, 낯선 단어에

대한 평가, 새로운 상황에 대한 사태파악의 성격 등이 변화되고, 연기하는 데 있어서도 음조와 말의 리듬이 변화된다.

학생들은 구체성을 가지고 공격의 언어를 결정하는 반면, 방어나 반격의 언어가 공격자의 전술을 바꿀 수 있다는 것을 필히 알아야 한다. 이와 관련하여 고골 역시 '질문의 어조가 답변의 이조를 결정한다'라고 언급한 바 있다.

무대에서 배우의 말은 언어적 전쟁을 벌이는 파트너에게만 좌우되는 것이 아니라, 대사 이전의 또는 대사와 동반하는 배우를 둘러싼 무대장치, 상상의 혹은 현실의 상황에서도 좌우된다. 위의 교육자와 학생의 대화로 다시 돌아가 보자. 단, 목격자는 없었다고 가정해보자. 이렇게 가정할 때 달라지는 것은 무엇인가? 지금 이 자리에서 질책하는 것이 훨씬 실감날 수 있을 것이다. 한편 동료 학생들의 지지와 변호는 대화의 성격을 바꿀 수도 있을 것이다. 만일 교육자가 비난한 그 학생이 학교 규칙을 어긴 것이 처음이 아니라 이미 한번 경고를 받은 상태여서 다시 한 번 잘못을 저질렀을 때 재적되는 상황이라면, 대화는 좀 더 날카로운 양상을 띠게 될 것이다.

배우는 무대의 제시된 상황 속에서 마치 감광판처럼 아주 작은 변화라도 자신의 행동 속에 반영해야 한다. 무대에서 무슨 일이 일어나는지 보지도, 듣지도, 받아들이지도 않는다면 혹은 새로운 자극제를 이용하지 않는다면, 절대로 살아 있는 사람의 형상을 창조하지도 못할 것이며, 살아 있는 말 또한 생산하지 못할 것이다.

그러나 학생들은 이러한 섬세한 유기적인 상호작용의 기술을 금방 획득하지 못한다. 그래서 처음에는 자신을 파트너에게 종속시켜 일상생활에서 행하는 평이한 대사로 말하는 방법을 배우는 것으로 충분하다.

제시된 상황의 변화로부터 사건의 성격이 변화하는 다른 종류의 연습 과제를 예로 들어보자. 가장 일상적인 대화로 시작해보자. 예를 들면 날씨에 관한 일상적인 대화를 예로 들어보자.

  - 오늘 날씨 참 좋다.
  - 이렇게 맑은 날씨는 정말 오래간만이야.
  - 8월에는 진짜 날씨 엉망이더니, 9월이 되니……
  - 우리 고향에는 9월이 항상 맑고 따뜻해.
  - 정말이지 바비 레토장마철에 비가 언제 올지 모른다는 의미; 역주로군.
  - 뭐, 바비 레토 끝난 지가 언젠데.
  - 정말? 그렇다면 황금 가을이군.
  - 말이 달라졌네.

학생들은 다양한 상황을 가지고 있는 이와 같은 비슷한 대화를 쪽지에 기록해 보자.

  ① 첫 소개 시간의 대화
  ② 사랑 고백의 대화
  ③ 긴 이별 전의 작별 대화
  ④ 싸운 뒤의 화해 대화
  ⑤ 아픈 후에 첫 바깥 외출 대화
  ⑥ 거리에서의 우연한 만남 대화

학생들은 둘씩 짝지은 후 각 쌍은 쪽지 한 개를 뽑는다. 연습과제를 수행한 후 각 쌍은 쪽지를 바꾸고, 이미 말해진 대화는 다른 학생들이 다시 수행할 때 새로운 의미를 획득한다. 이러한 변화는 수차례에 걸쳐 각 쌍에 의해 다르게 수행될 수 있을 것이다. 만약에 첫 소개의 자리라면, 남자는 만남의 주선자이고 상대 여자는 이 만남을 기대했을 수도 있고 아니면 시끄러운 주선자로부터 벗어나고 싶어 할 수도 있을 것이다. 이것으로부터 상대방의 행동 논리가 발생한다. 이러한 즉흥적인 대화는 아주 다양한 결과를 낳을 수 있을 것이다.

배우는 연습에 의해 익숙한 말의 억양을 쉽게 반복하게 되고, 그 결과 자기 자신의 말을 듣는 것에 익숙하게 된다. 우리의 훈련은 언어적 상호행동의 연습과제, 즉 파트너의 말을 들을 수 있는 능력 그리고 올바른 상호관계를 통한 제시된 상황의 조건에서 발생될 수 있는 올바른 말의 억양과 그러한 상황을 설정하는 능력을 발전하도록 해야 하는 것이다. 이러한 연습과제를 수행할 때, 갑작스럽고 즉흥적인 숙련을 단련시켜 주는 순간을 높이 평가해야 한다.

[2] 신체적 행동: 언어적 행동의 기반

앞서 언급했듯이, 언어적 행동의 능력은 살아 있는 교류의 과정으로부터 획득되고, 이때 언어는 파트너에게 영향을 미치기 위한 필수적인 수단이 된다. 이 경우 언어적 상호행동은 신체적인 것으로부터 분리되지 않는다. 즉, 신체적인 것으로부터 흘러나와 다시 신체적인 것으로 합류된다고 할 수 있다.

언어에 대한 작업의 첫 걸음부터 학생들은 언어적 상호행동이 신체적인 것과의 불가분의 관계라는 것을 인식하는 것이 중요하며, 이를 위해 언어와 신체의 연관이 매우 일목요연하게 드러날 수 있는 연습과제를 제시할 필요가 있다. 예를 들어 사령관의 역할을 맡은 학생이 동료들에게 '조용히 일어나!'라는 명령을 내리고 소파에 몸을 쭉 펴고 누워 있다고 가정하자. 그리고는 소대가 공격하도록 '전진!'이라는 명령을 내리고, 정작 본인은 뒷걸음쳤다고 가정하자. 이와 같은 경우 신체적 행동과 일치하지 않는 언어적 명령으로 인해 사령관의 목표는 달성되지 못할 것이다. 이러한 부자연스러운 상황에서는 오히려 부정적인 혹은 코믹한 효과가 나타난다. 오페라 작품에 대한 패러디로 유명했던 공연 〈밤푸키〉에서도 비슷한 효과가 이용되었다. 즉, '달려라-서둘러, 빨리, 빨리'라고 합창을 하면서도 꼼짝 않고 서있는 모습이 관객들의 웃음을 자아냈다.

언어가 행동의 무기가 되기 위해서는 혀의 근육뿐만 아니라 모든 신체 기관을 행동의 수행에 맞춰 조율할 필요가 있다. 이것은 남자가 여자에게 춤을 청할 때, 그의 몸 전체는 이미 춤출 준비가 다 되어 있는 것과 같은 것이다. 만약 '한 곡 부탁드립니다'라는 말을 했을 때 등이 숙여지고 다리에 힘이 없다면 그의 의도의 진실성을 의심할 수 있을 것이다. 사람들은 무엇인가를 말할 때 다양한 언어를 결정하게 된다. 그러나 신체적 행동의 논리가 언어에 반대된다면, 말은 단지 선언으로만 남을 뿐 행동으로 실현되지 않는 것이라고 분명히 말할 수 있을 것이다.

언어와 신체적 행동과의 유기적인 연관성을 예리하게 감지한 고골은 이러한 모순의 전형적인 예를 포드칼료신의 형상 속에 구축하였다. 결혼을 하기로 결심한 포드칼료신이 자신의 꾸물거림과 느려터짐에 대해 자신을 꾸짖는 장면으로 희곡은 시작한다. 텍스트로부터 우리는 그가 오늘 중매쟁이를 기다리고 있으며, 본인의 결혼 예복을 주문했고, 구두를 닦아 놓으라고 명령했다는 것을 알 수 있다. 한마디로 결정적인 행동을 할 준비가 되었음을 알 수 있다. 그러나 고골의 무대 지시문에 의하면 포드칼료신은 거의 1막 내내 실내복 차림으로 안락의자에 누워 담배만 피운다. 이러한 수동적인 태도는 그의 결정에 대해 의구심을 갖게 만든다. 우리는 포드칼료신이 말로만 결혼한다고 하고 실제로는 자신의 익숙한 삶의 양식들을 바꿀 의사가 전혀 없음을 알 수 있다.

만약 말이 행동과 모순된다면 행동은 항상 그 사람의 진정한 의도와 마음가짐을 이해하기 위한 결정적인 요소가 된다. 일반적으로 언어적 행동은 신체적인 것과 합류되거나 전적으로 신체적인 것에 의존한다. 오히려 신체적인 행동은 말과 동반할 뿐만 아니라 말보다 선행한다. 만약 '안녕하세요'라는 말을 하기 전에, 자신이 인사하는 대상을 보지 못했거나 느끼지 못했다면, 다시 말해 기본적인 신체적 행동이 사전에 이루어지지 않았다면 '안녕하세요'라는 말조차도 절대 할 수 없을 것이다. 말이 행동을 앞서는 무대에서조차도 유기적인 자연의 법칙을 난폭하게 위반하는 일이 발생하고, 언어적 상호행동은 기계적인 언어의 발화에 자리를 양보하고 있다.

무대에서 파트너에게 '돈 좀 빌려줘'라고 말하는 것은 어렵지 않을 것이다. 그러나 만약 자신이 이러한 부탁을 꼭 해야만 하는 현실적인 상황에 놓인다면 문제는 훨씬 더 복잡해진다. 예를 들어 휴가 후에 집으로 돌아오는데 기차 출발 몇 분 전에 갑자기 수중에 열차표를 살만큼 돈이 없다는 것을 깨달았고, 어쩔 수 없이 모르는 사람에게 돈을 빌려야 하는 상황이라고 가정해 보자. 무엇보다도 먼저 입을 열고 말을 시작하기 위해서는 아주 능동적인 신체적 행동을 여러 번에 걸쳐 해야만 할 것이다. 즉, 주위 사람들 중 이러한 좀스러운 부탁을 해도 될 만한 가장 적당한 사람을 고르고, 말을 걸기에 적당한 시간을 찾아내고, 그에게 다가가 자신을 보도록 그의 주목을 끌고, 자신에게 호의를 가지고 자신을 믿게 하도록 애쓰는 것 등이 그러한 예이다. 이와 같은 모든 필수적인 사전의 신체적 행동 후에야 말로 넘어간다. 이때 말뿐만 아니라 눈, 표정, 태도, 제스처 등의 몸 전체로 부탁을 표현한다.

학생들이 주어진 단어를 가지고 말을 준비하거나 혹은 동반하는 신체적인 행동의 논리를 견고하게 자기화 시키기 위해서는 연극이라는 비사실성이 아니라, 일상생활의 진실성을 가지고 행동할 수 있기 위해서 삶 그 자체와 부딪칠 필요가 있다. 예를 들어 모르는 사람에게 돈을 빌리기 위해서는 동료 학생들로 하여금 그가 어떻게 행동하는지 옆에서 지켜보게 해보라. 만약 모르는 사람이 그를 진정으로 믿어주고 그가 처한 사정을 안타까워한다면 그가 올바르고 설득력 있게 행동했다는 것이다.

또 다른 예를 들어보자. 주어진 텍스트, 즉 '인사를 나누고 싶습니다' 또는 '사인을 받고 싶습니다'라는 말은 이 말을 할 수 있는 모든 가능성이 있는 상황을 불러와야만 하고, 학생들이 일상생활의 상황에서 위의 말을 절대로 말해서는 안 되며, 그리고 사전에 필수적으로 준비해야 하는 일련의 신체적 행동들을 행해야 하는 것을 연습과제로 제시할 수도 있다.

연습실에서 실제적 삶의 상황으로 변형되는 이러한 종류의 연습과제는 강한 인상을 남긴다. 이것은 말보다 선행하는 신체적 행동의 논리를 깊이 이해하도록 해주고, 이러한 논리에는 이미 우리에게 익숙한 상호행동을 유발하는 유기적인 과정의 단계가 분명히 드러난다. 즉,

① 대상 고르기
② 대상의 관심 끌기
③ 대상에 끼어들기
④ 대상에 영향 미치기
⑤ 지각하고 평가하기

삶에서는 이러한 유기적인 과정이 무의식적으로 이루어지지만 무대에서는 쉽게 재빨리 지나가 버린다. 말이 자신을 낳아준 생각이나 충동보다 앞서지 않게 하기 위해서는 어떤 경우에라도 행동의 논리를 다시 한 번 인식하고 이해해야만 하는 것이 필수적이다.

저명한 러시아의 생리학자 И.М. 세치노프는 '외부의 신체적인 자극'을 앞서지 않는 생각은 있을 수 없다고 확신하였다. 단어를 말하기 위한 이러한 신체적인 자극, 충동은 신체적 행동을 제공한다.

그리고 말과 관련 있는 두 번째 신호 시스템은 이것에 의존하고 있는 첫 번째 신호 시스템의 작업과 연관성이 있다. 언어를 제외한 첫 번째 신호 시스템은 감각기관이 받아들이는 외부 자극의 모든 집합체이다. 이러한 자극은 마치 인상, 느낌, 주위 환경에 대한 이해처럼 기억 속에 보존된다. 생리학자는 이것을 사람과 동물에게 공통적인 실제의 첫 번째 신호 시스템이라 불렀다. 그러나 동물과 달리 사람은 언어적 신호를 발명해 내고, 실제의 두 번째 신호 시스템을 형성하는 언어를 만들었다.

И.П. 파블로프에 의하면 언어를 사용한 자극은 실재로부터 우리를 강하게 공격한다고 한다. 그리하여 실재에 대한 관계를 훼손하지 않기 위하여 항상 그 자극을 기억해야 한다. 다시 말하면 언어가 우리를 사람으로 만들어 준다는 것이다.

한편, 첫 번째 신호 시스템의 작업에서 정해진 기본 법칙은 두 번째 시스템 또한 제어해야 하는데, 왜냐하면 이것 역시 신경조직의 작업이기 때문이다.

저명한 학자의 충고에 따라 우리는 무대에서 배우의 행동의 유기성을 예술의 중요한 기본으로 확신하면서, 언어적 행동은 항상 신체적 행동에 근거를 두고 있다는 것을 기억해야 한다. 이러한 조건이 없다면 사람은 파블로프의 말처럼 너무나 쉽게 '수다쟁이, 허풍쟁이'로 변할 것이다.

스타니슬랍스키의 신체적 그리고 언어적 행동의 가치는 무엇보다도 우리로 하여금 첫 번째 신호 시스템의 측면에서 언어를 사용하여 획득되어지는 실제적인 길을 열어주었다는 데 있다. 다른 말로 하면 우리의 느낌의 근원지인 일상생활과 관련 있는 대상들과의 관계 확립, 그리고 그것에서 출발하여 신체적 행동의 과정을 가지고 창조를 시작할 것을 스타니슬랍스키는 충고한다.

이러한 원칙적인 입장은 무대화술에 대한 작업의 연속성을 결정한다. 무대화술은 복잡하고도 관념적인 과정을 거치지 않고, 파트너의 의지와 감정에 직접적으로 영향을 미치는 언어적 행동의 연구로부터 시작해야 한다. 처음에는 파트너의 빠른 행동을 계산하여 단순한 언어적 행동을 연습과제로 이용해보자. 이러한 언어적 행동은 가장 단순한 형태이다. 예를 들면 사람들로 꽉 찬 버스 안에서 헤치고 지나가며 '부탁합니다' 또는 '실례합니다'라는 말로 길을 내주기를 기다린다. 이처럼 우리는 무엇인가를 얻을 목적으로 상대방의 관심을 끌기 위해 가장 단순한 언어적 신호를 사용한다.

법규를 어긴 보행자를 강제적으로 멈춰 세우기 위해 경찰은 호각을 불고 이에 따른 상응하는 조건반사를 불러일으킨다. 그러나 이러한 신호는 아직까지 명확한 대상이 없다. 그래서 경찰은 무리 중에서 보행규칙의 위반자를 찾아내 그의 주의를 끌어야 하고 그가 다른 길로 가도록 해야 한다. 예를 들어 경찰은 '붉은 가방을 든 여자분' 또는 '초록색 모자를 쓴 신사 분'이라는 말로 대상을 정한다. 마이크를 쥐고 앉아 있는 경찰의 일－대상의 발견, 관심 끌기, 위반자가 즉시 자신의 행동을 고치도록 만들려는 목적으로 그에게 영향력 미치기－은 가장 단순한 언어적 영향의 예이다.

소환, 소리 지르기, 농담, 위협 등으로 대상의 관심을 끄는 것은 언어적 교류의 첫 번째 단계이다. 단순한 언어적 행동을 유발하는 상황과 대상과의 상호관계에 의해 이것이 어떻게 변화되는지 다양한 연습과제를 통해서 실행해 보라. 이러한 행동이 점점 더 능동적일수록 저항 역시 커진다. 그러나 능동적인 행동은 다양하게 표현될 것이다.

또 다른 연습과제는 어떤 목표를 가지고 전혀 다른 대상과의 관계를 고려하여 만들어 보자. 예를 들면 연령이나 지위 면에서 높은 사람이나 낮은 사람과의 관계를 자신이 어떻게 할 것인가 또는 사귀고 싶거나 사귀고 싶지 않은 사람, 잘 모르는 사람이거나 잘 아는 사람의 관심을 어떻게 끌어야 될 것인가 라는 차이점을 이해하는 것이 중요하다.

교육자는 학생들로 하여금 어떤 사람이 자신에게 주의를 끌었는지 또는 그가 신세를 진 사람에게 어떻게 대하는지를 일상생활 속에서 관찰하여 연습실에서 행동해 보도록 할 수도 있다. 다음의 예들은 이와 관련 있는 연습과제들이다.

① 거리의 장사꾼은 어떻게 소비자의 관심을 끄는가?
② 훌륭하게 자신의 역할을 연기한 배우는 무대에서 어떻게 하는가?
③ 시험시간에 발표를 잘하여 칭찬을 듣고 싶어 하는 학생은 어떤 행동을 하는가?
④ 사랑에 빠져 연인의 최종 답변을 기다리거나 혹은 냉정한 태도를 연인에게 보여주는 사람은 어떻게 행동하는가?
⑤ 은밀한 비밀을 말하기 위해 상대방의 관심을 어떻게 끌어오는가?

주의를 끌어오고자 하는 사람들의 행동은 상황에 따라 이처럼 수없이 다양하다.

좀 더 복잡한 연습과제로 넘어가 보자. 어떤 남자가 자신에게 모욕을 준 어떤 여자와 화해하려고 애쓰고 있다. 싸움의 이유와 내용은 둘 사이에서 사전에 분명히 이야기되어야 한다. 처음의 연습과제는 말없이 신체적 행동으로만 하는 것이 좋다. 방 안에 자신의 일에 전념하고 있는 제 3의 인물이 있다고 가정하자. 두 남녀는 얼굴 표정만으로 제 3의 인물의 주의를 끌지 않기 위해서 교류하고 있다고 가정하자. 이러한 상황에서 남자는 여자에게 다가가 손이나 어깨를 잡고 자신에게 집중하도록 만든 후, 화해를 할 수도 있을 것이다. 여자는 남자의 의도를 거절하고 화해할 생각이 전혀 없음을 표정으로 나타내 보이며 그를 피하거나 얼굴을 돌려 버릴 수도 있다. 그러자 남자는 화해의 의도를 굽히지 않고 얼굴 표정, 제스처 등으로 그녀를 달래주거나, 자신을 바라보도록 만들기 위해 웃음을 애써 지을 수도 있을 것이다.

만약 위의 연습과제를 반복할 때 파트너의 얼굴을 보고 부딪치다 보면 즉흥의 방식으로 텍스트가 만들어질 수도 있을 것이다. 예를 들면 다음과 같은 대화가 발생할 수도 있다.

남자: (방으로 들어오며) 타냐, 우리 얘기 좀 할까?
여자: 아니.
남자: 왜?
여자: 얘기가 무슨 소용 있어.
남자: 너는 별것도 아닌 일로 화를 내고 있어.
여자: 나 좀 내버려 두고, 나가.

대화의 실행 여부는 무엇보다도 그녀가 당한 모욕의 정도에 달려있다. 대화의 시작을 미리 결정하지 않고, 대화 자체의 진행에 따라 상호관계가 결정될 수 있도록 매번 반복할 때마다 상황을 변화시켜 보는 것이 더욱 좋다. 그들의 전前 상황의 관계에 따라 그가 어떻게 방으로 들어올지, 그녀에게 어떻게 다가갈지, 대화를 어떻게 시작하고 어떠한 의미를 담아 처음의 말을 할지가 달려 있고, 그녀의 대답 또한 이러한 많은 것들에 의존하여 말의 억양은 미리 준비되어서는 안 될 것이다. 만약에 남자가 자신의 행동으로 인해 여자를 누그러뜨리고 달래는 데 성공했다면, 〈나가!〉라는 그녀의 말은 〈여기 있어!〉로 바뀔 수도 있을 것이다.

이런 종류의 연습과제는 점진적으로 텍스트를 만들 수 있지만, 그 외 나머지는 전부 즉흥이다. 이것은 교육자의 수업목표를 수립하는 데 중요한데, 즉 행동과 말의 도움으로 파트너의 행동을 컨트롤할 수 있다는 것을 가르쳐준다.

동일한 예로, 파트너에 대한 언어적 상호행동을 획득할 수 있도록 도와주는 일련의 새로운 과제들을 학생들에게 제시할 수도 있다. 예를 들면 다음과 같다.

① 여학생에게 남학생을 문 앞에 멈추게 하고 대화가 끝날 때까지 자신에게 다가오지 못하도록 해본다.
② 자신에게 두 세 걸음 더 다가오도록 해본다.
③ 완전히 가까이 다가오도록 해본다.
④ 남학생에게 대화의 마지막 즈음 그들의 언어적, 신체적 충돌이 첨예화될 때 여학생에게 입을 맞추어 보라고 한다.

그리고 매번 파트너의 행동에 변화를 주면서 가까이 또는 멀리 두거나, 눈을 바라보게 하거나, 웃거나 비웃도록 강요하거나, 흥분 또는 진정시키거나, 앉도록 설득하거나, 일어나고 달리게 하거나, 격려하고 냉담하게 대하거나 할 목적으로 파트너에게 영향을 줄 수 있는 단순하고 간단한 대화를 만들 수도 있을 것이다.

한편 신체적 행동의 메소드를 자신의 행동으로만 잘못 이해하고 있는 경우가 허다하다. 이때 자신만 정확하게 행동하면 되고 '파트너는 스스로 알아서 하겠지'라고 생각한다. 스타니슬랍스키에 의하면 배우의 첫 번째 과제는 자신의 관심과 목표를 가지고 올바른 영향을 위해 파트너의 행동을 보는 것이라고 강조한다.

진실의 자감을 느끼지 못하고 언어가 목표와 부합하지 않을 때, 일시적으로 언어를 제거하고 신체적 상호행동으로 되돌아 갈 필요가 있다. 예를 들어 대화가 '이리로 와', '이 의자에 앉아', '진정해' 등의 명령형 동사로 가득 차 있다면, 이것들을 시선, 표정, 제스처로 바꾸어보라. 그래서 신체적 행동의 도움으로 파트너들 간의 교류가 회복되면 이제 다시 텍스트로 돌아가 보자.

단순한 언어적 행동은 쉽게 신체적 행동으로 넘어갈 수 있고 반대 역시 가능하다. 신체적 상호행동의 과정을 확고히 하는 것은 언어적 교류에서 필수적이다. 만일 언어가 배우 자신으로부터 이해되어 실행되지 않는다면, 그러한 언어는 단순한 신호이지 말은 될 수 없을 것이다.

[3] 창조작업으로서 〈영화필름과 같은 것을 본다는 것〉: 내적 시각

단순한 언어적 행동과 조금 더 복잡한 언어적 행동 간에 뚜렷한 차이점은 없다. 단지 하나의 성질에서 다른 성질로의 점차적인 전환만 있을 뿐이며, 이때 무대화술의 새로운 법칙이 나타난다.

실제에서 이러한 전환은 어떻게 생기는 것일까? 말을 준비하고 동반되는 신체적 행동이 정확하게 정의되고 익숙한 것이 될 때, 모든 관심은 언어적 상호행동으로 전환된다. 예를 들어 언어적 행동을 위한 연습과제는 확실한 연속성의 원칙에서 이루어져야 하는데 일례로 어떤 사람을 제스처나 손끝, 손가락만을 사용하여 자신에게 오라고 해보라. 이와 같은 행동을 하면서 '이리로 와'라는 말만 덧붙인다. 이때 필요치 않은 근육의 긴장이나 작은 동작, 즉 고개의 끄덕거림이나 턱의 움직임 등을 제거한다. 이처럼 근육을 완전히 이완시킨 상태에서 말과 눈의 움직임만 남겨둔다.

손이 무의식적으로 움직인다면 스타니슬랍스키가 충고한 것처럼 '손을 내려놓고' 모든 주의를 행동의 주된 표현수단인 언어에 집중해보라. 신체적 행동은 완전히 사라지는 것이 아니라 새로운 성질로 변형되는 것이며, 상상의 측면과 근육의 기억으로 이동하여 마음속으로만 존재하는 것이다.

우리의 실제 경험에 의한 상상의 행동은 유기적인 언어의 발생을 위한 확고한 토대가 될 수 있다. 인간에 대한 현대 과학적 측면에서 스타니슬랍스키는 생리적인 관점으로 실제적 행동과 상상적 행동 사이에 등호를 표시한 바 있다. 스타니슬랍스키는 능동적인 생각 또한 신체적 행동이라고 명명했고, 이것의 탄생의 순간에 브레이크가 걸린 것은 잠재적 행동이라고 일컫는다. 이에 대해 스타니슬랍스키는 다음과 같이 확신하고 있다.

> 배우는 생각하는 것을 신체적으로 느낀다. 그리고 내적인 삶의 외적인 구현을 희망하는 행동으로의 내적 욕구를 자신 속에서 억제한다…… 행동에 대한 마음속의 생각은 가장 중요한 것―내적인 능동성, 외적인 행동을 향한 욕구―을 불러온다. 그러므로 나는 확신한다. 상상적인 삶과 행동을 위하여 배우들은 진정한 실제적이고도, 신체적인 것을 연구할 필

요가 있다. (2권, 197쪽)

　이러한 스타니슬랍스키의 결론은 그의 메소드를 이해하는 데 있어서 큰 의미가 있다. 만약 배우가 무대에서 생각하기를 멈춘다면, 그는 행동하기를 멈춘 것이고 외적인 형상의 삶만 가지고 살게 되는 것이다. 아울러 무대에서 생각하는 것은 심리적인 행동을 완성하는 것일 뿐만 아니라, 동시에 외적인 행동으로 나타나지 않고 숨겨진 행동을 일으키는 특별한 종류의 신체적 행동이 존재하는 것이라고 말한다. 그러한 행동은 '내면의 시각으로 보는 것'과 깊은 관련이 있다.

　내면의 시각으로 본다는 것은 환각이 아니라 자신의 기억에 현실에 대한 형상적 생각을 상기시키려는 정상적인 사람의 특징이다. 상상은 새로운 관계와 형상을 만들며 이러한 생각을 가공시킨다. 이러한 배우의 특징은 마치 창조의 소재를 대하는 것처럼 내적인 시각을 가지고 보는 것으로 향하게 하고, 배우의 직업적인 목적을 위해 이용되기도 한다.

　따라서 스타니슬랍스키에게 있어서 '비제니에내적 시각; 역주'라는 용어는 단순히 시각적인 것만을 의미하는 것이 아니라 청각적인 것, 미각적인 것, 후각적인 것, 촉각적인 것, 근육의 느낌 등을 증대시켜주는 시각적인 형상을 의미한다.

　시각적인 인상은 다른 모든 감각들보다 우세하다. '백문이 불여일견'이라는 속담은 이에 해당되는 것이다. 현대과학에 의하면 시각기관으로 처리할 수 있는 정보의 양은 청각기관이 처리할 수 있는 용량보다 훨씬 많다.

　'비제니에'의 수용은 우리의 느낌에 영향을 미치는 또 하나의 강력한 수단이다. 실제의 신체적 행동과 함께 비유적인 '비제니에' 또한 우리의 말을 생생하게, 감성적이게, 전염성 있게 만들어 제시된 단어를 말하고자 하는 충동을 부여한다.

한편 '비제니에'의 선명함과 깊이는 화가들에게 있어서 특히 많이 내재되어 있는데, 그래서 상상의 삶은 현실의 삶보다 훨씬 더 많이 그들의 삶에 영향을 미친다.

'비제니에'는 사람의 행동에 직접적으로 영향을 미치는 단순한 언어적 신호에서 더 복잡한 언어적 행동으로 나타난다. 우리는 이미 어떤 학생이 연기교육자에게 어제 극장에서 발생한 그 사건과 아무 관련이 없음을 증명할 필요가 있었던 연습과제에서 내적 시각의 '비제니에'를 재현할 필요성을 살펴본 바 있다. 방어하기 위해, 정당화하기 위해, 부당한 비난으로부터 자신을 보호하기 위해, '비제니에'의 구체성이 그에게는 필수적이다. 그러나 학생의 이야기는 단지 얼마 전 발생한 실제 사건에 대한 회상에 불과하고, 회상으로부터 능동적인 상상의 작용을 하지 못하고 있다. 행동을 위한 상상의 조건 속에서 실행되어 창조의 영역으로 흘러갈 때, 상상의 역할은 측정할 수 없을 만큼 커진다.

'비제니에'의 전달에 대한 아주 단순한 예를 들어 보자. 다른 도시에서 모스크바로 온 사람에게 푸쉬킨 광장에서 루쥐니키로 가는 길을 설명해 주어야 한다고 가정하자. 이를 위해 가는 길에 놓여 있는 거리, 광장, 버스정류장, 지하철정류장 등을 떠올려야 할 뿐만 아니라, 그것들에 대한 마음속의 여정 또한 완료해야 한다. 그러나 만일 푸쉬킨 광장에서 루쥐니키로 가는 길을 자신에게 상기시키기가 불충분하다면, 자신이 보고 있는 이 여정을 상대방에게도 보기를 강요해야 한다. 행동을 좀 더 능동적으로 하기 위해 또는 과제를 더욱 어렵게 만들 수 있도록 부가적인 상황을 가져올 필요도 있다. 즉 다른 지방에서 온 사람이 경기 시작 전에 아는 사

람에게 티켓을 전달해 주기 위해 가능한 빨리 운동장에 도착해야 하는 상
황이라면, '비제니에'의 생성과정 및 상대방에게 그것을 전달시키는 일은
보다 더 긴장감을 띠게 된다.

그러나 '비제니에' 자체를 위한 '비제니에'의 생성과 전달이라는 연습과
제는 반드시 피해야 한다. 그리하여 학생들에게 삶에서 중요했던 어떤 사
건에 대해 구체적으로 설명하고, 날짜를 정확하게 기록하고, 연극이나 영
화의 내용을 전달하고, 자신의 여정에 대해 이야기하기를 제시할 필요가
있다. 그러나 어떠한 경우에라도 자신의 여정에 대한 이야기가 필연적이
고 정당화할 수 있게 만들어 주는 상황을 찾아내야 한다. 예를 들어 나는
가까운 사람들이 거짓된 행동을 하지 말라고 주의하거나 경고하기 위해
내 인생의 한 사건을 비유적으로 예를 들어 이야기하기도 하고, 또는 유
명한 비평가의 어떤 연극에 대한 부당한 평가를 반박하기 위해 반대로 그
연극에 대한 좋은 인상을 나누는 것 등이 그러한 예이다.

파트너의 주의를 최대한도로 집중시켜 자신의 '비제니에'를 전달하도록
경쟁을 유도할 필요도 있다. 이것은 어떻게 달성할 수 있을까? 그것은 '비
제니에'의 선명성, 흡인성, 구체성이 있어야 가능하다. 그러나 교육자가
학생에게 무엇에 관해 이야기하고 있는지 즉각적이고 분명하게 알 수 있
도록 요구하는 것은 그들에게 '더 잘 연기해봐'라고 말하는 것과 같다. 따
라서 학생들에게 이러한 능력을 점차적으로 개발할 필요가 있다.

무엇보다도 우선 '비제니에'의 정확성을 확보하는 것이 필수적이다. '비
제니에'는 그것의 유사성을 조금이라도 허용해서는 안 된다. '비제니에'를
통해 말해지는 단어는 보다 완전하고 풍부해야 하며, 말해지는 단어를 앞
질러야지 결코 뒤쳐져서는 안 된다. 그러므로 만약 '비제니에'의 언어적
표현을 찾지 못했다 할지라도 상상의 삶의 어떠한 세부사항을 놓쳐서는

안 되는 것이다. 진술된 사실과 사건에 대한 자신의 생생한 관계를 가지고 텍스트의 풍부함을 위해서 이처럼 '비제니에'는 배우가 자신이 말하는 것에 대한 믿음을 굳건하게 하는데 필수적이다.

그림을 그릴 때 삶의 한 순간을 포착하여 그것을 화폭에 정지시켜 두는 화가와는 달리, 배우는 현실을 지각하고 끊임없는 움직임의 발전 속에서 재현한다. 따라서 스타니슬랍스키는 배우가 일련의 분리된 그림이 아니라 연속적인, 〈영화필름과 같은 것을 본다〉는 것의 창조 작업을 해야 한다고 강조하고 있다. 예를 들어 만약 어떤 배우가 '버섯 따러 숲으로 가자'라고 말했을 때 그에게 중요한 것은 버섯이 있는 어떤 숲을 상상하는 것이 아니라, 그가 숲을 산책할 때의 유쾌함으로 상대방의 마음을 얻고 싶은 것이라고 가정해 보자. 이때 그에게 있어서 '비제니에'는 분리된 대상(숲, 버섯)이 아니라, 행동의 '비제니에'(나는 마음속으로 이미 산책을 시작했으며 버섯을 따 모으고 있다)이다. 〈바냐 삼촌〉의 마지막에서 소냐는 '우리는 금강석 같은 하늘 전체를 볼 것입니다'라고 말한다. 이것은 소냐가 단순히 별빛 반짝이는 하늘을 자신의 상상 속에서 재현해야 된다는 의미가 아니라, 삼촌을 달래면서 그녀는 그들의 현재의 고생을 앞으로 다가 올 기쁨에 대조시키고 있는 것이다. 소냐는 이미 그녀의 상상을 통해 열려져 있는 새롭고 아름다운 세상에 살기 시작했으며, 마음속으로는 이미 그곳에서 행동하고 있는 것이다. '금강석 같은 하늘'은 새롭고 행복한 삶을 상징하는 그녀의 〈영화 필름과 같은 것을 본다는 것〉인 '비제니에'의 창조 작업 중 한 장면인 것이다.

스타니슬랍스키는 심지어 '재판', '공정' 같은 추상적인 개념도 정적인 형상(손에 저울 또는 펼쳐져 있는 법전을 들고 있는 공정의 여신)이 아니라, '비제니에'의 창조 작업으로서 동적인 형상을 가진 어떤 것을 배우의 상상을 통해 생성시켜야 한다고 말한다. 시모노프는 이를 위해 다음과 같은 예를 들고 있다.

> 〈레몬〉이라고 나는 말합니다. 그러면 여러분은 내가 말한 주어진 언어적 대상을 이해했을 것입니다. 그리고 나는 또 말합니다. 레몬을 집어, 날카로운 칼로 얇은 조각으로 자른다고 상상해 보세요. 칼날을 따라 과즙이 어떻게 흐르고 있는지 보세요. 그리고 나서 과즙이 흐르는 촉촉한 조각을 집어 들어 설탕에 찍어 입에 넣어보세요. 이때 여러분의 입 안에 침이 고이는 것을 느낍니까? 내가 무엇을 했죠? 나는 언어적 설명으로 여러분으로부터 레몬에 대한 감각적(시각적, 미각적, 촉각적) 상상을 불러내고자 노력했습니다. 나는 언어로서 논리적인 것뿐만 아니라 언어적 신호의 감각적 지각 또한 획득하고 싶습니다. 이것은 나로 하여금 타액 분비의 반응을 얻어내도록 해 주었습니다.

시모노프는 추상적 개념인 레몬을 구체적-감각적인 대상으로 변화시켰을 뿐만 아니라 레몬에 대한 우리의 상상력을 확대시켜 느껴지는 것으로 만들어 줌으로써 이 대상을 행동으로 보여주었다.

예술작품에서 '비제니에'는 대상의 객관적인 특성뿐만 아니라, 그것에 대한 예술가의 특별한 관계 속에서 보여주는 시적인 형상 또한 획득하게끔 만든다. 예를 들어 시인의 '향기 나는 잘 익은 과즙', '남쪽 태양의 선물'이라는 언어는 우리의 '비제니에'를 풍부하게 해줄 뿐만 아니라, '비제니에'에 특별한 색채를 부여하고 새로운 연상을 불러일으킨다.

또한 시인은 대상에 대한 자신의 관계를 드러내기 위해 대상의 특별한 자질을 포착하여 비유, 대조, 과장, 전이라는 방법 등을 사용한다. 푸쉬킨은 '그녀는 사슴같이 겁이 많다'라는 묘사를 통해 타치아나 라리나를 소개하고 있다. 이러한 비유는 우리로 하여금 그녀의 많은 성질－자신의 내면

세계를 방해하는 모든 것들에 대하여 폐쇄적이고, 사람들과의 교류를 싫어하고 경계하지만, 그러나 자연을 가까이 하고, 고상하고 우아한 것을 좋아하는—을 이해하도록 하게끔 한다.

시적인 형상은 논리적인 생각을 좀 더 시각적이고 촉각적으로 만들어준다. 배우들이 세익스피어의 작품과 만났을 때, 그의 거대한 '비제니에'를 배우 자신의 것으로 소화하고 형상적으로 전달할 수 있는 열정과 상상력이 부족한 경우가 자주 있다. 딸들에게 쫓겨나 폭풍 속에 선 리어왕이 자연의 힘을 촉구하는 장면을 예로 들어보자.

바람아 불어라! 불어라, 내 뺨이 갈기갈기 찢어지도록!
장대 같은 폭우여 쏟아져라, 물기둥을 일으켜 치솟은 탑과 그 위에 세운
바람개비를 물속에 잠기게 하라!
생각처럼 재빠른 번개여 울려라. 나무를 쪼개어, 태우거라. 내 흰 머리를!
너 천둥이여, 둥그런 지구를 납작하게 되돌려라, 대자연의 소유물과 그
모태를 부숴라, 배은망덕한 사람의 종자!

여기에서는 종말론적 폭풍의 '비제니에'를 통해 모욕당한 아버지의 격노와 절망이 잘 표현되고 있다.

그리고 〈오델로〉의 2막에서 키프로스 인이 터키 함대의 공격을 기다릴 때, 그 중 한 명이 바다에서 돌발적으로 일어난 폭풍우에 관해 말하는 부분이 있다.

바람에 휘몰린 거창한 파도가 산더미처럼 몰아쳐 불덩이 같은 작은 곰
좌에 물을 퍼부어서 움직이지 않는 북극성의 파수꾼과 같은 두 별을 물
리치는 것 같습니다.

이러한 과장—하늘의 별에 맞닿은 물보라—은 걷잡을 수 없는 폭풍우의 힘에 대해서만 말하는 것이 아니라, 운명의 결정을 기다리는 키프로스 주민들의 거대한 불안에 대해서 말하고 있다. 이것은 단순히 폭풍우 장면이 아니라, 폭풍우를 바라보는 사람들의 심적인 상황을 표현한 것이다.

학생배우는 시적으로 생각하는 것을 배워서는 안 된다. 그러나 시적인 사유의 특성을 배우는 것은 중요하다. 그래서 '비제니에'의 발전을 위해 단순한 연습과제를 제시할 필요가 있으며, 이것은 최종적인 예술적 목표를 달성하기 위한 단계임을 잊지 말아야 한다.

아주 작은 세부사항도 경시하지 않고 명확한 정확성의 단계로 자신의 '비제니에'가 도달해야 함이 절대적임을 강조할 때, 오로지 이 길만이 진정한 진실에 이를 수 있고, 형상의 고유한 특성을 발견할 수 있다는 것을 알아야 한다. 스타니슬랍스키에 의하면 예술에 있어서 가장 높은 곳으로 가는 길은 초자연적인 것을 넘어선 곳에 있다고 강조하는 것은 이와 무관하지 않다.

여기서 우리는 예술 창조의 또 하나의 법칙—복잡하고 다양한 형태의 삶의 현상 속에서 무엇보다도 전체를 특성 지을 수 있는 특별한 것을 찾아 골라내는 능력, 자신의 주요 생각을 표현하기 위해 수많은 세부사항 중에서 필수적인 것을 골라내는 능력—과 만나게 된다.

'비제니에'를 발전시키기 위한 연습과제로서 학생들에게 자신이 걸어온 길 또는 매일 학교로 오는 거리, 예를 들면 〈고리키 거리〉를 묘사하라고 제안할 수 있다. 만약 학생이 길에서 본 모든 집과 동상, 차량과 행인의 흐름 등을 연속적으로 나열하기 시작한다면, 이것은 아직 거리의 형상을 만들어낸 것이 아니다. 왜냐하면 이것은 거리의 형상을 나열해 놓은 것에 불과하기 때문이다. 그러나 만약 다음과 같은 과제를 제시해 보라.

이 거리와 비슷한 다른 거리와의 차이점을 물어본다면, 즉 자신의 '비제니에' 중에서 〈고리키 거리〉의 특징－예를 들어 〈아르바트 거리〉와 차이가 나는－적인 것만을 골라내야 한다. 푸쉬킨은 타치아나의 눈으로 오래된 모스크바의 거리를 묘사하면서 이러한 과제를 어떻게 해결했는지 살펴보자.

사라진 영광의 증거여, 잘 가거라.
페트로프스키 궁전. 그래! 멈춰 서지 마라.
간다! 이미 첨탑 문턱이구나.
하얗게 되었구나. 그것 봐! 트베르스크에서
썰매를 매고 작은 웅덩이를 가로질러 돌진한다. 노점들을 거쳐, 여편네들
어슴푸레 아른거린다.
개구쟁이 소년들, 벤치들, 등불들,
부하나 사람들, 썰매, 울타리,
궁전들, 정원들, 수도원들,
상인들, 오두막집들, 아저씨들,
넓은 가로수길, 여러 개의 탑, 카자흐스탄 사람들,
약국들, 최신 유행의 상점들,
발코니, 문 앞의 유명인사들,
그리고 십자장의 까마귀 떼들.

여기에는 길의 다양하고 특징적인 대상이 정확하게 묘사되어 있다. 오늘날 〈레닌그라드스키 대로〉에 있는 페트로프스키 궁전, 현재 벨러루스키 역이 있는 초소의 망루, 정원, 채소밭, 벤치, 사도브이 칼초(도심 지역) 넘이 오두막집, 그 다음은 오솔길, 발코니, 약국, 유행 가게, 현재 혁명 박물관인 영국인 클럽의 건물에서는 대문 위의 사자가 기억 속에 남아있고,

현재 러시아 극장인 수도원에서는 십자가에 앉은 갈까마귀가 기억 속에 남아 있다. 이 모든 묘사에서 처음으로 고도古都에 오게 된 여행자의 참을성 없는 돌진하는 듯한 리듬이 느껴진다. 즉 화자와 그가 보고 있는 것과의 관계가 느껴진다.

이처럼 자신의 '비제니에' 중에서 부차적인 것으로부터 중요한 것을 가려내면서, 학생들은 가장 기본적인 연습과제에서 예술적인 선택의 원칙, 즉 언어를 좀 더 능동적이고, 풍부하고, 영향 있는 것으로 만들어 주는 형상적인 개념의 원칙을 포착할 수 있다.

화가의 상상력 풍부한 형상은 일반적인 사람의 것과는 구별되는 자신의 삶의 경험에 의존한다. 그러므로 객관적인 사건을 반영한다 하더라도 항상 주관적인 느낌으로 채색되기 마련이다.

만약 일련의 단순한 단어, 〈길〉, 〈강〉, 〈시골〉, 〈할머니〉, 〈선생님〉 등을 소리 내어 말한다면, 각자 어떤 추억이 자신의 기억 속에 더 깊이 각인되었는가에 따라 자신의 시골, 강, 할머니 등에 대한 내적인 영상이 화면에 떠오를 것이다. 이러한 단어들은 어린 시절 기억 속에 남겨진 구체적인 '비제니에'와 연상으로 연결된다. 수업 중에 다음과 같은 질문이 제기되었다. 〈시골〉이라는 단어에서 어떠한 구체적인 '비제니에'가 떠오르는가? 학생들 각자는 어린 시절에 보았던 시골의 나무에 대해 말했다. 북부 출신들에게는 전나무, 중부 출신들에게는 자작나무, 참나무, 중앙아시아 국가 출신들에게는 뽕나무 등이 떠올랐다. 때때로 삶을 통해 겪게 된 선명하고 강한 내적 체험과 연관된 '비제니에'는 고정되기도 한다.

예술가에게 있어서 '비제니에'의 '반복되지 않음'이라는 특성은 예술을 위해 대단한 가치를 제공하기에 소중히 다루고 발전시켜야 한다. '비제니에'는 결코 한 방향으로 매어두어서는 안 되며 배우에게 새로운 암시적

질문을 던짐으로써 상상력을 달굴 수 있어야 한다.

토르초프『자신에 대한 배우의 작업』 2권에 등장하는 연기교육자. 이는 스타니슬랍스키 자신이다; 역주는 오델로 역할을 위해 '비제니에'를 만들고 있는 학생인 나즈바노프의 상상을 건드리기 위해서 어디서 그리고 언제 행동이 발생되었는가 라고 질문한다. 토르초프가 1막의 사건에 대해 이야기할 때, 나즈바노프는 베니스에 대해 책을 통해 알게 된 내용과 자신의 삶의 회상을 가지고 뒤섞기 시작한다.

- 웬일인지 나에게 있어서 베니스가 지금 우리의 세바스토폴과 꼭 닮은 것같이 느껴져요. 웬일인지 니즈니 노브고라드의 주지사의 집이 갑자기 베니스에 나타난 것 같이 느껴져요. 마치 지금처럼 배들이 즐겁게 왕래하고 있는 남쪽만의 해안에서 브라반치오가 살고 있는 것 같이 느껴져요. 그러나 이것이 오래된 곤돌라가 노에 의해 철썩거리며 여러 방향으로 움직이는 것을 방해하지는 않아요.
- 그렇게 하도록 해라. 토르초프는 말했다.
- 누가 감히 배우의 변덕스러운 상상에 대해 말할 수 있을까! 배우의 상상력은 역사도, 지리도 알기를 원하지 않고, 무정부주의도 두려워하지 않지.

  나즈바노프가 자신의 상상인 '서툰 창작' 을 비판하려고 할 때, 토르초프는 강하게 반대한다.
- 좋지 않은 생각이야! 상상 스스로가 우리의 영혼 속에 되살아나서 배우의 창조의 강력한 자극제가 되도록 내버려 두어라. 단, 상상이 내적
- 진실과 작가에 의해 만들어진 기본적인 줄거리의 텍스트를 배반하지 않도록 해야 한다. (4권, 243-244쪽)

미래의 형상들이 현재의 형상들과 결합하는 것, 스타니슬랍스키는 예

를 들어 〈바냐 삼촌〉의 아스트로프의 독백에서 이러한 '비제니에'를 만들기 위한 접근을 보여준다.

> ……만약 천년 후에 사람이 행복하다면, 그것에 대해 약간은 내 잘못이다 라고 할 수 있다. 내가 어린 자작나무를 심고, 이후 그 나무가 어떻게 초록으로 무성해 지고 또 바람에 흔들리는 것을 볼 때, 내 영혼은 자랑스러움으로 충만해진다……

배우는 자신의 '비제니에'에서 천년 후에 무슨 일이 생길지 마음속의 시선으로 둘러보아야 하고, 그 다음은 바람에 흔들리게 될 자작나무를 심고 있는 자신을 볼 수 있어야 할 것이다.

그래서 스타니슬랍스키는 〈숲, 볼가 운하, 모스크바, 휴양소〉를 '비제니에'의 창조 작업에 포함시키기를 제안하고 있다(3권, 448쪽). 체홉의 희곡과 숲, 모스크바, 볼가 운하, 휴양소는 어떤 관련이 있는가? 스타니슬랍스키에게 있어서 이것들은 가장 직접적인 관련이 있는데, 그가 이 메모를 쓴 것은 그 당시 운하를 건설하고 있었고, 스텝 지역의 녹화緣化가 일어나고 있었으며, 새로운 휴양소들이 건설되던 30년대 중반이었다. 이 모든 것을 통해 스타니슬랍스키는 더 나은 삶에 대한 체홉의 꿈을 보았고, 아스트로프의 예언적인 말을 사회주의의 위대한 건설에서 떼어낼 수 없었고, 자신이 그것의 목격자가 되고 싶었던 것이었다. 그의 견해에 따르면 현대의 삶의 '비제니에'를 가진 대문호의 작품을 접하면서 배우는 새로운 내용으로 삶을 풍성하게 하고 고전 작품을 새로운 세대 관객에게 더 가깝고 이해 가능한 것으로 만들어줄 필요가 있음을 직시했다. 그리하여 현대 삶의 '비제니에'는 배우와 역할을 더 가깝게 해주고 동시대인의 시선으로 고전 작품을 읽는 데 도움이 된다.

스타니슬랍스키는 텍스트의 단어를 말하는데 있어서 끊임없이 내적인 시각으로 관찰하는 '비제니에'를 만들기 위해 다양한 방법을 제시하고 있다. 일례로 스타니슬랍스키는 '비제니에'의 교체로부터 말해진 단어의 의미가 어떻게 변화하는지 보여주고 있다.

> 아르카진 니콜라예비치는 〈구름〉이라는 단어를 다양한 방법으로 반복 말하고, 우리에게 자신이 어떤 구름에 대해 말했는지를 물었다. 우리의 예측이 비교적 잘 맞았다. 이때 구름은 우리에게 가벼운 연기煙氣 혹은 기묘한 유령같이 또는 무서운 뇌우를 동반하는 먹구름 등으로 전달되었다. (3권, 87쪽)

이 방법을 이용하여 단어에서 구로, 구에서 문장으로, 문장에서 이야기로 넘어갈 수 있을 것이다. 즉흥의 결과로 나온 단편은 다음과 같다.

> 나는 생각에 잠겨 늦은 밤 만남의 장소로 서둘러 나갔다. 갑자기 개구멍에서 개가 나타나 으르릉 거리더니 나를 향해 덤벼드는 것이었다. 나는 꼼짝 못하고 개를 진정시키려고 노력했지만 쉽지 않았다.

이야기는 내가 어떤 생각을 하고 있었는지, 어떻게 거리를 따라 걸어가고 있었는지, 어떤 개였는지에 따라 매번 이야기가 바뀐다. 즉 '비제니에'의 교체에 따라 말의 억양과 의미 또한 바뀐다. 이처럼 배우의 상상력이 풍부할수록 같은 텍스트를 가지고도 다양한 이야기를 만들 수 있을 것이다.

어기서 중요한 것은 학생들이 '비제니에'가 발생할 때까지는 단어를 말하지 않는 습관을 만드는 것이다. 차라리 느린 속도로 이야기하는 것이

낫다. 그 다음 듣는 사람에게 어떠한 '비제니에'가 발생했는지 확인해 보
아야 한다.

내적 시각의 '비제니에'를 개발하고 강화하는 모든 연습과제는 미래의
배우를 위하여 풍부한 상상력을 사유하도록 교육하는데 목표가 있다. 여
기서는 추상적인 생각마저도 느껴지고 보여 지는 것으로 되어야 한다.

> 듣는 것은 말해지고 있는 것을 본다는 의미이고, 말한다는 것은 시각적
> 인 형상을 그린다는 의미이다. (3권, 88쪽)

배우는 '비제니에' 자체를 위해서가 아니라, 어떤 목적을 가지고 파트너
가 어떤 결정에 따르도록 하기 위해 노력해야 하며, 이것은 결국 자신의
'비제니에'를 파트너에게 전달하기 위한 것이다. 배우는 '비제니에'를 만드
는 것과 동시에 '비제니에'에 대한 자신의 관계를 정립하고, 대상이나 사
건에 대하여 판단을 해야만 한다. 이러한 문제에 대한 숙고는 언어적 상
호행동의 과정에 대한 새로운 법칙을 세우는 것이다.

[4] 속대사(sub-text)

어떤 군인이 군용 열차의 전복에 관해 상관에게 반드시 보고해야 한다
고 가정하자. 그는 이 사건에 대해 이야기하면서 기억 속에 있는 모든 세
부사항-언제 기차가 다리를 향해 다가갔는지, 언제 폭발음이 들렸는지,
언제 다리가 공중으로 날아갔는지-등을 다시 상기해야 한다. 기관사가
멈추려고 했으나 이미 늦었다. 열차는 연결된 차량들과 함께 경사진 곳에

서 뒤집어졌다. 차량이 부서지고, 포탄이 파열되기 시작했다. 살아남은 자들은 비극의 장소로부터 도망쳤고, 관목 숲에 숨어있던 적들의 총알이 그들에게 쏟아졌다.

그리하여 이야기의 텍스트와 그에 상응하는 '비제니에'가 만들어졌다. 그러나 그 군인이 어떤 진영에 속하게 되는가에 따라 이러한 연습과제를 실행하는 사람에게 두 가지 다른 상황이 제시된다. 첫 번째, 그는 군용 열차를 호송하였고 참사에서 기적적으로 살아난 아군이다. 두 번째, 그는 다리를 폭파시킨 빨치산 부대의 대원이다. 똑같은 이야기 텍스트와 똑같은 형상적 '비제니에'이지만, 완전히 상반된 감정적 색채를 불러일으킨다. 이것은 절망, 공포, 격분, 곤혹이거나, 아니면 승리감, 자신의 힘과 정당함에 대한 인식일 수 있다. 만약 우연히 이 사건을 목격한 외부인이 이 이야기를 전한다면 또 다른 새로운 감정적 색채가 생겨날 것이다.

그러나 우리는 단호하게 감정에 대한 직접적인 호소와 그것을 직접적으로 재현하려는 의도를 멀리한다. 그래서 우리는 감정이 생기게 된 근원으로 향할 필요가 있다. 인용된 예로부터 같은 사건에 대한 '비제니에'는 세 가지 경우(제3자, 아군, 빨치산) 각각에서 서로서로 일치하지 않는 평가, 판단, 이야기하는 사람 각자의 상황과 개인적 경험, 삶의 염원과 관련하여 자신에 대한 관계 등에 따라 달라진다.

이러한 예로 어린아이는 아름답고 재미있는 장면으로서 화재를 좋아할 수 있지만, 어른은 파멸과 죽음으로 위협을 가하는 화재 사진만 보고도 공포를 느낄 수 있다.

과거뿐만 아니라, 미래에 대한 전망 또한 우리로 하여금 똑같은 삶의 현상을 다르게 평가하도록 만든다. 일례로 가뭄의 시기에 농부는 풍성한 수확을 약속하는 비를 기뻐하지만, 도시인은 비가 휴일 날의 산책을 망친다고 유감스럽게 생각하는 것이다.

똑같은 사건에 대한 다양한 관계는 등장인물들 간의 갈등을 야기하는 원동력이다. 체홉의 단편 〈악한〉에서 주인공은 철도 침목에서 나사못을 뽑는다. 예심판사의 시각에서 이것은 중대한 범죄행위이지만, 죄를 범한 농부의 시각에서는 현실적으로 자신에게 필요한 일이었기에 죄의식이 없는 일일 뿐인 것이다.

현상이나 현실의 형상에 대한 평가는 실제에서도, 상상에서도 결국은 등장인물의 초목표에 달려 있다. 유기적인 상호관계의 요소들을 공부하면서, 처음에는 학생 자신의 실제적인 삶의 경험과 그것으로의 관계를 이용할 필요가 있고, 그리하여 무대적 형상을 창조하는 과정에서 배우는 자신의 행동 논리를 가지면서 삶에 대한 특정한 관계와 관찰된 현상의 평가로부터 등장인물의 삶의 환경을 자신으로 감싸야 한다.

언어적 행동이 존재하기 위해서는 선명하고 내용이 풍부한 '비제니에'의 창조만으로는 부족하다. 묘사된 인물의 초목표에 해당하는 '비제니에'에 대한 관계를 수립하는 것이 필수적이라고 할 수 있다. 스타니슬랍스키에 의하면, 역할의 인간 영혼의 내적으로 느껴지는 삶―텍스트의 글자 아래 지속적으로 흐르고 있으며, 항상 그것을 정당화하고 생기 있게 해주는―이 형성되어야 한다(3권, 8쪽).

연기실습에서 이러한 역할의 내적인 삶은 텍스트의 언어를 정당화하는 것으로서 〈속대사(서브 텍스트)〉라는 이름을 얻는다. 스타니슬랍스키는 속대사와 역할의 관통된 행동 사이에 등호를 표시하고 다음과 같이 말한 바 있다.

행동의 영역에서의 관통영역을 관통된 생각이라고 명명하고, 말의 영역에서는 속대사라고 명명한다…… 작품의 의미는 속대사에 있다. 그것 없이 언어는 무대에서 아무것도 할 수 없다. 창조의 순간에 단어는 작가로부터, 속대사는 배우로부터 얻는다. 만약 그 반대였다면 관객은 배우를 보기 위해 극장으로 향하는 것이 아니라, 집에 가만히 앉아 희곡을 읽게 된다. (3권, 84-85쪽)

작품연습을 반복할 때, 속대사의 선상에서 자신을 유지하기 위하여 항상 상상 속에서 만들어진 속대사와 연관된 '비제니에'를 관찰해야 한다. 이 두 가지의 개념을 결합하여 스타니슬랍스키는 〈도해圖解된 속대사〉라는 전문연극용어를 도입했다.

〈도해된 속대사〉는 그림화된 대사가 아니라, 말해지는 단어 자체의 형상적 '비제니에'를 의미한다. 이러한 '비제니에'는 등장인물의 진실된 생각, 느낌, 의도를 표현하고, 단어는 자주 실제 생각이나 염원의 은폐물 또는 가면의 역할을 하는데, 이러한 경우 〈도해된 속대사〉는 텍스트의 직접적인 반대라 할 수 있다. 이러한 성향으로 속대사는 훨씬 더 선명하게 나타나며 학습하기에는 오히려 더 편리하다. 일례로 체홉의 보디빌 〈곰〉의 여주인공 마지막 대사, 즉 작가의 무대 지시문인 계속되는 키스로 끝을 맺으며 하는 대사, '저리로 가요! 손 치워요! 당신을 저주해요! 야만인!'을 떠올려보자. 이러한 상대방을 밀어내는 듯한 말들은 이전의 싸움에 대한 여파로서 타성으로 말해질 뿐, 여주인공은 사랑을 고백하고 완전한 화해를 할 준비가 되어있다는 뜻으로 받아들여진다. 속대사와 텍스트의 이러한 대조는 희극적 방법의 일환으로 희곡 작법에서 자주 이용된다.

무대에서 발생한 사건에 대한 등장인물의 진실된 관계는 그의 방백에서 사주 나타난다. 의외의 인물이 방문했다고 가정해 보자. 주인은 '오셔서 정말 반가워요! 정말 때 맞춰 오셨네요'라고 환호하며 맞는다. 〈검찰

관〉에서 시장과 흘레스타코프의 첫 번째 장면은 이러한 방법을 기반하여
구성되어 있다. 시장의 대사는 이중의 텍스트로 처리되었는데, 하나는 들
리도록 소리 내어 말하여지고, 또 다른 하나는 방백으로 말해지며 그의
속대사를 드러내고 있다.

> 흘레스타코프: 저 또한 매우 기쁩니다. 사실 당신이 아니었으면 이곳에
> 오래 머물러야 했습니다. 어떻게 돈을 지불해야할지 어찌할 바를
> 몰랐습니다.
>
> 시장(방백): 말하는 것 하고는. 어떻게 돈을 지불해야할지, 어찌할 바를
> 몰랐다고! (들리도록) 저, 실례지만 어디로, 어떤 곳으로 가실지 여
> 쭤 봐도 괜찮겠습니까?
>
> 홀레스타코프: 사라토프스크에? 아~ 얼굴빛 하나 붉히지 않네! 오~ 저
> 사람한테는 조금의 빈틈도 안 보이도록 조심해야겠군. (들리도록)
> 네. 원하시는 곳에 가신다니 좋은 생각입니다.

이렇듯 텍스트와 속대사 사이의 모순은 희극적인 효과만 만드는 것이
아니라, 드라마틱한 상황 및 다른 상황에서도 가능하다. 이러한 모순은
다른 사람으로부터 무엇인가를 숨기고자 하는 경우에 발생하는데, 즉 공
손한 모습 이면에 빈정대고 비난하는 모습 이면에 칭찬하는 것 등이 그것
이다.

한편 속대사는 상대배우나 관객에게 잘 드러나지 않을 수도 있다. 그
러나 결국 행동의 논리가 인물의 진정한 의도를 밝히고 있어서 결국 인물
의 내적 핵심을 보여준다. 텍스트와 속대사 사이의 모순을 폭넓게 이용한
사람은 셰익스피어이다. 이야고는 오델로와의 개인적인 우정과 특별한
관계라는 미명하에 그를 추락시킨다. 그의 의심을 부채질하여 결국은 범

죄를 저지르도록 만드는 것이다. 시저의 시체 앞에서 연설을 하는 안토니어스는 부르투스를 정직하고 존경할만한 청렴한 사람으로 부르며 그를 옹호하지만, 본질적으로는 그에 대항하여 대중의 증오심을 일깨워 부르투스의 위신을 실추시키고 있다. 이때 단어의 직접적인 의미에 반대되는 숨겨진 생각을 관객으로부터 불러일으킨다.

그리하여 배우는 역할작업 또는 문학 단편의 작업에 있어서 텍스트 자체를 꼼꼼하게 공부하여 속대사까지 파헤치고자 노력해야 한다. 이야고는 오델로에 대한 자신의 사랑과 카시오의 장점에 대해 말하며 오델로를 기만한다. 그러나 이야고는 혼자 남겨져 독백을 하는 장면에서 자신을 완전히 드러낸다. 한편 체홉의 대사는 내적 모순으로 가득 차 있고, 생각의 흐름 자체가 수수께끼 같은 햄릿의 대사는 속대사를 파헤치기가 쉽지 않다.

그리고 역할의 속대사는 가끔 갑작스러운 사건의 반전으로 인해 희곡의 가장 마지막 부분에서야 비로소 밝혀지기도 한다. 쉴러의 비극 〈피에스코의 음모〉에서 마지막 에피소드에서야 희곡 전반에 걸쳐 인위적으로 숨겨 온 주인공의 진실한 의도가 분명히 드러난다. 그것은 자유를 사랑하는 것과 야심만만한 계략 사이의 모순이 극의 끝에서야 비로소 드러나는 것이다.

삶에서와 마찬가지로 무대에서도 인간의 내면세계를 이해하는 가장 좋은 방법은 그의 행동 논리를 뒤 따라 가는 것이다. 행동의 논리를 통해서 그가 행동하도록 조종한 내면의 원동력과 텍스트의 단어 속에 깊숙이 감춰져 있던 속대사가 드러난다.

따라서 속대사 없이는 언어적 상호관계의 단계를 결코 지나갈 수 없다. 상대배우의 관심을 끌기 위해서는 반드시 특별한 목적과 이에 상응하는

'비제니에'가 있어야 하며, 그리하여 나는 그것을 상대배우에게 전달하고자 하거나 그와의 교류를 통해 확인하고자 하는 것이다.

상대배우와의 교류를 시작하기 위해서는 그에게 적응하고, 합류하고, 당면한 대화로 그를 준비시켜야 한다. 가끔 이러한 준비는 물리적 행동의 측면에서 이루어지기도 하지만, 그것은 보통 부차적인 또는 보조적인 성격의 언어를 수반한다.

스타니슬랍스키는 이러한 준비를 '상대배우의 영혼을 탐색하는 것'이라고 말한다. 예를 들어 보자. 진지한 사업적인 대화는 자주 건강, 가정사에 대한 질문 등을 통해 다른 방향으로 돌리는 것으로 시작된다. 또한 사랑 고백은 날씨나 다른 사물이나 사람에 대한 일상적인 대화가 우선되기도 하는 것이다.

한편 상대배우에 대해 합류할 뿐만 아니라 그에게 영향을 미치기 위해서는 조율 또한 필요하다. 언어적 관계에 있어서 바로 이러한 준비 시간은 무대에서 자주 간과되고 있다. 이것은 유기적인 과정의 중간 단계를 뛰어 넘어 익숙해져 있는 최종 결과를 향해 질주함을 의미한다. 스타니슬랍스키는 〈지혜의 슬픔〉에서 1막 차츠키의 독백을 예로 들어 다음과 같이 언급하고 있다.

나쁜 배우는 유기적인 교류의 모든 단계를 무시하고 '투우장의 황소처럼 무대로 뛰어 올라간다'. 그리고 소피야를 쳐다보지도 않은 채 텍스트를 외우기 시작한다. 그러나 좋은 배우는 완전히 다르게 행동한다. 즉 소피야의 관심을 끌기 위해 첫 번째의 대사 '햇빛이 이미 발아래에 왔구려. 그런데 나는 당신의 발아래……'를 말한다. 그리고 난 후 교류의 모든 단계가 실행되며, 매 순간마다 말은 정당화된다. 예를 들어,

어떻소, 기쁘오? 네? 아니? 내 얼굴을 좀 보구려.

놀란 거요? 정말 기쁜 거요? 이런 대접이라니!
마치 일주일도 지나지 않은 것 같소.
마치 함께 했던 것이 어제와 같구려.
우린 견딜 수 없도록 서로를 지겨워했지.
사랑이라고는 털끝만큼도 없었어! 정말 대단했지!

이 모든 말들은 차츠키가 소피야의 영혼을 탐색하기 위해 쓰인 것이다.

어쨌든 지난 일을 떠올리진 않겠소. 난 마흔 다섯 시간을
정신없이, 한순간도 눈을 감지 않고.
칠백 베르스타를 넘게 달려왔어. 바람, 눈보라가 치고
혼비백산되어, 몇 번이나 넘어졌는지.
그런데 이게 헌신에 대한 보답인가!

이 말들은 차츠키가 소피야에게 전하는 그의 내적 비제니에를 그리고
있다. (2권, 395쪽)

배우들은 자신의 사격 조준을 평가하지도 않고, 목표 자체의 의미도
정의하지 않은 채 '사격을 개시'하려는 경향이 있다. 레르몬토프의 단편소
설 『매리 공주』의 주인공 뻬초린이 자신이 의도한 목표지까지의 거리를
재기 위해 어떻게 하였는지를 기억해 보자. 그는 베라에 대해 자세히 알
고 싶어 하지만, 그녀에 대한 자신의 특별한 관심을 드러내지 않고서 베
르너 의사에게 다음과 같은 말을 한다.

박사님, 세상에 바보가 없다면 정말 지루할 거라고 생각지 않으십니
까…… 여기 영리한 우리 두 사람이 있습니다. 우리는 이미 알고 있습니

다. 우리 둘 다 끝없이 논쟁할 수 있다는 것을요. 그래서 논쟁하지 않지
요…… 우리 중 한 명은 다른 한 명에 대해 알고 싶은 것 모든 것을 다
알고 있지요. 그래서 더 알기를 원치 않아요. 한가지 방법이 남았군요.
새로운 소식을 말하는 거지요. 어떤 새로운 소식이 있나요?

이러한 복잡한 피초린식 장광설의 속텍스트를 알아차린 의사는 대답한
다.

당신은 물에서 나온 누군가에 대해 자세한 내용을 알고 싶어 하는군요.
당신이 누구에 대해 생각하고 있는지 이미 추측해 보고 있습니다.

이렇게 우회하는 방법으로 삐초린은 자신의 관심을 의사에게 먼저 문
제로 삼고, 이후에 실제적인 대화가 시작된다.

또한 다양한 언어적 합류와 조율을 배우기 위한 좋은 예는 고골의『죽
은 혼』이다. 치치코프는 자신이 만나는 상대자(지주들)와 죽은 혼의 매입
에 대한 거래를 맺지만, 이 거래에 앞서 상대자에 대한 사전 연구와 각자
에 맞는 방법으로 상대자를 조절한다. 무엇보다도 치치코프는 그들의 마
음을 사로잡고 그들과 공통된 언어를 찾으려고 노력한다. 그리고 난 후
치치코프는 거래에 대한 동의를 얻는다. 그는 자신의 다분히 사기적인 제
안을 예의 바르고 우회하는 형태로 표현하고자 노력하며, 이를 위해 때때
로 대폭 양보할 필요도 있었다. 고골은 그와 사바케비치와의 대화를 다음
과 같이 묘사하고 있다.

치치코프는 아주 멀리서 대화를 시작하여 러시아 정부의 모든 것을 건
드리고는 특히 러시아의 국토에 대해 아주 크게 칭찬한 후, 고대 로마

제국조차도 이렇게 위대하지는 않았으며 외국인도 당연하게 경탄했다고
말한다.

역사와 지리에 대한 위의 말은 배우로 하여금 중요한 창조적 목표로
향하게 하는 속대사를 감춘 언어적 무늬에 불과하다. 그러나 치치코프에
게 있어서 이러한 말은 자신을 교양 있는 사람으로 보이기 위해서이며,
사바케비치를 계몽시키기 위해서가 아니라 자신에 대한 존경심을 불러일
으키고, 친절한 합의로 이끌기 위해 꼭 필요한 요소인 것이다.

속대사는 말을 할 때뿐만 아니라 상대배우의 말을 들을 때에도 필요하
다. 이때 말할 때는 언어로 영향을 주지만 들을 때는 지각하게 된다는 단
순한 원칙이 적용된다. 영향, 지각, 평가 순간들을 교체는 답변 시간과 전
혀 관계없는데, 왜냐하면 만일 상호 행동이 지속되고 있다면 상호관계는
어느 한 순간도 끊이지 않기 때문이다.

듣는 사람은 대화에 참여하기 위해 단순히 자신의 차례만 기다리고 있
는 것이 아니라, 상대배우의 말을 끊임없이 평가하면서 그와의 무언의 전
쟁을 계속해 나가야 한다. 즉, 그는 상대배우에게 자신의 모든 신체적 행
동과 다른 어떤 말보다 더 달변일 수 있는 자신의 침묵으로써 그에게 영
향을 미치는 것이다. 말하는 사람 또한 말로서만 상대배우에게 영향을 미
치는 것이 아니라, 동시에 그의 반응을 지각하고 평가하고, 이에 따라 그
자신도 변화하고 상대배우에게 영향을 미치는 새로운 방법을 모색하게
된다.

차츠키의 독백으로 다시 돌아가 보자. 그는 소피야에게 직접적인 질문
을 던진다. '뭐예요? 아니라구요?'. 대답을 듣지 못하자, 그는 소피야의 얼
굴에 질문을 읽으려고 한다. '내 얼굴을 보세요'. 그리고 마지막으로 결론

을 짓는다. '놀랐어요? 단지? 이것이 접대로군요!'. 소피야는 한마디도 하지 않았지만 자신의 눈빛, 표정으로 이미 차츠키에게 대답했다는 것이다. 그러나 소피야는 차츠키의 출현이 기쁘지 않고 그저 놀랐을 뿐이라고 생각한다. 차츠키는 달변을 쏟아내면 쏟아낼수록 점점 더 그녀의 고독을 느꼈으며, 자신의 신랄한 날카로움과 조소에 대한 무언의 질책을 느낀다. 소피야는 차츠키의 말을 들으며 아무런 행동도 하지 않는데, 이것은 그의 말을 받아들이지 않기만 한 것이 아니라, 자신의 놀람, 반대, 항의, 참을 수 없음 등을 표현하며, 그의 반어적인 톤, 환희, 사랑을 거부하고 그와 투쟁을 벌이는 것이다.

침묵이 행동이 되기 위해서는 그것을 잘 조직할 필요가 있다. 이러한 목표를 위해 스타니슬랍스키, 특히 네미로비치-단첸코는 〈내적 독백〉이라고 불리는 방법을 폭넓게 사용했다. 〈내적 독백〉은 배우가 상대방의 말이나 행동을 평가하고, 받아들이거나 또는 거부하며, 자신의 형상적 '비제니에'에 대립시켜 무대에서 자신의 침묵의 순간에 마음속으로 소리를 내어 말하는 것이다. 그리하여 리허설 때, 〈내적 독백〉은 방백과 마찬가지로 들리도록 말해도 되었다. 자신의 생각을 소리 내어 말해야 할 필요성은 논리적인 행동의 구체화와 '비제니에'적 정확성을 수반하기 때문이다. 그러나 〈내적 독백〉의 방법을 이용할 경우 다음과 같은 실수를 경계해야 한다. 즉, 큰 소리로 말하거나 마음속으로 말할 때 상대배우로부터 절대 떨어져 나와서는 안 되며, 자신의 '비제니에' 쪽으로 후퇴해서도 안된다는 것이다. 다시 말해 자신의 논리에 맞게 그것을 평가하고 보충해야한다. 따라서 〈내적 독백〉은 독립적인 어떤 형태가 아니라 특정한 속대사로 채색된 말에 대한 반응일 뿐이다.

스타니슬랍스키가 언급한 것처럼 리허설 시기에 〈내적 독백〉을 만들면서 무대에서의 침묵의 시간에 자신의 논리적인 행동을 확립하는 것은 역할이 지나가는 궤도를 부설하는 것이다. 그렇지만 창조의 순간에 배우는 더 이상 속대사에 대해 생각하지 않아야 하는데, 왜냐하면 배우는 오직 상대배우를 지각하기 위해, 오늘의 연기와 어제의 연기를 구별 지어 줄 가장 섬세한 것까지도 지각하기 위해 항상 자유롭게 있어야 하기 때문이다. 이러한 섬세함을 가지기 위해 무대에서 일어나는 모든 것에 대해 날카로운 관심이 필수적이여야 한다. 그러기 위해서 민감한 감수성과 항상 '비제니에'를 쇄신하는 능력을 자신 속에 길러야 한다.

또 다른 중요한 측면은, 가장 작은 변화까지 반영할 수 있는 억양의 섬세함을 가져야 한다는 것이다. 물론 상대배우에게 '비제니에'를 전달하는 것은 억양뿐만 아니라, 표정, 눈, 근육의 움직임, 몸 전체의 신체적인 개입이 있어야 가능하다. 그러나 말의 표현력은 소리, 억양적 구조에서 드러나게 된다. 여기서 억양이란 말의 선율, 리듬, 동적인 뉘앙스, 음색 등을 고려한 광의의 의미이다. 만일 억양이 속대사의 근본적인 표현체라면 언어적 상호행동의 테크닉 획득 시, 억양 그 자체에 대한 특별한 관심을 가질 필요성과 특별한 연구와 트레이닝을 필요로 하는 것인가?

스타니슬랍스키는 이 질문에 대해 확고하게 대답할 뿐만 아니라, 억양의 트레이닝을 위한 특정 방법 또한 제시하고 있다. 그는 텍스트가 아니라 〈도해된 속대사〉로부터 바로 억양으로 갈 것을 충고한다. 그러면 모든 관심이 억양 하나에만 집중하게 되는데 토르초프가 학생들에게 시연으로 보여준 연습과제를 기억해 보자.

'아르카진 니콜라예비치는 편한 자세로 소파에 앉아 손을 올려놓고 무릎은 아래로 고정된 자세를 취하고, 처음에는 독백을 그 다음에는 시를 표현력 있고 열정적으로 낭독하였다. 그는 소리가 울리도록 큰 소리로 이

야기 하였으나, 알아들을 수가 없었다'라고 말한 후 토르초프는 알 수 없
는 말로 웅장하고 정열적으로, 때론 높은 목소리로 힘차게 말하고, 때론
극도로 낮은 소리로 말하고, 때론 한마디도 언급하지 않으며 입 밖으로
소리 내지 않는 무언의 말을 눈으로 이야기하였다.

이후 토르초프는 학생들에게 자신의 개념, 형상, 생각, 느낌, 즉 속대사
가 발화되는 소리 아래에 놓았다고 덧붙인다. 그리하여 그의 암호 같은
언어는 무의미한 것이 아니었으며 특별한 감성적인 인상까지 만들어낼
수 있었다.

'정말로 같지 않은 것인가?' 토르초프는 계속해서 말했다. '잘 모르는 언
어로 된 독백과 시를 들으면서 우리는 외국 배우의 내한 공연과 음악회
에서 기쁨을 느끼는가? 정말로 그들이 우리에게 큰 감명을 주지 못할까?
감정을 만들어 내지 못하고 흥분시키지 못할까? 하지만 사실은 그들이
우리에게 무엇을 이야기 하는지, 무엇에 관한 것이지, 우리는 아무것도
이해하지 못한다.' (3권, 107쪽)

사실 속대사의 표현을 위해 아무런 의미도 없는 소리의 결합을 이용함
으로써 억양으로 바로 향하는 것은 스타니슬랍스키가 고안한 것이 아니
라 이미 다른 배우가 사용했던 방법이었다. 이탈리아의 유명한 비극 배우
로시가 그것을 시연하였다. 물론 그는 희극적인 효과를 위해 이것을 행하
였지만 중요한 것은 그가 이 방법을 완벽할 정도로 소유했다는 것이다.

이것은 1890년 초여름 티플리스에서 있었던 일이다…… 유명한 연출가
이자 교육자인 오자로브스키가 이야기하였다. 이때 그곳에서 이탈리아
의 천부적인 비극배우 에르메스토 로시가 내한공연을 마쳤다…… 그의

팬들은 로시를 위해 송별회를 열었다…… 뒤풀이는 마지막에 있었고, 누군가 뭐라고 웅성거리며 이야기하였다. 〈로시는 우리에게 왜 아무런 유머도 하지 않지?〉 사회자는 조심스럽게 로시에게 〈안 되겠습니까?〉라고 말했다. 모두 조용해졌다. 로시는 식탁의 메뉴를 가져왔다. 〈감사하게도 이것들은 카프카즈에서나 우리나라에서도 똑같이 쓰는군요. 프랑스어로〉라고 말하면서 그리고 얼굴에는 슬픔이 가득했고 울분과 비통함이 맴돌면서 이 메뉴를 읽기 시작했다…… 팬들은 이 우습기 짝이 없는 장면에 감명을 받았고, 그의 희극적인 재능에 열광적인 갈채를 보냈다.

좀 더 단순한 연습과제를 제시해 보자. 먼저 텍스트가 이해되면 잠시 텍스트를 밀어놓고 모든 관심을 오직 억양에만 집중한다. 억양의 깨끗함과 표현력을 얻기 위해서는 아리아나 로망스의 악보를 암송하는 가수가 가사는 잠시 접어두고 음부만 부르는 것과 똑같이 해야 한다. 가수와의 작업에 있어서 스타니슬랍스키는 자주 〈라-라-라〉만을 가지고 내면 삶의 모든 복잡성을 전달하기를 제안했다. 한편 성악 리허설에도 가사 없이 노래만 하는 경우가 적지 않다. 즉 이탈리아 아리아에서 전개된 장식음, 목소리를 위한 콘서트, 목소리의 음색으로 채색된 선율로서만 속대사를 전달하는 보칼리제 등이 그것이다.

성악적 억양의 이러한 성질은 말에서도 획득된다. 어느 날 스타니슬랍스키가 단어를 거의 사용하지 않고 아스트로프의 독백을 억양적인 그림만으로 재현했다. 아스트로프는 옐레나 안드레브나와의 대화에서 시골에서의 임업의 점차적인 몰락에 대해 얘기하고는, 25-50년 전에는 어떤 모습이었으며, 현재는 어떤 모습인지에 대해 말하고 있다. 이 대사에서 아스트로프의 세 가지 다양한 음조가 선명하게 대조되고 있는데, 먼저 그가 꽃피는 지역을 보았을 때 그의 말의 음조는 밝은 장음계이다. 억양은 마을 번영의 사실들을 열거할 때마다 점차 높아져서 가장 높은 음까지 이른다. 대사의 중간부에서도 장음계의 색채가 아직 없어지지 않았는데, 음의 계단을 따라 점차 아래로 떨어져서 말줄임표의 분명치 않은 억양으로 끝을 맺는다. 완전히 낮은 음역으로 말해지는 마지막 부분은 단음계를 이루는 말의 전형적인 휴지로 가득 차게 된다. 전체적으로 독백의 음성적인 구성은 논리적인 내용뿐만 아니라, 아스트로프의 영혼을 가득 채우고 있는 깊은 비애와 무언의 항의의 느낌으로 전달된다. 이것은 감정적인 표현이 될 뿐만 아니라, 말의 음악성으로서 인상을 남겼다.

스타니슬랍스키는 이처럼 완전무결한 3악장의 작품을 만든 음악가처럼 독백의 음성적 구성을 창조하였다. 스타니슬랍스키는 거의 아무 말도 하지 않으면서 단지 〈예전에는 또-또 그리고 또-또가 있었고, 그리고 강, 숲, 짐승, 그리고 또-또, 또한 따-따-따, 그리고 따라-따따……〉 정도의 말로 아스트로프의 독백을 해결하였다. 그는 이와 비슷한 방식으로 오델로의 독백 또한 이렇게 읽었다.

억양을 연구하는 이러한 방법을 스타니슬랍스키는 〈타타치로바니에〉_화술 훈련 중 텍스트의 자연스러운 억양을 발생시키기 위한 요소훈련으로 처음부터 텍스트를 낭독하지 않고, 텍스트 대신 단순하고 어렵지 않는 의미 없는 단어를 사용하여 텍스트가 가지고 있는 속대사에 집중함으로써 정확한 억양을 발생시키는 훈련; 역주라고 명명하고 학생들에게 강력하게 권장하였다.

> 나는 여러분에게 역할의 텍스트가 왜 억양의 생기를 잃게 하고 음의 영역을 축소시키는지 설명할 수 없다. 그러나 〈타타치로바니에〉는 억양을 살리고, 말의 영역을 넓히고, 속박과 조건성으로부터 자유롭게 해준다. 나는 어떻게 이런 기적적인 변화가 일어났는지 여러분에게 확신할 수 없다. (3권, 452쪽)

화술의 연구자인 I.L. 스몰렌스키도 '말에 대한 모든 관심을 잠시 접어두고 생각의 대한 억양적인 울림에 집중하면, 우리로 하여금 놀랍게도 사람의 말의 음성적 건설에 대해 알게 해 준다'라고 언급한 바 있다.

배우가 텍스트의 대화를 연구해보면 그 속에 생각과 사상의 충돌 그리고 다양한 관점 사이의 충돌 등을 쉽게 드러낼 수 있다. 그러나 언어적 충돌은 언제나 쉽게 분석할 수 있는 지적인 성격뿐만 아니라 억양의 다양성에서 반영되어지는 감정적 성격 또한 가져온다. 그것들이 리허설 과정에서 저절로 만들어진다는 것은 매우 기분 좋은 일이다.

한편 듣는 능력이 모자라는 배우는 무대의 리듬을 떨어뜨리는 지겨운 모노톤을 형성할 것이고, 언어적 충돌의 날카로움 또한 무뎌질 것이다. 결국 억양의 선명함과 풍부한 표현력은 도해된 텍스트의 선명함에 달려 있다고 할 수 있는데, 그러나 반대로 억양을 교정하면서 속대사의 선을 강화하고 공고히 할 수도 있다.

3

구현의 요소들

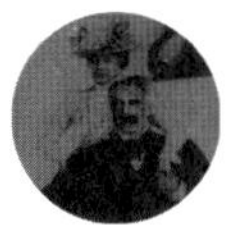

[1] 말의 구축

언어적 상호관계의 유기적인 과정은 말의 전반적인 완성을 요구한다. 잘 만들어진 발성, 선명한 발음, 그리고 언어와 그 법칙에 대한 지식은 무대에서 언어적 상호관계를 위한 절대조건이다. 반대로 발성과 발음의 결함, 논리적인 말의 법칙의 파괴는 언어적 행동을 방해하고 왜곡할 뿐만 아니라 완전히 불가능한 것으로 만들어 버린다.

스타니슬랍스키는 사랑을 고백하려고 애쓰는 농아나 말더듬이의 예를 들면서 비록 그가 아름답고 섬세한 감성을 소유하고 있다 하더라도 결코 이것을 언어로 표현할 수는 없으며, 그리고 음이 맞지 않는 피아노에서는 아무리 재능 있는 피아니스트라 할지라도 아름다운 연주곡을 전달할 수 없다고 말한 바 있다. 마찬가지로 배우도 먼저 구현을 위한 자신의 창조도구, 특히 발성 기관의 준비에 모든 신경을 쏟아야 한다.

신체적 완성은 배우의 심리를 자유롭게 한다. 말의 결함은 시각, 청각의 결함과 마찬가지로 사람과 주변 환경과의 자연스러운 관계로 이끌지 못하게 한다. 어떠한 형태로든지 지각과 감각(말―이것은 최고로 완성된 감화의 수단이 아니던가!) 기관들의 완성은 말의 형성과 강화에 도움이 된다. 신체적인 것과 심리적인 것의 상호관계는 특히 언어의 과정에서 일목요연하게 나타나며, 그리고 배우의 언어적인 테크닉의 요소들은 유기적인 언어적 상호관계를 위한 전제조건이다.

무대화술 교수법에 있어서 두 가지 극단적인 의견이 존재한다. 첫째, 언어의 전반적인 연구는 말의 중요하고 고유한 부분(언어적 상호관계의 테크닉)을 희석시킨다는 것이다. 그래서 만약 배우가 좋은 발성, 깔끔하게 말하기, 논리적인 낭독의 규칙만 알고 있다면, 그는 이미 언어적 상호관계를 향한 준비가 충분하다고 말하는 것이다.

다른 의견은, 언어 고유의 기술에 대한 과소평가이다. 만약 배우가 무대에서 올바르게 유기적으로 행동하는 것을 배우기만 한다면, 그 밖의 것들은 저절로 알아서 된다는 것이다. 상대배우에게 영향을 주어야 한다는 필연성만 있으면 배우로 하여금 단어를 훨씬 잘 발음하게 만들어 주며, 그래서 행동의 능동성, 진실성, 합목적성은 그에게 필요한 억양을 제시해 주고 그의 목소리에 합당한 색채를 부여해 준다는 것이다.

물론, 무대에서 올바르게 조직된 행동은 배우의 심리뿐만 아니라, 신체적 기관에 영향을 미쳐 그로 하여금 훨씬 잘 말하고 움직이도록 만들어 줄 것이다. 그러나 반대로 좋은 발성과 발음, 살아 있는 언어의 법칙에 대한 소유는 올바르게 행동하고 내적 체험을 할 수 있도록 도와주며, 결과적으로 배우의 심리를 활성화시켜 준다. 즉 하나는 다른 하나를 도와주기 위해 존재한다고 할 수 있다.

무대화술의 완성은 배우예술에 있어서 가장 중요한 문제 중의 하나이다. 많은 전문가들은 오늘날 구절의 바르지 못한 구성논리, 주요단어가 아니라 부차적인 단어에 강세를 두는 것, 텍스트의 왜곡 해석, 말의 어미 삼키기, 불분명한 발음 등은 이미 극장에서 익숙한 현상이 되어버렸다고 진단한다. 관객들은 옆 사람에게 배우가 뭐라고 말했는지를 물어보아야 할 정도이다. 이러한 말하기를 배우의 연기에 있어서 새로운 양식인 것처럼 말하는 경향도 생겨났다. 그렇지만 이런 것들이 무대에서의 나쁜 언어임을 정당화 시킬 수는 없는 것이다.

연극학교는 가능한 모든 수단을 동원하여 반드시 무대화술을 완성하는 데 총력을 기울여야 하며, 초보배우들에게 자신의 발성기관의 끊임없는 완성을 향한, 그리고 살아 있는 언어의 연구에 대한 요구를 길러주어야 한다. 언어의 발달을 위한 프로그램은 궁극적으로 우리의 과제가 아니지만, 배우예술의 관점에서 몇 가지 요구사항에만 주의를 기울여보자.

목소리

무대에서 말을 사용하여 행동하기 위해서는 공명성 있는 목소리가 필요하다. 만약 어떤 배우가 능력 있고 유기적이기는 하지만 그의 목소리가 객석에서 겨우 들린다면, 그러한 배우는 결코 전문성을 가진 배우라고 인정할 수 없을 것이다. 아울러 짧은, 발전하지 못한 호흡이 배우의 생각을 잘라내고 구겨버린다든지, 무대에서 흐릿한, 쉰 소리의, 콧소리의, 삐그덕 거리는 소리에 의해 심오한 생각과 아름다운 감정이 왜곡되고 기형적이

되는 것 또한 결코 용인될 수 없다. 따라서 배우는 자기의 목소리를 사용할 줄 알아야 할 뿐만 아니라 소리의 소유에 있어서도 마스터가 되어야 하는데, 이것은 소리가 자신의 감정의 중요한 안내자이자 표현자이기 때문이다.

생각은 말로써 표현되지만 내적 체험은 음색으로 표현되는 것은 아니다. 언어의 마스터인 F.I. 살라핀은 배우예술의 가장 고차원적 업적은 상황에 따른 다양한 뉘앙스를 목소리에 부여하는 것이라고 주장한 바 있다. 그는 소리를 사용하여 특정 상황, 특정 인물의 기분을 표현할 수 있기 위해서는, 그리고 주어진 감정을 위한 올바른 억양을 부여하기 위해서는 완벽한 호흡에 의한 목소리를 가져야 할 필요가 있다고 말하였다. 또한 살라핀은 다음과 같이 언급하고 있다.

나는 음악적인 억양을 알지 못한다. 그리고 단순한 이야기 속에서도 다양한 음색을 획득하는 목소리의 색채를 알지 못한다. 그렇지만 사람은 〈나는 너를 사랑 한다〉와 〈나는 너를 증오 한다〉를 동일한 음색의 목소리로 말할 수는 없다. 각자의 경우마다 그 상황에 맞는 특별한 억양, 즉 내가 지금 말하고 있는 그러한 음색이 있을 뿐이다.

배우의 발성에 대한 풍부함과 다양함은 선천적일 뿐만 아니라, 올바른 호흡과 그로 인한 목소리와도 직접적인 연관이 있다. 올바른 소리 가지기, 소리에 힘 부여하기, 탄력성과 고급스러운 음색적 뉘앙스 등의 숙련을 획득하기 위해서는 다년간의 노력이 필요하다. 선천적으로 좋은 음성을 타고난 가수라 할지라도 호흡과 발성을 구축하기 위해서는 몇 년을 소비해야 한다. 그러므로 배우에게 불과 몇 번의 수업으로 이러한 목적이 달성되리라 생각해서는 결코 안 된다. 따라서 화술교육자와 학생간의 부단하고 징기적인 만남이 필수적으로 이루어져야 하며, 학교에서 교육이 끝나는 순간까지 중지해서는 안 되는 것이다.

2학년 연기교육의 프로그램에 부합하도록 하기 위해서는 호흡과 발성기관, 음악적 청력, 음역, 리듬감 등의 발전에 큰 도움이 되는 보컬수업이 도입된다. 연극학교는 학생 개개인에게 필요한 만큼 충분한 개인수업을 해줄 형편이 아니기 때문에 화술교육자가 학생들에게 과제를 내주면 학생들 스스로가 그것을 꼼꼼하게 점검하고 자신의 호흡 및 발성에 대해 자립적으로 공부해 나가는 방법을 배워야 한다. 여기서 중요한 것은, 소리의 발전을 위해 화술교육자뿐만 아니라 연기교육자도 학생들을 점검하고 요구해야 한다.

딕션

초보배우가 작가의 텍스트를 일체의 내용 상실 없이 관객에게까지 어떻게 정확히 전달할 수 있는가? 이것은 무엇보다도 우선 훌륭한 딕션, 정확하고 명료한 발음을 통해서 가능하다.

딕션-'이것은 배우가 가져야 할 정중함이다'고 코클렌은 말했다.

딕션의 메소드는 호흡이나 목소리를 배우는 것과 마찬가지로 일련의 교과 과정으로 구성되어야 한다. 훈련은 그룹수업으로 실시되며 개인수업은 자발적으로 이루어져야 한다. 모든 학생들에게 동일하게 적용되어지는 전체수업의 과제는 발음의 숙련을 유지하고 발전시키는 것이다. 그러나 많은 학생들에게는 스스로 극복해야만 하는 각자의 발음상의 약점이 있기 마련이다. 특정 자음이나 모음, 혹은 그것들의 결합에 있어서 올바르지 못한 발음 등이 개인적인 딕션 상의 약점에 해당된다. 발성기관 구조상의 심각한 결함이 아니라면 이러한 종류의 결점은 교정 가능하다. 불필요한 정도의 딱딱함, 소리 형성에 있어서 불분명함, 말의 저속함, 부자연스러움 등과 같은 발음상의 문제점 또한 극복되어야만 한다. 딕션을 위한 연습과제의 목표는 말의 선명함과 명료함뿐만 아니라, 말의 울림에 있어서의 자연스러움을 획득하는 것이다.

지방 말씨, 사투리, 외국어의 영향 아래 형성된 말은 특히 어려운 문제이다. 이러한 이유로 인해 악센트는 교정하기가 무척 힘들다. 이러한 경우는 소리의 발음에서 뿐만 아니라, 말의 멜로디 자체에서도 혹은 잘못된 강세의 위치에서도 드러난다. 여기서 딕션은 이미 정음법, 역사적으로 정립된 표준 국어에 부합하는 단어나 단어의 결합시의 발음법에 대한 연구 등에 의거하여 이루어져야 한다.

무대발음

문학이 문어文語를 발전시키고 보존해 온 것처럼, 연극 또한 구어口語의 모델을 만들어야 한다. 많은 나라에서 무대적 언어는 민족적인 발음의 모델로 간주되어 왔다. 괴테는 '독일어를 형성하고 기호, 예술, 과학을 더 확실하게 하기 위해 무대에서는 반드시 순수한 독일어만을 사용해야 한다'라고 말하였다.

스타니슬랍스키 역시 연극을 러시아어를 위한 순수성의 보존자라고 생각했다. 그의 메모에는 다음과 같은 내용이 있다.

> 내 생각에 정음법은 화술의 법칙에 관련한 것이며, 정음법은 연극에서만 보존 가능할 것이다. 그런데 일상에서 모스크바의 말은 사라지고 있다.
> (3권, 463쪽)

모스크바의 말은 오래전부터 러시아 발음의 표준으로 인식되어왔다. 이것의 특성은 수많은 언어학적 저술이나 맞춤법 안내서에 훌륭하게 연구되어 있고 설명되어 있다. 그러나 다양한 영향 아래 살아 있는 말은 끊임없이 변형되어 왔으며, 이러한 변형에 첫 번째로 관련된 것이 바로 발음상의 특성이다. 그러므로 현대의 말은 수도에서조차도 이미 예전의 모스크바 말과는 큰 차이가 있다.

가끔 현대 구어체에서 보이는 언어들은 이전의 정음법으로부터 얼마나 많이 바뀌었는지 규칙 자체에 대한 의심이 드는 경우조차 있다. 순수한 러시아어에 대한 몇몇의 열성적인 옹호자들은 이러한 이탈을 기분 나쁜 것이자 무지의 결과로 간주하고, 이것과의 타협 없는 전쟁을 선포하기도 한다. 물론 각종 비속어, 은어적 표현, 제 마음대로의 단어구성, 의미적인 측면에서의 직접적인 실수 등과는 결코 타협해서는 안 된다. 그리고 새로운 단어의 탄생, 예전의 정음법칙에 대한 재검토 및 끊임없는 갱신으로 말미암아 생기는 단어가 구어의 자연스러운 진화라고 간주하는 것으로도 치달아서는 안 된다.

현대의 표준발음은 올바른 구어를 소유할 수 있도록 도와주는 언어학적 안내서나 사전에 의해 규정된다. 그러나 배우는 이것 외에도 문학적 발음이라는 틀을 벗어난 무대적 발음이라는 문제와 부딪힌다. 무대에서는 현대의 올바른 말만 사용하는 것이 아니라, 올바르지 못한 말, 다양한 사회적 범주, 연령, 직업의 사람들에게서 사용되는 말, 사투리가 강한 지방인들에게 사용되는 말 또한 있기 마련이다. 또한 다양한 장르와 다양한 문체의 희곡 속에서 과거의 말들을 구현하기도 한다.

따라서 무대적 발음의 과제는 무척 다양하다. 현대 언어학은 이 중 일부분을 차지하는 것뿐이며, 이것은 무대적 행동 없이는 해결될 수 없는 것이다. 이것에 관해서는 언어학자들도 동의하고 있다. 이와 관련하여 러시아어의 유명한 연구자인 L.B. 쉐르바는 발음법칙에 대한 연구에서 배우는 역할로 인해 발음이나 말이 달라질 수 있다고 언급하고 있다.

본질로 인해 단순히 삶을 표현하는 것은 어려우며 그렇게 해서도 안 된
다는 것이다…… 그렇다면 삶을 전형화해야 하며, 이것은 정음법의 문제
에 있어서 특히나 중요하다.

그는 화자가 처해 있는 상황에 따라, 그리고 화자와 청자의 상호관계
에 따라 동일한 단어의 발음이 다양한 방식으로 발생한다고 말하고, 또한
D.N. 우샤코바와의 논쟁에서 쉐르바는 한 마디만 해도 상대방의 말을 이
해하는 것으로부터 또는 오래 전부터 알고 지내는 사람들의 재빠른 대화
에 고유한 발음의 표준을 고집해서는 안 된다고 언급하고 있다. 사람에
대한 공식적인 태도, 특히 존경하는 태도를 나타낼 때, 우리 러시아인은
그의 이름과 부칭 전부를 부른다. 예를 들면 '파벨 이바노비치'가 그것인
데, 좀 더 친근한 사이일 때는 '파블이바니치'라고 줄여서 말할 수 있으며,
심지어 급하게 떠올릴 경우에는 '팔바니치'라고도 할 수 있다. 즉, 다양한
상황 속에서 동일한 단어나 어절은 다르게 발음될 수 있으므로 그것의 올
바른 발음만을 고집해서는 안 된다는 것이다.

한편 무대적 발음에 있어서 특히 어려운 문제는 단어의 올바른 강세의
선택이다. 현대 구어에서 많은 단어들이 때때로 단어에 다른 의미를 부여
하는 여러 가지의 강세와 함께 사용된다. 이것에 관해서는 심지어 전문가
인 언어학자들 사이에서도 잦은 논쟁이 발생하는 것이 사실이다. 만약 전
문가들이 명확한 답변을 주지 못한다면 배우는 이러한 문제를 어떻게 해
결해야 될까?

순수한 러시아어의 보존자라는 자신의 임무를 수행하기 위해 연극은
보다 더 견고한 학문적 기반에 의거할 필요가 있다. 어떤 경우에 어떤 발
음이 더 바람직한가 그리고 강세의 다양한 변형은 무엇에 의해 결정되는
가 등에 관해 연구할 필요가 있는 것이다. 강세의 이동이 단어에 전혀 다

른 의미를 부여하는 경우가 종종 있는데, 일례로 그리보예도프의 차츠키는 '라고' 말했고, 푸쉬킨은 '에서'라고 기록하고 있다. 그리고 단어에서 마지막 음절에 강세를 두는 것은 예전의 모스크바 말씨로서 고유한 민중적인 뉘앙스를 부여한다. 때때로 동일한 단어의 발음에 있어서도 다양한 뉘앙스가 발생하는데, 그것은 등장인물의 사회적인, 연령적인 특징 때문에 발생한다.

말의 논리

만약 딕션과 정음법이 자음과 모음, 음절, 단어의 결합 속에서 올바르게 발음할 수 있도록 가르쳐 주었다면, 다음의 과제는 문장 전체에 관한 말의 논리이다.

말의 논리에 있어서 주목표는 가장 정확하고 선명하게 생각과 언어적 내용을 전달하는 것이다. 이러한 말이야말로 올바르고 알기 쉬운 말이며 생각의 보고서라고 할 수 있다.

말이 성공적으로 들리기 위해서는 상대배우의 이성, 생각에 영향을 미치는 언어적 행동이어야 한다. 문법상 바르게, 논리적으로 작가의 생각을 상대배우에게 전달할 수 있는 능력은 언어적 상호관계를 위한 견고한 기반을 만드는 것이며, 이것은 차후에 물감을 칠할 수 있도록 그림을 준비하는 것과 같은 이치이다.

문장의 종류는 단어의 결합에 의해서뿐만 아니라, 다양한 억양에 의해서도 구별될 수 있다. 그러나 그 속에서 공통된 억양의 법칙을 찾아낼 수 있는데, 이것이 바로 논리적인 말에 대한 연구의 첫 번째 대상이다.

말의 논리는 배우교육 프로그램에 포함되어야 하지만, 연극학교에서 말의 메소드와 화성법에 대한 법칙을 공부하는 것이 합목적적인가 하는 문제가 논쟁을 불러일으킨다. 왜냐하면 연극학교에서 이러한 것을 가르침으로써 유용함보다는 해로움을 끼쳐 상투적인 억양의 형성이라는 결과가 초래될 수도 있다고 생각하기 때문이다. 따라서 살아 있는 억양은 배우의 내적인 상태에 의거하여 상대배우와의 상호관계 속에서 저절로 발생해야지, 어떠한 화성법의 규칙들에 의해 강요되는 것이 아니라는 사실을 인정해야만 한다.

이러한 측면에서 창조의 순간에 배우는 무대적 상호작용이라는 유일한 법칙에 복종해야 한다고 스타니슬랍스키는 확신하고 있다. 그리하여 그에게 있어서 언어적 표현과 억양의 형태는 가장 광범위하게 결정되었다. 그러나 직관적으로 발생된 무대적 말이라 할지라도 반드시 배우의 준비되어진 기술에 입각해야 한다는 것을 명심해야 할 것이다. 그리하여 미묘한 생각의 변화를 민감하게 반영하고, 내적 체험의 깊이와 섬세함을 구현하기 위해서는 배우의 목소리, 발성기관, 청각이 완성의 경지에 도달할 때까지 지속적으로 발전되어야 한다. 만약 이러한 말의 기술을 부단하게 훈련하지 않는다면, 필요한 순간에 모든 것이 저절로 발생하고 자연히 그에게 도움을 주리라고 기대하기는 힘들 것이다.

논리적인 억양의 법칙에 대한 스타니슬랍스키의 견해를 정확하게 이해하기 위해서는 그의 시스템의 가장 중요한 원칙인 내적인 내용에 의해 결정되어져야 한다는 언급을 결코 잊어서는 안 된다. 그러나 신체와 정신의 유기적인 관계의 법칙에 있어 반대의 종속 관계—올바르게 찾아진 외적인 형태가 배우의 내적 체험에 영향을 미친다—또한 존재한다. 이와 관련하여 스타니슬랍스키는 다음과 같이 언급하고 있다.

내가 매번 정확한 음성학적인 그림과 만나게 될 때마다 나의 내면에서는 매우 새롭고 다양한 형태의 정서적인 기억들이 꿈틀대기 시작한다. 바로 여기에 언어 테크닉의 실제적인 토대가 있는 것이다. 그것은 말 자체가 억양을 통하여 정서적인 기억, 감정, 내적 체험에 영향을 미치는 방법이다. (3권, 104쪽)

따라서 스타니슬랍스키는 '언어의 법칙이 배우에게 어떤 강제적인 억양을 강요함으로써 창조의 자유를 말살한다'라는 견해를 조소하고(3권, 103쪽), 게으름이나 어리석음으로 인해 모든 것이 저절로 나타나기만을 바라고 있는 배우는 '느끼는' 것만으로 충분하다고 자기 자신을 설득하는 세상물정 모르는 '천재들'이라고 신랄하게 비난했으며, 또한 '그러나 창작의 본질, 잠재의식, 직감 등은 주문한다고 오는 것이 아니다. 이것들이 우리 속에 잠자고 있을 때는 어떻게 할 것인가? 이 순간에 배우는 언어의 법칙 없이 해결할 수 있을 것인가?'(3권, 306쪽)라고 언급하고 있다.

사실 스타니슬랍스키는 억양에 다양한 변화를 줌으로서 역할의 내적인 그림의 선명성과 명확성을 달성할 수 있었던 적이 한두 번이 아니었다. 음성학적인 그림을 통해 그가 역할의 성격에 접근할 수 있었던 적도 간혹 있었으며, 억양의 표현력을 통해 공연의 리듬과 전체적인 음조가 자주 상승되기도 했다.

『표현력 있는 말』의 저자인 S.M. 볼콘스키는 '정신 기구와 말의 기구, 생각의 선명성과 진술의 선명성 사이에는 밀접한 관계가 존재한다.'라고 말하며, '우리는 표현되어지는 표현력의 형식에 대해서는 지나치게 적게 인식하고 있다'라고 이 저서에서 언급하고 있다. 스타니슬랍스키는 언어의 법칙 연구를 향한 볼콘스키의 노력을 열정적으로 지지하여 그의 『표현력 있는 말』을 배우들을 위한 교과서로 추천하였다. 볼콘스키의 저서는 살아 있는 언어에 대한 본질적인 연구, 언어의 음성학적인 그림과 언어의 표현적인 가능성에 대한 것과 청각관계, 언어와 미각관계에 대해 관심을 갖도록 하였고, 또한 구체적이고 세밀하게 구절 속의 중요한 곳을 명확하게 발음하는 법을 가르쳐 주었다. 스타니슬랍스키의 제안으로 볼콘스키로 하여금 〈모스크바 예술극장〉과 그의 스튜디오, 〈볼쇼이 극장〉의 〈오페라-드라마 스튜디오〉에서도 언어의 법칙을 맡아 가르치게 하였다. 그리고 스타니슬랍스키 자신도 이 수업에 참여하여 학생들과 함께 강의 내용을 필기하기도 했다.

또한 표현력 있는 말의 토대를 찾는 과정에서 스타니슬랍스키는 특히 음악극에 관심을 기울이게 되었다. 그는 음악적인 억양이 자연의 법칙에 의거하여 발전된다고 말한다. 말의 억양은 인간의 생각, 감정의 발전과 동일한 논리에 의해 결정된다. 그는 음악과 노래를 통해서 무대화술에 대한 자신의 수많은 질문들을 해결할 수 있었으며 이것의 도움으로 배우로서 그에게 부족했던 푸쉬킨, 셰익스피어, 쉴러의 언어를 말하기 위한 언어적 표현력의 새로운 자질을 획득하게 되었음을 고백하고 있다. 그는 이러한 새로운 자질을 언어의 법칙으로 받아들여, 이것을 '자연스러운 음악적 울림이며, 이때 소리는 대화나 시 속에서도 반드시 노래해야 되며, 바이올린 선율처럼 울려야지 콩 볶듯이 말을 두드려서는 안 된다'(1권, 370쪽)라고 말하고 있는 것이다.

그리하여 스타니슬랍스키는 배우들의 언어적 완성을 위해 음악훈련과 직접적으로 관계하도록 교육하였다. 그는 자신의 연출가적, 교육자적 메소드의 끊임없는 쇄신을 위해 오페라에서의 작업 경험을 적극 활용하였다. 그러나 그가 수업과 리허설에서 이러한 방법을 이용하였지만 정작 학생들은 작품의 사상적인 내용이 아니라 화성법의 규칙에 대해 생각하기 시작했고, 그리하여 결국 그들의 말은 발성적 상승과 하강의 풍부함에도 불구하고 죽어버린, 천편일률적인 것이 되어 버렸다.

스타니슬랍스키가 제시한 메소드의 진정한 의미는 말해지는 텍스트를 규정된 규칙에 종속시키는 것이 아니라, 살아 있는 언어의 논리적인 억양의 법칙을 알게 만드는 것이었다. 그러나 이러한 사실을 깨달은 후, 그는 학생들로 하여금 규칙을 인지하도록 만들었는데, 우선 필요한 억양, 강세, 휴지의 선택에 있어서 먼저 직감, 자기 자신의 느낌에 주의를 기울이고, 그리고 난 후 규칙으로 향할 것을 충고하였다.

> 의식적으로 휴지의 간격을 넓히면서 읽어라. 언어 자체의 직감과 감정이 여러분에게 속삭이는 바로 그 곳에서 들어보고, 침묵하거나 실수한 곳에서는 규칙의 인도를 따르도록 하여라. 그러나 절대로 반대 방향으로 가서는 안 된다. 즉 내면에서 정당화되지 않는 무미건조한 규칙을 위해 휴지를 가져서는 안 된다. 이것은 여러분의 연기나 낭독을 형식적으로 만들어 설사 맞다고 할지라도 죽어버린 것으로 만들기 때문이다. 규칙은 반드시 진실을 향해야 하고, 진실을 상기시킬 수 있어야 하며, 진실로 향하는 길을 가르쳐 주어야 한다. (3권, 340쪽)

그러나 배우가 어떠한 규칙도 없이 자신의 직감만 의지한 채 연기하는 것이 가능할까? 이것에 대해 스타니슬랍스키는 부정적이다. 이와 관련하여 강세에 대한 문제를 검토하면서 그는 다음과 같이 언급하였다.

> 일상에서 우리가 자신의 말로 말할 때, 강세는 저절로 정확하게 놓여진다…… 그러나 우리가 자신의 고유한 말을 사용하지 않고 타인의 말을 사용하게 될 때, 우리는 타인의 텍스트 속에서 강세를 자주 경시하게 된다. 그러므로 처음에는 자신에게 올바른 강세에 대한 의식적인 습관을 만들고 난 뒤, 그 후 무의식적인 것으로 만들어야 한다. 귀가 그것에 익

숙하게 되면, 여러분은 논리적인 강세로서 단어나 구를 나눌 때 무대에
서의 일상적인 실수를 예방할 수 있게 된다. (3권, 332쪽)

스타니슬랍스키는 언어의 법칙을 연구하는 것을 시스템의 주요 원칙—
의식적인 획득으로부터 무의식적인 예술의 창조—으로 삼았다. 그러나
스타니슬랍스키는 논리적인 말의 법칙을 연구하는 것을 배우의 유익하고
필수적인 훈련 작업으로 간주하면서도 역할에 대한 작업으로의 직접적인
전이에는 반대하고 있다. 그것은 훈련에 좋은 것이라 해서 모두 메소드로
합당한 것은 아니기 때문인데, 일례로 구두점에 대해 말하면서 그는 학생
들에게 다음과 같이 경고하였다.

나는 일목요연한 그림을 통해 여러분에게 구두점에 의거하여 소리의 억
양을 설명하였다. 이러한 그림은 차후 평생 동안 고정된 억양이라고 생
각하지 말아야 한다. 그러한 생각은 해롭고 위험한 것이다. 그러므로 무
대화술의 음성학을 암기하려고 해서는 절대 안 된다. 음성학은 스스로,
무의식적으로, 직관적으로 태어나야 한다.

실제로 스타니슬랍스키는 역할에 대한 작업의 과정 중에 화성학의 외
적인 수용을 거부하였고, 이러한 수용은 주의 깊게 사용할 필요가 있다고
경고하고 있다. 그는 논리적인 언어의 법칙에 대하여 그의 마지막 문서
〈삽화가 들어간 배우교육 프로그램〉에서 이와 관련하여 간단명료하게 언
급하고 있다.

말의 영역에 있어서 우리에게는 믿음직한 조력자가 하나 더 있다. 그 조
력자는 바로 언어의 법칙이다. 그러나 그것을 사용할 때는 조심헤야 한
다. 왜냐하면 그것은 해로울 수도 있고 도움을 줄 수도 있는 양날이 선

칼이기 때문이다. (3권, 450쪽)

스타니슬랍스키는 자신의 창조적인 실패의 경험담 중 한 가지를 예로
들며 다음과 같이 계속 언급한다.

어떤 미래파 연출가는 시적인 역할의 나의 텍스트에 강세, 정지, 상승,
하강의 언어적 법칙에 따라 표시하고 기호들을 열정적으로 붙이려고 하
였다. 나는 규칙이 아니라 소리의 억양 자체를 기계적으로 암기하였다.
그것들은 나의 모든 집중을 집어 삼켜버렸다. 나는 언어의 법칙 때문에
그 역할을 망쳐버렸다. 분명한 것은, 규칙의 결과를 기계적으로 암기해
서는 안 된다는 것이며 이러한 방법을 사용하는 것은 해롭다는 것이다.
마치 구구단이나, 문법적 또는 통사론적인 규칙과 마찬가지로 규칙 자체
가 한번 그리고 난 후 영원히 우리 속에 정착하여 살게 할 필요가 있다.
그러기 위해서 우리는 그것을 이해할 뿐만 아니라 느껴야 한다. 그것들
이 우리의 제 2의 천성이 될 때, 바로 그 때 우리는 규칙에 대해 생각하
지 않고 그것들을 사용한다. 이때 말은 저절로 올바른 말이 될 수 있다.
(3권, 451쪽)

예술적 낭독

말의 테크닉에 따른 일차적인 연습과제를 자기화한 후 학생들은 획득
된 숙련을 검토하고 공고히 하기 위해 문학 텍스트로 향한다. 학생들은
단순한 문장, 속담, 격언에서부터 좀 더 복잡한 텍스트로 넘어가서 마지
막에는 예술적인 산문이나 운문작품으로 넘어간다. 이때부터 말의 테크
닉은 낭독의 해결과 결합된다.

학생들이 발음, 발성, 언어논리의 영역에서 기초적인 숙련을 획득하기
전에 서둘러 예술적 낭독으로 넘어가는 것은 좋지 않다. 그리하여 이미 1

학년 때부터 언어의 테크닉에 대한 시험을 예술적 낭독시험으로 변형시키는 교육자들은 옳지 않다. 이것은 교수법 과정에 있어서 자연스러운 인과성을 파괴한다는 이유뿐만이 아니라, 무대화술 수업 프로그램이 연기 전공 수업의 언어적 상호관계라는 진도보다 앞서 나가기 때문이다. 따라서 이러한 것은 학생들이 무대화술을 획득하는데 있어서 부정적인 영향을 미칠 수 있다.

학생들의 관심이 언어의 테크닉에 대한 문제로부터 예술적 낭독으로 너무 일찍 전환되지 않도록 하기 위해, 스타니슬랍스키는 1학년 때는 예술적인 문학작품을 사용하지 않을 것을 충고하였다. 그는 언어의 논리와 테크닉의 연구를 위해 신문 기사, 연설, 보고서, 비평서 등의 텍스트, 즉 시적인 형상이 없고 단지 읽고 쓰는 능력과 생각의 명확한 전달만 요구하는 텍스트를 사용하는 것이 보다 더 합목적적이라고 생각하였다. 물론 논리적인 말과 형상적인 말 사이에 명확한 경계선을 긋기는 어렵기 때문에 어떠한 특징들이 우세한 가에 대해서만 말할 수 있을 것이다.

만약 예술적 낭독이 배우교육 시스템에 있어서 올바른 자리를 차지하게 된다면, 무대화술의 획득에 있어서 중요한 도움을 줄 수 있다. 말이 행동이라는 것을 학생들이 배우게 되었을 때, 예술적 낭독의 숙련은 예술적인 영역을 풍부하게 하고 확장시킬 수 있게 될 뿐만 아니라, 그것의 예술적인 기호와 시야를 발전시킬 수 있을 것이다.

이러할 때 예술적 낭독이라는 메소드는 중요한 의미를 획득하게 된다. 그렇다면 이 메소드는 신체적 행동과 언어적 행동의 관계를 공고히 하는데 도움이 되며, 상대배우와의 살아 있는 교류를 확증해 줄 수 있을 것인가? 작가의 텍스트를 달성하기 위해 학생들은 필수적으로 교류의 유기적인 과정의 모든 단계를 지나야 한다. 크네벨이 '이러한 작업의 과정이 배우 연기교수법과 다르지 않도록 해야 한다는 요구는, 스튜디오에서 예술적인 말 강좌의 작업에 발탁된 모든 화술교육자들에게 스타니슬랍스키가 절대적으로 요구한 것이었다'라고 언급한 것은 스타니슬랍스키가 화술교육자들에게 반드시 지켜야만 하는 원칙이었음을 증명하는 것이다. 그리고 낭독을 위해 선택된 단편은 사건이나 행동에 의거하여 연구되어야 할 필요가 있으며 에튜드의 내용 속에서 이러한 사건과 행동은 수행되어야 한다.

단편에 대한 에튜드 실행 후에 학생들은 관객에게 작가의 생각을 자신들의 말로써, 그리고 자신들에게 형상화된 '비제니에'를 전달한다. 이에 대해 크네벨은 다음과 같이 언급하고 있다.

이러한 수업에서 듣는 사람의 역할은 대단히 중요하다. 지각의 과정을 수용하기는 쉬운 일이 아니지만, 우리 수업이 교류에 대한 근본적인 연습과제 속에 있고, 듣는 사람이 한 시간 후에는 말하는 사람이 될 수 있도록 하기 위한 스타니슬랍스키의 절대적인 요구는 이러한 어려움을 극복할 수 있도록 해주었다. 이제 나는 더욱 명확하게 전체 그림을 통째로 파악하지 않고서는 단편작업을 향해 결코 접근해서는 안 된다는 것을 이해하였다. 즉 나는 누구로서 내가 지금 말하고 있는지, 앞으로 말하게 될 사람이나 사건에 대해 어떻게 관계할 것인지, 또는 상대배우에게 말하면서 그로부터 무엇을 기다리고 있는지를 정확하게 알아야 한다. 그럴 경우에만 창조적 자감을 향해 접근할 수 있을 것이다. 나에게는 이 모든 것이 상대배우와의 교류 없이는 결코 달성 불가능하다는 사실이 절대적으로 명확해졌다. 작가의 말을 분석하면서 사실에 따른 검토, 사실들에 대한 평가, 비제니에의 축적, 그리고 작가의 말을 자신의 말로써 말할 수 있는 능력 등은 그러한 토양을 준비할 수 있게 만들어 준다. (크네벨 M., 『배우창조의 말』. M., 〈예술〉, 1954, 61-68쪽)

오래 전부터 낭독은 무대화술로 향하는 지름길이라고 간주되어 왔다. 그래서 본질적으로 그들 사이에는 등호(=)가 놓여졌다. 그러나 말에 대한 스타니슬랍스키의 가르침은 이러한 시각은 낡았으며 재검토할 필요성이 있음을 증명하였다.

낭독술과 무대화술은 비록 공통점이 많다고 할지라도 이 두 가지는 전적으로 다른 창조의 독자적인 형태이다. 무대화술은 예술적 낭독과 비교할 때 다른 법칙에 종속된다. 그러므로 훌륭한 배우에게서 항상 훌륭한 낭독이 나오는 것은 아니라는 사실과, 반대로 훌륭한 낭독자가 자주 평범한 배우가 된다는 사실은 결코 우연이 아니다.

A.Y. 자쿠쉬냑은 체홉의 단편소설『다락방이 있는 집』의 예술적 낭독작업에서 자신에게서 역할을 없애고, 작품을 통해 어떤 형상을 연기하지 않고, 마치 두 번째의 작가인 것처럼 이런 형상에 대해 이야기하고자 애쓰는 과제는 매우 어려웠다는 사실을 회상하고 있다.

왜 자쿠쉬냑은 역할을 없애려고 애썼을까? 왜냐하면 이러한 예술에는 다른 본질이 존재하기 때문이다. 즉 낭독자는 형상과 사건에 대해 이야기하고, 배우는 행동을 통해 형상과 사건을 구현하여 그것을 보여준다. 그리고 배우는 완료된 사건을 마치 현재에서 일어나고 있는 것처럼 재현한다. 이것은 구현이라는 삶의 창조적인 재현이다. 또한 낭독자는 사건의 목격자인데 반해, 배우는 사건의 참여자이다. 그러므로 예술적 낭독과는 달리, 무대예술에서 예술가는 창조자의 개성, 그리고 표현되어진 것에 대한 그의 태도는 직접적으로가 아니라 배우에 의해 형성된 무대의 삶을 통해, 그리고 객관화된 예술적인 형상을 통해 간접적으로 나타난다.

또한 낭독자는 항상 이야기하고 있는 대상과의 명확한 거리를 유지하고, 결코 작품의 형상과 전적으로 결합되지 않는 것에 반해, 배우의 목표

는 형상으로의 변신이다. 그래서 낭독자는 사람들에게 사건에 대해, 아리
스토텔레스의 표현에 따르면 '마치 자신과는 떨어져 있는 무엇인가에 대
해' 이야기한다.

무대화술과 예술적 낭독 사이에 등호를 부여할 수 없는 또 다른 근본
적인 차이점이 있다. 그것은 비록 낭독자가 청자로부터의 영향을 경험한
다 할지라도, 배우가 자신의 상대배우 그리고 창조의 순간에 그의 행동을
결정하는 무대적 삶의 상황에 의해 종속되는 것에 비교해 볼 때, 극히 미
미한 수준이 될 뿐이다.

또한 언어적 교류 자체에서도 중요한 차이점이 있다. 예술적 낭독의
무대에서 화자는 직접적으로 관객석을 향하며 자신의 청중들에게 직접적
으로 영향을 미친다. 그러나 배우는 보통 관객에 대해 직접적이 아니라,
무대의 대상들과의 교류를 통해 간접적인 방법으로써 영향을 미친다.

스타니슬랍스키는 무대화술을 예술적 낭독으로 슬쩍 대체하는 것에 대
해 강력하게 반대했다. 그는 화술교육자들에게 다음과 같이 말했다.

> 우리에게는 낭독자가 필요 없다. 우리는 배우를 키우고 있다. 그러므로
> 우리에게 있어서 그러한 낭독은 존재하지 않는다. 예술로서 말하는 방
> 법, 즉 말로써 행동하는 법을 배워야 한다.

이러한 문제제기는 무대화술과 배우연기 교수방법에 있어서의 단절로
인한 스타니슬랍스키의 불만에 의해 시작되었으며, 그러한 단절은 〈오페
라-드라마 스튜디오〉의 작업에서 예견되었던 것이다. 아직 언어적 교류
의 근거를 획득하지 못한 학생들은 1학년 때 예술적 낭독의 테크닉을 확
신하게 되었고, 다른 방법을 알지 못한 채 그들은 쉽사리 낭독술의 방법
들을 자기화하며 그것을 역할에 대한 작업 속으로 옮겨온다. 이럴 때 재

교육을 시키기는 매우 어려우며, 배우들은 평생 동안 형상의 창조자가 아니라 역할의 보고자로서 머무를 수밖에 없다. 그들은 연출에 의해 지시된 미장센 속에서 역할에 따른 특이한 희곡읽기로 자신을 변형시킨다. 이것은 무대적 형상의 창조자로서가 아니라 역할의 보고자가 되는 것이 훨씬 쉽기 때문이다. 그것은 잘못된 배우교육 시스템 및 무대화술을 예술적 낭독으로 살짝 대체했기 때문에 발생되는 문제점이다.

[2] 신체의 구축

인간의 정신적인 삶의 모든 다양성과 풍부함은 결국 근육의 움직임 속에서 나타난다. 근육의 움직임에서 행위와 행동이 구현되고, 그리고 호흡 및 발성기관의 근육작업은 말을 형성한다. 이것에 대해 I.M. 시체노프는 다음과 같이 진술하였다.

> 장난감을 본 아이가 웃는다. 조국에 대한 넘치는 사랑으로 인해 추방을 당한 가리발디가 미소를 짓는다. 처녀가 사랑에 대한 생각으로 전율한다. 뉴턴이 만유인력의 법칙을 발명하고 그것을 종이에 기록한다. 그 어느 곳에서도 근육의 움직임은 최종적인 요소이다. 결국 근육의 움직임을 통해 배우가 무대에서 창조한 인간 정신의 삶의 모든 복잡함들이 형상화되고 구현된다.

만약 배우의 근육이 충분히 발달되지 않고 잘 움직이지 않는다면, 그의 내적 체험의 섬세함은 관객에게까지 다다르지 못할 것이다. 더구나 신체와 정신의 불가분의 관계법칙에 따라 심리적인 지체가 근육적인 억압을 초래하는 것과 마찬가지로, 모든 근육적인 억압은 심리적인 지체를 동반한다. 긴장된 신체는 유기적인 과정을 실현하는 데 있어 장애가 된다. 행동의 표현력, 구현의 외적인 그림의 생산성과 완성이 이것에 종속된다.

그러므로 배우의 신체적 구축의 의미, 즉 그의 신체를 유연하고 리드미컬하게 하는 훈련은 매우 중요하다. 그러나 내적 체험의 학파가 배우기술의 외적인 표현력의 요소들, 특히 배우의 몸의 완성을 위한 구축 과정을 과소평가한다는 견해가 있다. 그러나 이러한 의견은 오해 또는 내적체험의 예술에 대한 선입견적 태도의 결과에 기인한 것이다. 외적인 테크닉에 대한 무시는 무대적 딜레탄티즘의 특징이지, 내적 체험의 예술에 대한 특징은 아니다. 이에 대해 스타니슬랍스키는 이렇게 확신하고 있다.

> 정신적 삶에 종속되어 있는 무대에서 배우의 신체적 삶은 우리의 예술 방향에 있어서 특히 중요하다. 우리 학파 배우는 예술의 다른 방향성을 가진 학파들보다 훨씬 더 많이 내적 체험의 과정을 형성하는 내부 기관 뿐만 아니라, 감정의 창조 작업의 결과를 올바르게 전달 해 주는, 즉 구현을 위한 배우의 외적인 형식을 달성하게 만드는 외부의 신체 기관에 대해서도 주의를 기울인다. (2권, 374쪽)

스타니슬랍스키는 항상 구현을 위한 신체기관의 발전과 완성에 커다란 관심을 보여 왔다. 그는 배우의 몸이 민감성을 가지고 모든 정신적인 변화에 응답하고, 아름다운 예술적 형식 속에 구현되기 위해 노력했다. 이러한 그의 요구는 '행동하는 규범'이라 불리는 교수법을 결정하였다.

시대마다 연극교육 프로그램에는 다양한 결합과 비율 속에서 신체적교육, 체조, 아크로바틱, 저글링, 펜싱, 발레, 춤, 율동, 리듬 등과 같은 과목들이 포함되어 있다. 여기에서는 이러한 과목들의 전문적인 측면에 대해서는 언급하지 않고, 배우기술의 과제라는 관점에서 몇 가지 근본적인 문제에 대해서 기술해 보도록 하자. 이러한 과목들은 배우교육 시스템 속에서 부차적이거나 독자적인 어떤 것이 아니라 배우기술과 불가분의 한 부분이다.

배우의 신체적 움직임 교육에 다양한 프로필의 전문가를 도입한 스타니슬랍스키는 전문가들에게 행동의 유기적인 과정의 실현을 위해 배우의 신체기관을 준비시키고 발전시켜 달라는 과제를 부여하였다. 여기서 그는 아무리 효과적이고 아름답다 하더라도 그 자체를 위한 움직임, 제스처, 포즈를 장려하려는 모든 시도를 거부하였다.

배우의 신체적인 표현력을 모색하면서 스타니슬랍스키는 동시대인인 A. 단컨의 발레예술 학파의 기술, F. 델사르트의 신체적 표현력의 시스템, 인도 요가의 신체훈련의 몇 가지 방법 등에 관심을 기울였다. 이후 스타니슬랍스키는 이러한 대상에 대한 자기 고유의 시각을 형성하게 되었다.

스타니슬랍스키는 율동교육을 통해 배우자신 속에 근육의 에너지를 느끼고, 그리고 그것을 자유자재로 사용할 수 있는 능력과 결합시켰다. 학생들과 실행한 연습과제에서 스타니슬랍스키는 어떤 위치에서 다른 위치로 이동할 때, 신체의 명확한 연속성과 점진성을 획득하고자 했다. 다음의 연습과제는 이에 해당한다.

① 필요한 물건을 잡기 위해 또는 나무에서 과일을 따기 위해 몸을 위쪽으로 뻗는다.
② 누운 자세에서 일어난다. 아니면 반대로 편안하게 눕는다.
③ 땅에 있는 또는 머리 위에 있는 무엇인가를 본다.
④ 시냇가에서 물을 뜬다.
⑤ 앉거나, 서거나, 걷는다.

⑥ 적과 싸우기 위해 구부리거나 편다.

만약 이것이 즉시 되지 않는다면, 그는 어떤 움직임의 수많은 요소들로 분절하여 매번 근육의 에너지가 어디를 향해 '흘러서 옮겨지는지'를 주시하여 따라가라고 말했다. 그리고 난 후 근육의 긴장에 대한 의식적인 통제 하에 매우 느린 템포로 움직임이 실행되었다. 이후의 관심은 그러한 움직임으로부터 행동의 정당화로 발전 되었다.

스타니슬랍스키는 끊이지 않는 선을 따라 발전하는 보다 합목적적인 행동의 구현을 '조형성'이라고 명명하였다. 그는 구체적이고 합목적적인 행동 외의 그 어떠한 것도 인정하지 않았다.

스타니슬랍스키는 배우의 신체기관 훈련은 시스템화 되어야 하고, 어쩌다 우연히 하는 것이 아니라 매일 행해져야 한다고 주장한다. 예를 들어 춤 수업이 일주일에 한 번이라면, 다른 날 이 과목에 대한 교육자의 특별한 과제가 반드시 수행되어져야 한다. 반복적이고 규칙적인 훈련을 통해서만 배우에게 필수적인 자질과 숙련이 획득되고 공고히 되는 것을 기대할 수 있기 때문이다.

체육과 스포츠

학생을 위한 필수적인 신체교육 프로그램에 의거하여, 연극학교에서는 스포츠를 포함하는 수업이 진행된다. 스포츠는 모든 종류의 직업을 가진 사람들에게 유익한 것이지만, 특히 자신을 무대에 바친 사람들에게는 매우 유익하다. 실제로 배우의 일상은 햇빛과 신선한 공기로부터 차단된 폐쇄된 공간과 항상 신경이 곤두서는 긴장되는 환경 속에서 이루어진다. 다른 직업의 사람들에게 휴식의 시간인 축제일 기간이 배우에게 있어서는 가장 긴장되는 기간이다. 그리하여 신선한 공기 속에서의 스포츠는 신경에 휴식을 주고, 배우의 전체 오르가니즘을 새롭게 강화시켜 준다. 자신의 신체 발전에 대한 경시는 노동능력뿐만 아니라 전문적인 자질의 균형, 탄력성, 활동성과 같은 조기 상실을 초래한다.

또한 스포츠는 여러 가지 면에서 무대에서의 놀이와 유사하다. 운동선수와 마찬가지로 배우도 특정 목표를 향해 매진하고, 경기의 규칙이나 희곡의 제시된 상황에 의해 제약된다. 경기에 이기기 위해서는 에너지, 의지, 집중을 총동원하는 것이 필수적이며, 거기에서 상대방과의 적극적인 상호관계의 과정이 있고, 신속한 방향설정, 변화하는 전투상황에 대한 적응, 협력정신이 생겨나는 것이다.

그렇다면 모든 스포츠는 배우에게 유용한 것인가? 이것에 대해 스타니슬랍스키는 다음과 같이 말한다.

스포츠는 신체의 근육을 균형 잡히게 하고 발전시킨다. 그리하여 역도선수, 레슬링 선수 등의 형태에 특화된 기록 수립자 등에서 볼 수 있듯이 다른 근육을 희생하여 특정한 하나의 근육의 이상비대를 초래하지 않는 모든 종류의 스포츠는 장려할 필요가 있다. 그러나 연극학교의 학생들에게는 지나칠 정도로 적은 양이 수행되고 있는 스포츠 훈련의 부족이 염려스럽다. 연극의 젊은이들에게 스포츠를 실행할 수 있는 가능성을 보장해 주고, 이것을 조직하는데 있어 모든 방법을 다하여 젊은이들을 도울 수 있어야 한다.

무대동작

배우의 신체적 조형교육은 연극교육 자체뿐만 아니라 안무, 서커스, 스포츠, 체조 등과 같이 그것과 인접한 영역에도 의존한다. 문제는 이러한 교육을 어떻게 올바르게 사용할 것인가 하는 데에 있고, 그것으로부터 무엇을 골라내고, 무엇을 도태시키고, 어떠한 방향으로 그것을 발전시킬 것인가 하는 것이다. 실제로 배우에게 전문적인 무용수, 체조선수, 곡예사, 펜싱선수가 되기를 요구하는 것이 아니라, 그로 하여금 무용의, 체조의, 곡예술의, 다른 테크닉의 방법을 이용하여 탄력적이고 조형성 있는 신체를 교육하라는 의미이다.

신체적 조형훈련의 다양한 방법들을 포함하고 있는 〈무대동작의 기본〉 코스는 이러한 과제를 해결하였다. 이 코스의 프로그램에는 근육의 이완, 신체적인 결함의 교정, 체력, 교묘함, 운동성의 개발, 복잡한 무대동작 및 미장센의 수행 등을 위한 연습과제가 포함된다.

스타니슬랍스키는 배우의 신체훈련을 위한 이러한 종합적인 코스를 전폭적으로 지지하였으며, 무대동작에 따른 첫 번째 프로그램의 창설자들인 I.S. 이바노프, E.S. 쉬쉬마레바에게 많은 실전적인 조언을 제공하였다. 이들이 만든 교과서『배우의 움직임교육』은 이 과목을 가르치는데 있어서 근간이 되었다. 〈무대동작〉 코스는 계속하여 발전하고 완성되어 갔으며, 교수 메소드에서도 많은 연극학교에서 자신들만의 방법으로 정립되었다.

무대체조

행위의 아름다움은 무엇보다도 그것의 합목적성에 의해 결정된다. 바로 여기에 무대체조의 의미가 있다. 무대체조 연습과제는 모든 근육의 균형 잡힌 발전과 주어진 행동의 수행에 있어서 훌륭하게 근육을 조절할 수 있도록 도와준다.

행동의 정확성, 역동성, 교묘함, 에너지를 만들어 내기 위한 전체적인

훈련 이외에 개인적인 결점의 교정을 위한 특별한 연습과제 또한 존재한
다. 그러나 통상적으로 시간의 부족으로 인해 이 부분에 대해 당연한 관
심을 할애하기가 어렵다. 그러나 무대동작 교육자가 아니라면 누가 배우
로 하여금 자신의 체형, 걸음걸이, 태도의 결점을 교정하는 것을 도와줄
수 있겠는가? 스타니슬랍스키는 개인적인 신체결함의 교정에 큰 의미를
두었다.

> 우리는 체조수업에 조각화를 요구한다. 자신이 창조한 형상의 균형과
> 올바르고 아름다운 비율을 찾는 조각화와 마찬가지로 체조교육자는 살
> 아 있는 신체를 가지고 이러한 것을 획득해내야만 한다. 이상적인 체격
> 이란 없다. 그것을 만들 필요가 있을 뿐이다. 이를 위해 무엇보다도 신
> 체를 꼼꼼히 눈여겨보고, 신체 부분의 비율을 알아야 한다. 결점을 알게
> 되었다면, 교정하고, 자연에 의한 미완성의 것은 끝까지 발전시키고, 자
> 연이 성공적으로 만들어 놓은 것은 보존할 필요가 있다. 예를 들어 어깨
> 가 심하게 좁고 가슴이 움푹 들어간 사람이 있다고 하자. 어깨와 가슴
> 근육을 증대시킬 필요가 있다. 반대로 어깨가 심하게 넓고 가슴이 둥글
> 게 튀어 나온 사람이 있다. 결함을 더 증대시킬 필요가 있겠는가? 그것
> 은 그대로 놓아두고, 만약 다리가 지나치게 가늘다면, 모든 관심을 다리
> 로 옮기는 것이 낫지 않겠는가? (3권, 33-34쪽)

특정 결함의 교정이 필요한 학생들과의 수업을 위해 특별한 시간을 할
애할 필요가 있다. 또한 과제의 실행에 따른 학생들의 자립적인 작업에
대해 정기적인 점검을 위한 특별한 시간도 할애할 필요가 있다.

이미 언급하였듯이, 움직임 과목의 교육자들은 창조적 순간에 무의식
적인 근육의 긴장과의 싸움에서 배우들의 훌륭한 조력사가 되어야만 한
다. 중요한 것은, 교육자들이 근육의 자기통제와 이완의 방법으로서 학생

들을 무장시키고, 스타니슬랍스키가 말한 근육의 통제를 스스로 교육할
수 있도록 도와야 한다는 것이다.

아크로바틱

〈무대동작〉 코스에는 서커스 예술의 테크닉 몇 가지 요소들과 곡예적
인 성격의 연습과제들이 포함되었다.

① 중심잡고 서있기
② 점프하기
③ 낙하하기
④ 중심잡고 지탱하기
⑤ 다양한 종류의 저글링하기
⑥ 무게중심을 가지고 균형 잡기

이것은 배우에게 어느 정도의 수준을 요구하는 것인가? 외상을 당할
수도 있다는 모험 속에서 불필요한 곡예적인 연습과제를 만드는 것은 아
닐까? 특별한 상황에 브릿지를 만들고, 저글링을 하고, 균형을 유지하는
일이 배우의 신체적인 발전 및 조형성 교육을 지나치게 어렵게 만드는 것
은 아닌가? 이러한 종류의 의심으로 인해 배우교육 프로그램을 작성할
때 특별과목 속에 곡예술의 요소를 포함시키는 것이 가끔 거부되기도 한
다.

그러나 이러한 훈련의 유용성은 〈무대동작〉 코스에 이 훈련을 추가로
포함시킨 학교의 실제교육에서 전적으로 입증되고 있다. 아크로바틱 훈
련은 용감성, 의지, 결단력, 날카롭고 급속한 리듬 속에서 적극적인 행동
의 수행 시 신체의 활동성을 교육시켜 준다. 이것은 의심, 주저, 지체, 불

필요한 경계심 등을 허용하지 않는다. 달려와서 장애물을 뛰어 넘어야 하며, 곁눈질이나 심사숙고함 없이 바로 행동을 해야만 한다. 이것은 신체의 조형성을 위해서 뿐만 아니라, 배우의 창조적인 상태를 위해서도 중요한 의미를 가진다. 이에 대해 스타니슬랍스키는 학생들에게 다음과 같이 말하였다.

> 신체적 동작과 행동을 통해 자신 속에 그러한 의지를 발전시킴으로써 여러분들은 쉽게 의지를 내면의 강렬한 순간으로 바꿀 수 있다. 거기에서 여러분은 생각하지 않고 루비콘 강을 건너 직감과 영감의 영역으로 전적이면서도 금방 빠져들 수 있는 법을 배우게 된다. (3권, 34쪽)

스타니슬랍스키는 집중, 교묘함, 동작의 균형을 요구하고, 손끝의 민감성을 위해서 저글링 훈련 또한 찬성하였다. 그는 이 연습과제를 음악, 리듬과 함께 결합하여 실행하기를 제안하였다. 예를 들어 저글링을 할 때 (막대기, 공, 의자 등을 사용), 음악의 템포 변화는 반드시 그에 상응하여 던지는 동작의 진폭의 변화를 초래한다. 이러한 경우에 동작의 성격은 음악의 성격에 종속된다.

무대격투

〈무대동작〉 코스의 프로그램에는 펜싱 및 다양한 무기들, 장검, 군도, 칼, 단도, (스페인의 접을 수 있는 긴)나이프, 막대기, 창 등을 사용하는 격투가 포함된다. 몇몇 학교에서는 펜싱과 무대격투를 독립적인 과목으로 가르치기도 한다.

특성과목으로 그것을 분리하는 것은 순전히 실용적인 문제이다. 그것은 교육자들의 프로필과 어떤 학교인가에 따라 결정된다. 그러나 무대격투를 배우교육 프로그램에 포함시키는 것의 타당함은 의심의 여지가 없다.

예전에는 싸움과 결투장면 없이도 희곡은 해결되었지만, 르네상스 시대에는 〈망토와 장검〉 극이라는 특정 장르가 형성되었을 정도이다. 또한 〈무대격투〉 수업은 배우로 하여금 무기를 사용할 수 있도록 가르쳐야 하는 실제적인 필요성 이외에 또 다른 숙련을 길러주는데, 그것은 자신의 동작을 조절할 수 있는 능력, 외부상황의 지극히 미미한 변화에 대해서도 신속히 반응할 수 있는 능력, 상대방의 행동을 정확하게 계산하고 그와 함께 지극히 예리하고 끈기 있는 무언의 대화를 이끌어 갈 수 있는 능력을 길러준다. 적과의 격투는 항상 적극적인 교류이고 지극히 작은 부정확성이 패배로 이끈다. 무대격투에서의 동작이 사전에 짜여 져서 암기된 경우라 할지라도 상대배우들 간의 살아 있는 교류는 여전히 유지되어야 하는데 왜냐하면 단 일초라도 서로간의 의존성이 멈추면 안 되기 때문이다.

내적 체험 학파의 배우는 항상 무대적 허구 속에서 행동의 진실성을 추구해야 하지만 이러한 원칙에 예외도 있다. 무대에서는 진짜 살인, 신체의 손상 위험이 있는 싸움, 위험한 추락 등은 있을 수 없다. 이것은 배우의 안전을 위한 것일 뿐만 아니라 미학적인 측면이기도 하다. 무대에서의 진짜 싸움은 반反 예술적이며, 공연이라는 미명하에 조야한 자연주의의 요소이다. 따라서 위험의 가능성을 제거하고 미학적 요구를 준수하기 위해 배우는 특정한 기술적인 방법을 획득할 필요가 있는 것이다.

무대의 싸움과 전투에서는 절대로 상대배우에 대한 어떠한 신체적 강압도 실행해서는 안 된다. 만약 상대방을 쳐서 넘어뜨리든지, 그를 떠밀든지, 때리는 것이 꼭 필요하다면 매순간 정확한 행동의 순서를 정하여 꼼꼼하게 연습되어야 한다. 그리하여 상당한 근육적 긴장을 요구하는 행동은 훨씬 더 적은 힘의 소비를 통해 실현되어질 수 있지만 싸움 자체의 논리와 힘은 보존되어야 한다. 따라서 무대격투는 테크닉에 대한 특별한 연구가 필요한 것이다.

매너

이 부분에서는 교육받은, 교양 있는 사람으로서의 행동법, 즉 자연스러운 움직임, 다양한 형태의 인사법, 사회생활에 있어서 다양한 상황에서의 동작의 원칙, 무엇인가를 공지하기 위해 무대로 나가는 것 등에 대한 연구가 포함된다. 일상에서와 마찬가지로 무대에서도 훌륭하게 행동하기 위해서 배우는 필수적으로 이러한 모든 것을 습득해야 하는데, 몇몇의 연극학교에서는 이 부분을 〈매너〉라는 이름의 독립적인 과목으로 나누어 놓기도 한다.

알려진 바와 같이, 항상 대중의 눈에 노출되어 있는 배우의 행동거지는 전염성이 매우 강하다. 그는 모방성이 강한 젊은이들에게 특히나 강한 영향을 미친다. 연극이나 영화의 유명한 배우들이 유행의 제조자가 되며 수많은 남녀 추종자들이 그들의 훌륭한 것뿐만 아니라, 나쁜 것 또한 행동방식으로서 열렬히 모방하고 있다.

스타니슬랍스키는 배우로 하여금 훌륭한 행동방식을 습득하여 사람들과의 교제에 있어서 매력적일 수 있도록 특별반을 만들 것을 제안했다. 그는 이 반을 당당한 태도, 바른 자세, 사람들의 모임 속에서 처신할 수 있는 능력 등을 뜻하는 의미로 '품위 유지'maintien u tenue라고 명명하였다. 그는 진실하고 고상한 품위의 기본은 자신의 장점을 유지한 상태에서 다른 사람의 개성을 존중하는 것이라고 말하였다. 스타니슬랍스키는 이 반을 위해 다음과 같은 연습과제를 제시하고 있다.

응접실에 들어가서 방문객들과 가볍게 인사하는 방법. 여주인을 찾아
그녀에게 다가가 인사를 나누는 방법. 노부인, 기혼녀, 미혼의 아가씨에
대한 태도, 중년 남자, 청년, 동갑에 대한 태도, 그리고 하인에 대한 태
도. 탁자에 앉는 방법, 식사예절, 의복의 착용 방법. (3권, 492쪽)

스타니슬랍스키는 문화, 의상, 춤, 펜싱의 역사에 대한 프로그램뿐만
아니라, 현대 교양인의 예의범절, 역사적, 국가적, 사회적 범주에 있는 사
람들의 예의범절을 학습하기 위해 특별한 프로그램을 만들 것을 강력하
게 제안하였다. 이 과목에 대한 자세한 내용은 차후의 〈행동의 성격〉 파
트에서 다시 자세하게 말하도록 하겠다. 왜냐하면 다양한 시대와 국가의
사람들에 대한 행동의 특성 습득은 배우가 형상으로 변신하는 데 있어서
직접적인 연관이 있기 때문이다.

무용

배우의 조형성 교육은 무대동작 수업뿐만 아니라 무용 수업에서도 실
현된다. 이것은 하나의 과목이 다른 과목을 보충하고 지원해 주는 것이
다. 물론 이들 중 각각의 과목들은 자신의 과목에 대한 목표를 해결해야
하는데, 무대동작은 근육을 발전시키고 조직하여 움직임의 교묘함, 적극
성, 합목적성, 용감성, 맹렬함, 실행의 정확성 형성에 도움을 준다. 무용
역시 제스처에 유려함, 넓이, 선율의 형성을 지향한다. 춤은 제스처를 풀
어주고, 제스처에 선線, 형태, 의도, 비행성을 부여한다. 체조의 동작은 직
선적인데 반해, 춤에서는 동작이 복잡하고 다양한 형태를 띠고 있다고 스
타니슬랍스키는 언급하고 있다(3권, 389쪽). 또한 춤은 움직임을 다듬어
주고, 움직임이 완결되어 둥글게 만들어 주며, 율동적으로 되어 음악적으
로 만들어 준다.

　　한편 스타니슬랍스키는 발레훈련이 배우에게 유용하다고 생각하여 다음과 같이 말한다.

　　팔, 다리, 척추를 곧바르게 펴주고, 그것들을 제자리에 위치시켜 주기 때문이다…… 팔이 몸통을 향해 팔꿈치가 안쪽으로 비틀려있는 경우가 허다하다. 그것을 반대방향으로 되돌려서 팔꿈치가 바깥으로 가도록 해야 한다. 다리의 자세 또한 그에 못지않게 중요하다. 만약 다리가 바르지 못하다면, 이로 인해 동작이 굼뜨고, 무겁고, 거칠게 됨으로써 전체 모습이 피해를 받는다…… 바를 잡고 하는 발레의 체조는 이러한 결점들을 탁월하게 교정해 준다…… 율동성뿐만 아니라, 신체의 표현력을 위해서도 손끝과 손가락의 훈련은 적지 않은 의미를 가지고 있다. 발레와 무용의 연습과제는 이러한 영역에서 우리에게 봉사해줄 수 있다. (3권, 35-37쪽)

　　스타니슬랍스키는 발레 테크닉에서 전체 모습이 균형 잡히게 해주는, 즉 '척추의 자세를 확립하고 강화하는 방법'을 차용할 것을 충고한다. 그러면서도 그는 고전적인 발레훈련의 장점을 인정하면서도 동시에 연극무대의 배우에게는 금기시되는 발레적 조형성의 몸짓, 제스쳐의 삽화성, 곡예적인 교묘함을 옮겨 오는 것에 대하여 우려를 표명하였다. 스타니슬랍스키의 견해에 따르면, 발레훈련의 기존 시스템은 연극배우에게는 필수적인 신체의 자연스러운 조형성을 제대로 형성하지 못하게 한다는 것이다. 물론 발레훈련은 배우에게 필요한 신체기관의 완성에 도움을 주기는 하지만, 그러나 발레예술의 미학에 의해 강요된 아름다움에 대한 조형성은 연극배우에게 있어서 행동의 자연스러움과 단순함에 모순되는 경우가 적잖이 있었다. 그리하여 스타니슬랍스키는 고전적인 발레훈련을 양쪽으로 해석될 수 있는 것이라고 하였다.

　　따라서 배우교육을 위해 적합한 것은 자연스러운 제스쳐, 무용의 표현력으로부터 도움을 받을 수 있는 그러한 발레적 훈련만이 유용하다는 것과 내적 체험의 구현을 위한 수단으로 고려해야 된다는 것을 알 수 있다.

발레뿐만 아니라 민속무용 또한 배우에게 필수적인 무용적 숙련을 습득시켜 주도록 가르쳐 준다. 상급 학년에서는 생활관습 및 의상의 역사수업과 관련하여 다양한 민족들과 시대의 춤에 대해 아는 것이 중요하다. 이것은 특히 다양한 민족, 시대적 음악이나 움직임의 이해와 아울러 그들의 역사적, 관습적 성격의 습득에도 도움이 된다. 예를 들어 만약 미뉴엣이나 카프카즈의 민속무용을 연습한다면, 연극배우에게는 스텝의 순서와 특성뿐만 아니라, 그것의 스타일 및 이러한 춤에서 발생되는 상대방과의 특별한 교류 또한 익히는 것이 중요하다. 그리고 스타니슬랍스키는 춤 자체보다 춤으로부터 시작되는 에튜드에서 이러한 교류를 발전시킬 것을 충고하였다. 예를 들어 왈츠나 마주르카에서 부인과 춤추기 위해서는 그녀에게 어떻게 다가가고 또 무슨 말을 해야 되는지, 그리고 어떻게 그녀를 춤을 추기 위해 불러낼 수 있는지 등이다.

[3] 행동의 템포와 리듬

무대예술에 있어서 템포와 리듬의 의미와 그것의 획득을 위한 실용적인 방법에 관해 말하기 전에, 다양한 의미들이 부여되어 있는 개념 자체에 대해 명확하게 할 필요가 있다. 음악의 전문용어에서 차용된 템포와 리듬은 사람의 행동의 어떠한 특성들을 표시하기 위해 실제로 이미 견고하게 자리 잡고 있다.

템포-수행되는 행위의 속도 단계이다. 천천히, 중간으로, 빨리 등으로 행위하는 것은 우리에게 다양한 에너지의 소비를 요구하지만, 항상 내적인 상태에 결정적인 영향을 미치는 것은 아니다. 경험이 부족한 연출가는 공연의 톤을 상승시키기 위해 배우들에게 좀 더 빨리 말하고 행동할 것을 강요한다. 그러나 이러한 외적이고 기계적인 신속함으로 내적인 적극성을 잉태할 수는 없다. 행동의 템포는 전혀 다른 것이다. 예를 들어 만약 '공연이 적합한 템포를 가지고 진행되고 있지 않다'라고 말하는 것은 단순히 속도에 대한 것이 아니라 행동과 배우의 내적 체험의 강도를 의미하는 것이다. 즉 행동의 템포는 무대적 사건이 실현되고 있는 내적인, 정서적인 작열과 관계한다는 의미이다. 이러할 때 리듬은 이미 실행되고 있다. 그것은 행동에 대한 어떤 측정, 그리고 시간과 공간의 조직성을 내포하고 있다. 우리가 어떤 사람에게 리드미컬하게 움직이고, 말하고, 숨쉬고, 일한다고 말할 때, 우리는 긴장과 이완, 움직임과 정지 등의 순간들이 막힘 없이 교대되고 있다는 것을 의미한다. 반대로 절름발이의 걸음걸이, 말더듬이의 갈피를 못 잡는 말의 비율 등의 비리듬성에 대해서도 말할 수 있다. 그렇지만 이러한 리듬성과 비리듬성 모두가 리듬이라는 개념 속에 포함되어 행동의 역동적인 성격 및 그것의 외적인, 내적인 그림들을 결정지어 준다.

템포와 리듬은 상호연관적이다. 그러므로 스타니슬랍스키는 그것을 하나로 결합하여 템포-리듬이라는 용어로 사용하였다. 많은 경우에 이 둘은 서로서로 직접적인 연관을 맺고 있다. 예를 들어 적극적인 리듬은 행위의 실현 과정을 촉진시키고, 반대로 리듬의 하강은 행위의 완만함을 초래한다. 그러나 이것은 항상 그런 것은 아니다. 왜냐하면 이 둘 사이에 직접적인 모순도 가능하기 때문이다. 예를 들어 체스경기에서 선수들은 엄청난 집중과 전적으로 적극적인 리듬을 자기고 있지만 지나치리만큼 느린 템포로 진행된다. 반면 할 일이 없는 체스 애호가들의 경기는 중간적인 리듬을 띠지만 신속한 템포로 진행된다. 양말을 뜨면서 한가롭게 대화를 이어가는 것도 이러한 예이다.

〈검찰관〉 1막에서 무대로 들어온 돔친스키와 봅친스키는 앞 다투어 도시에 검찰관이 나타났다고 말한다. 보통 이 에피소드는 빠른 템포로 진행된다. 그러나 메이에르홀드의 공연에서는 반대로 흥분으로 인해 이야기를 질질 끌게 되고 이것은 주위사람들을 더욱 초조하게 만든다. 연출가의 계산에 의해 이 에피소드에서 템포의 느림은 리듬의 긴장을 돕고 있다.

한편 행동의 템포와 리듬의 변화는 제시된 상황에 달려있다. 템포-리듬 연습과제의 가장 단순한 형태는 행위의 연속성은 있지만 시간적인 상황이 달라지는 경우에서다. 예를 들어 무대로 나가기 위해 배우는 어떠한 상황에서도 일련의 특정한 행동들을 수행해야 한다. 즉 분장실로 들어와 옷을 벗고, 분장하고, 가발을 쓰고, 연극의상을 입고, 무대로 나갈 준비를 해야 한다. 그러나 만약 그가 지각을 하여 무대로 나가야 되는 순간까지 몇 분 남지 않았다고 한다면 그는 이 모든 행동들을 그가 공연 시작 한 시간 전에 했을 때의 템포와 리듬으로 수행할 수는 없을 것이다. 이 경우에 완만하고 평온한 템포-리듬은 제시된 상황 속의 행동의 논리와는 반대되는 것이다.

반대로 행동의 논리가 느린 템포와 평온한 리듬을 요구하는 곳에서는 멋대로 빠르게 해서는 안 된다. 스타니슬랍스키가 익살스럽게 언급한 것처럼, '달리는 듯한 걸음으로 대관식을 거행하는 황제 부부'를 상상해서는 안 되는 것이다. 이것은 이러한 예식이 기대하고 있는 장중한 의식 대신에 완전히 어울리지 않는 우스꽝스러운 효과를 얻게 될 것이다. 그리하여 제시된 상황에 대한 올바른 이해와 그것을 토대로 형성된 역할에서의 행동 논리는 행동의 템포와 리듬에서 그가 실수하지 않도록 해 줄 것이다.

그러나 행동의 논리와 템포-리듬과의 자연스러운 연관은 무대적 창조의 환경 속에서 자주 파괴되어진다. 즉 대중 앞에 등장해야 되는 순간에 배우의 신경과민에 의해 발생하는 경우인데, 이럴 때 이것은 배우를 억제시키거나, 아니면 지나치게 풀어 놓을 수 있다. 관객들이 자신을 이해하지 못할까 염려하여 배우는 간혹 자신의 행동을 질질 끌거나 씹어서 먹이듯 상세하게 보여주기 시작한다. 반대로 관객이 지루해 할지도 모른다는 생각에 인위적으로 어조를 올리고 행동을 재빠르게 한다. 이러할 때 어떤 경우에라도 배우는 표현된 인물의 행동에 자신의 거짓된 배우적 자감을 옮겨 놓는 것이 되는 셈이다.

올바른 리듬으로부터의 이탈은 인물의 행동 논리와 희곡의 관통하는 행동을 불가피하게 왜곡시킨다. 그러므로 템포-리듬은 배우 테크닉의 가장 중요한 요소들 중의 하나이다.

음악극에서 배우의 행동에 필요한 템포와 리듬은 공연의 진행 동안 지휘자로부터 도움을 받을 수 있다. 그러나 연극에는 그러한 조력자가 없다. 지휘자의 부재를 보충할 수 있도록 하기 위해 연극배우는 자신 속에 템포와 리듬 교육과 그것의 발전을 위해 특별한 관심을 가져야 한다. 이미 우리에게 익숙한 1학년 과정의 연습과제들이 템포-리듬의 훈련을 위한 재료로 쓰일 수 있다. 예를 들어 다양한 템포와 리듬 속에서 앉고, 무대에 서고, 잃어버린 물건을 찾고, 주위의 대상들을 주시하고, 듣고, 생각하고, 회상하고, 상대배우와 교류를 맺고, 그에게 자신의 형상을 전달하고, 상상의 대상을 가지고 다양한 행동—옷 입고 벗기, 식탁 차리기, 편지 쓰기 등—하기를 스타니슬랍스키는 조언하고 있다.

다양한 템포와 리듬 속에서, 걷고, 일어나고, 돌아서고, 인사하고, 앉고, 어떤 물건을 잡고, 옷매무새를 고쳐 보아라. 여러분은 단지 다양한 템포 만으로 다양한 느낌과 인상을 만들 수 있고, 여러분 자신이 만든 리듬으 로부터 다양한 내적인 느낌들과 감정들을 얻고, 알게 될 것이다.

학생이 상상의 대상을 가지고 하는 어떤 행동, 예를 들면 '옷 입기'를 성공적으로 수행했다고 가정해 보자. 처음에 행동의 메카니즘 습득은 행 동이 습관이 되기 전에 느린 템포에서 수행할 것을 요구하고, 그리고 난 후 일상의 템포로서 옷 입기 행동을 수행할 수 있다. 그리고 시간이 충분 한 상황에서 내가 학교나 직장에 가기 위해 옷을 입는다고 가정해 보자. 이제 동일한 행동이 보다 시간이 한정된 상황에서 행해진다고 가정해 보 라. 예를 들어 내가 늦잠을 자서 수업에 늦었다고 가정해 보는 것이 그 예이다. 자주 지각하는 나는 그래서 오늘도 지각의 위험을 무릅쓰고 있 다. 수업시작까지는 몇 분 남지 않았다. 그런데 만약 한번만 더 지각한다 면 퇴학시키겠다는 경고를 이미 받은 상황이다. 한편 학생들에게 템포와 리듬의 느림을 초래하는 상황을 제시할 수도 있다. 예를 들어 나는 서둘 러서 갈 곳이 없는 휴일 날 옷을 입고 있다. 쇠약이나 과음의 상태에서 옷을 입고 있다 등이 그것이다.

유사한 형태의 연습과제를 훈련한 후, 행동의 가장 느린 것에서 가장 빠른 것까지의 도표를 만들 수 있을 것이다. 이것은 주어진 템포를 재현 해 낼 수 있는 메트로놈의 도움을 빌어 번호로 표시할 수 있다. 여기서 템포 표시를 위해 음악 용어인 길이를 나타내는 라르고, 렌토, 아다지오, 안단테, 모데라토, 알레그로, 비바, 프레스토 등을 사용할 수 있다. 그리 고 난 후 학생들에게 제시된 상황이 아니라, 메트로놈의 도움으로 교정되 어진 행동의 특정한 템포를 제시해 보자. 그러나 메트로놈의 도움으로 주어진 템포는 반드시 적합한 제시된 상황에 의해 정당화된 것이어야 한다.

연습과제의 다음 단계는 행동의 강도를 점진적으로 상승시키거나 하강시키면서 하나의 템포에서 다른 템포로 이동해 보는 것이다. 음악용어로 이것을 크레센도와 디미누엔도라고 부른다. 옷을 입는 것을 예로 든다면, 충분한 시간이 있기에 천천히 옷을 입다가 시계를 보고 늦었음을 알아차린다. 이것은 나로 하여금 서두를 수밖에 없도록 하지만, 어쨌든 늦어 버렸기 때문에 서두를 필요가 없음을 알고는 나는 다시 맨 처음의 행동의 속도로 되돌아간다.

배우에게 템포와 리듬의 느낌을 길러주기 위해 스타니슬랍스키는 2개 혹은 그 이상의 템포 - 리듬 속에서 동시에 행동할 수 있는 능력에 주의를 가졌다. 일상에서 혹은 무대에서도 3개 또는 그 이상의 리듬이 동시에 결합되는 경우가 있다. 예를 들어 피아노로 반주를 하는 가수는 하나의 리듬 속에서 노래 부르고, 오른손의 손가락으로는 다른 리듬 속에서 피아노를 치고, 왼손으로는 세 번째 리듬에 맞춰 화음을 넣고, 네 번째 리듬에 맞춰 발의 페달을 조종한다.

템포-리듬에 대한 앞의 연습과제에서와 마찬가지로, 몇 가지 리듬을 결합한 연습과제에서도 우리는 제시된 상황에서 리듬으로 옮겨갈 뿐만 아니라, 주어진 리듬에서 제시된 상황에 의한 리듬으로 옮겨가면서 행동의 정당화로 나갈 수 있다. 이 경우에 다양한 속도로 맞추어진 메트로놈을 이용할 수 있다. 첫 번째 메트로놈은 알레그로 템포로 맞춰 애인과의 만남을 앞둔 아가씨의 고양된 기분을, 두 번째 메트로놈은 느린 템포인 렌토로 맞춰 침착하고 확고한 행동으로서 부모님을 안심하게 하려는 의도를 나타낼 수 있다. 세 번째 메트로놈은 중간 템포로 맞춰 제시된 상황에서 거의 자동적으로 행해지는 작업(자수, 다림질, 청소 등)을 나타낼 수 있다.

몇 가지 템포-리듬 속에서 동시에 행동할 수 있는 능력은 표현력의 섬세한 수단으로서 배우를 무장시켜 주고, 그리고 상대배우에게 결코 드러나서는 안 되는 자신의 목표를 보존할 수 있도록 도와준다.

이와 관련하여 군중씬에서 배우들이 총체적으로 행동할 때, 그들의 리듬은 전체에 종속되어야 한다. 그러나 살아 있는 군중은 개성 없는 대중은 아니며, 오히려 사건에 대한 관계를 다양하게 표현해 주는 다양한 개성의 총체이다. 스타니슬랍스키는 이에 대해 다음과 같이 언급한다.

> 마치 전열 속의 군인이나 발레무용단의 무용가처럼 많은 사람들이 무대에서 한 가지 리듬에 맞춰 행동할 때, 어떤 템포-리듬이 형성된다. 군중 속의 전체 메카니즘 속에서 그것의 힘은 형성된다. 그러나 모든 구성원들을 위해 한 가지 템포-리듬을 사용하지는 않는다. 우리는 총체적인 템포-리듬을 형성하면서 살아 있는 실제의 삶의 뉘앙스로서 가장 다양한 형태의 속도와 크기를 혼합한다. (3권, 157-158쪽)

템포-리듬에 대한 연습과제는 1학년 2학기부터 시작하는 〈배우의 화장실〉에 포함시켜야 한다. 이것은 창조의 순간에 그들에게 필수적인 리듬에 대한 섬세한 느낌을 길러줄 수 있다. 스타니슬랍스키는 배우예술에서 이 요소를 다른 모든 것들과 구별시켜 주는 가장 중요한 항목이라고 말한 바 있는데, 그것은 템포-리듬이 배우의 창조적 자감과 직접적으로 관련이 있기 때문이다.

> 희곡이나 역할에 있어서 올바르게 포착된 템포-리듬은 직관적으로, 무의식적으로 배우의 감정을 움켜쥐고, 올바른 내적 체험을 불러올 수 있다. (3권, 186쪽)

    배우의 리듬교육을 위해 다양한 리듬적 조합의 수를 제공하는 음악으
로 부터 도움을 받는 것은 매우 적절하다. 스타니슬랍스키가 이끄는 스튜
디오에는 〈리듬〉이라는 특별한 과목이 있다. 유감스럽게도 이 과목은 현
재 대부분의 연극학교의 프로그램에서 빠져있다. 〈리듬〉과목은 템포와
리듬에 대한 느낌만 발전시키는 것이 아니라 신체의 움직임과 멜로디의
움직임을 결합함으로써 배우는 음악을 듣는 것에 익숙해지고, 신체적으
로 음악을 느끼고, 음악의 내용을 깊이 생각하게 되고 연마하게 된다. 즉
〈리듬〉 과목은 배우의 행동에 조형성을 부여해 주는 배우의 재능 중 중
요한 자질인 음악성을 길러준다. 스타니슬랍스키가 제시한 〈리듬〉 교육
의 목표는 유명한 스위스 교육자인 E. 자크-달크로즈의 리듬체조의 시스
템에서 도움을 받아, 이후에는 그것보다 더 깊게 만들어주고 있다.

    첫 번째 〈리듬〉 수업에서 스타니슬랍스키는 학생들에게 음악에 맞춰
움직이는 것뿐만 아니라 음악의 내용을 설명하고, 자신의 움직임을 정당
화할 수 있기를 요구하였다. 예를 들어 온음표에 의거한 걸음걸이에서부
터 2분 음표나 4분 음표에 의거한 걸음걸이로 전환할 때, 이러한 변화 속
에서 특정한 내적인 근거를 획득해야만 한다. 즉 나는 침착하게 거리를
산책하고 있다. 그리고 좀 더 빠른 움직임으로 전환하였다. 왜냐하면 아
는 사람을 발견하여 그를 따라잡기 위해서이다. 마침내 그의 길을 가로막
기 위해 4분 음표나 8분 음표로 전환한다. 그러나 음악은 템포뿐만 아니
라 움직임의 성격 또한 결정하며, 결국 행동의 리듬이 완성되어진다. 그
러나 음악을 움직임에 대한 명령으로만 받아들이거나 음악으로부터 박자
한 가지만 혹은 음악의 운율적인 토대만 끄집어낸다고 생각하는 협의의
관점으로 접근해서는 안 된다. 음악의 구전과 마찬가지로 자신이 시작,
전개, 절정, 종국을 가지고 있는 자신의 행동을 음악에 입혀줌으로써, 첫

번째 수업에서부터 음악의 구절을 듣는 법을 배워야 한다. 이때 행동은 진실로 음악적인 것이 될 수 있다.

음악은 생각의 발전, 감정, 행동, 행동의 점진적인 증대, 절정, 감퇴 등의 끊이지 않는 선을 느낄 수 있도록 도와준다. 배우의 외적인 테크닉의 요소들—발성, 말, 조형술, 무용 등—의 발전에 있어서 음악의 의미는 특별히 크다. 예전부터 미래의 배우는 반드시 노래, 춤, 악기연주를 할 수 있어야 한다고 했던 것은 바로 이런 이유에서다. 그래서 이러한 요구는 연극학교의 프로그램 속에 포함되었다. 스타니슬랍스키는 연극교육의 프로그램에 음악 듣기, 음악적 지식, 피아노 연주(희망에 따라), 콘서트 참석 등을 포함할 것을 추천하였는데, 이것은 템포-리듬에 대한 연습과제로서만 음악을 도입한 것이 아니라 무대행동의 다른 요소들의 발전을 위해 도입한 것이었다.

> 무대에서 행동은 반드시 음악적이어야만 한다. 행동은 끊기지 않는 선을 따라 나가야만 하고, 마치 현악기에서의 음과 같이 끌려지고, 콜로라투라 여가수의 스타카토와 같이 필요할 때 끊겨야 한다. 행동에는 레가토, 스타카토, 페르마토, 안단테, 알레그로, 피아노, 포르테 등이 있다. (1권, 347쪽)

스타니슬랍스키의 음악교육은 2가지의 음악적 에튜드로 발전하였다. 처음에는 음악과 관련이 없었으나 행동의 유기적인 과정이 형성되는 때에 비로소 음악이 도입되는 에튜드가 첫 번째 형태에 해당한다. 에튜드의 두 번째 형태는 음악적 재료의 토대로부터 형성된다. 이 경우에 음악은 행동을 설명하고 동행할 뿐만 아니라 작품의 주제와 줄거리를 암시하며 결과적으로 행동 자체가 된다.

수업은 음악작품을 듣는 것부터 시작한다. 그 다음 과제는 음악을 들었을 때, 그들에게 어떤 형상, 연상, 상황이 떠오르는지 결정하는 것이다. 그래서 소극적으로 음악을 받아들이는 것이 아니라, 음악에 의해 암시되는 사건, 행동, 상황의 중심에 음악을 놓아야 한다.

스타니슬랍스키는 배우가 음악을 행동의 언어로 옮겨낼 수 있기를 요구하고, 또한 이 행동들을 음악 속에서 구현할 수 있기를 요구하였다. 만약 배우의 연상이 그러한 종류의 '암시'에 화답하지 못한다면 그에게는 음악을 들은 후에 일련의 단순한 신체적 행동들의 수행이 요구될 것이다. 예를 들어 방으로 들어가서, 탁자로 다가가고, 앉고, 서고, 책의 페이지를 넘기는 등의 행동에 음악적 템포와 리듬을 사용하여 적용해 보는 것이다. 또 다른 과제로서의 신체적 행동은 연상에 대한 보다 더 강한 자극제로서의 음악의 사용이다.

이렇게 함으로써 우리는 희곡을 듣는 것, 음악의 주제에 대한 연상, 그리고 연상의 구현으로부터 리듬적인 에튜드-판토마임의 형성으로 들어갈 수 있다. 유사한 연습과제와 에튜드를 위한 재료의 선택에 있어서 극적인 요소가 명확하게 표현된 음악에 의지하는 것은 더욱 도움이 된다.

[4] 그룹나누기와 미장센

지금까지 우리는 학생들에게 관객석에 대해서는 생각하지 않고 상대배우와의 교류의 과정에 대해서만 언급하였다. 그러나 학생들에게 새롭고 더 어려운 과제-무대에서 올바르게 사는 것뿐만 아니라, 무대적 조건들을 고려하여 이러한 삶을 관객에게까지 가져갈 수 있는 능력-를 제시해야 할 때이다.

관객은 반드시 무대에서 일어나는 모든 것을 명확하게 보고 이해하고자 한다. 그것은 마치 배우가 역할의 삶에 전적으로 몸을 맡기지 않으면서 동시에 제 3의 입장에서 자신의 창조를 관찰하고 통제하며 관객석과의 끊임없는 관계를 맺는 것과 마찬가지이다. 그래서 관객석의 긍정적인 반응은 배우로 하여금 창조적 자감을 공고히 할 수 있도록 도와준다.

〈그룹나누기와 미장센〉은 무대적 상호관계의 유동적인 표현력이다. 무대에서 등장인물의 상호적인 배치를 그룹나누기라고 한다. 미장센은 무대의 공간에서 등장인물들의 배치뿐만 아니라 위치 바꿈 또한 의미하며, 그래서 미장센은 일정한 시간을 가지고 있거나 시간에 따라 발전하기도 한다. 그룹나누기 역시 영화의 각각의 컷과 유사한 미장센의 정적인 순간을 전제로 한다. 그러므로 미장센에 대해 말하면서, 우리는 동시에 미장센의 구성요소인 그룹나누기의 총체를 염두에 두게 되는 것이다.

리허설의 과정에서 표현력 있는 미장센은 상대배우들 간의 살아 있는 교류를 생성시키고, 무대적 사건에 대한 그들의 올바른 느낌이 무의식적으로 태어나도록 만든다. 영리한 배우는 연출가에 의해 제시된 미장센을 맹목적으로 수행하는데 결코 만족하지 않는다. 즉 작가와 연출가의 지시에 의거하여 배우자신 또한 상대배우들과의 협력 속에서 미장센을 형성한다. 심지어 연출가가 미장센을 제시한 경우에라도 배우는 기계적으로 재현하는 것이 아니라 창조적으로 그것을 이해하고, 자신의 방식으로 행하고, 자기 고유의 감정으로서 주어진 유동적인 그림을 정당화시키고 풍부하게 만들어야 한다.

또한 내적 체험의 예술에서 매번 반복되는 공연은 이전 공연의 정확한 복사본이 될 수 없다. 어떤 경우에라도 '오늘' 연기해야 하는 배우는 항상

내면뿐만 아니라, 역할의 외적인 그림, 즉 미장센 또한 새롭게 만들어야
한다. 그리하여 전체의 확립된 무대구도를 파괴하지 않으면서 배우는 세
부사항의 선택에 있어서 항상 자유로움을 느낄 수 있어야 하는데, 이에
대해 A.D. 포포프는 다음과 같이 언급하고 있다.

> 우리는 배우에 의해 구현된, 아름답게 구성된 모든 미장센에서 세부사항
> 과 전체의 일치성으로의 상호 침투성을 볼 수 있다. 만약 배우 각자가
> 연출가의 그림을 기계적으로 실행하는 (장기의) 졸이 아니라 화가라면
> 말이다.

다른 말로 하면 미장센은 연출가에 의해서 뿐만 아니라 무대에서 등장
인물을 구현하는 배우의 창조에 의해서도 결정되는 것이다. 따라서 배우
가 '졸'이 아니라, 무대공간에서 자유롭게 방향설정을 할 수 있고, '오늘'의
구현을 위해 매번 자신의 가장 좋은 위치를 찾을 수 있는 연출가의 공동
창조자가 되기 위해 배우는 미장센의 법칙을 습득해야만 하는 것이다.

이러한 미장센의 법칙은 현실성과 무대성의 요구에 의거하여 예술적인
진실의 달성을 위해서 필수적이다. 훌륭한 미장센은 눈에 보이는 표현력
뿐만 아니라, 무대적 사건의 의미를 형상적으로 구현할 수 있어야만 하며
동시에 창조를 위한 가장 좋은 조건을 만들 수 있어야 한다.

그리하여 스타니슬랍스키는 〈그룹나누기와 미장센〉을 시스템의 창조
적 요소들 중의 하나로 간주하였다. 그는 학생들에게 그들이 본 실제 공
연에서 무대에서 가장 흥미로운 그룹나누기와 미장센을 관찰하고 재현해
올 것을 제안하였다.

한편 미장센의 표현력에 있어서 또 다른 필수적인 조건은 보는 각도이
다. 즉, 관객석에서 보는 각도에 따라 미장센의 가장 유리한 배치를 의미

한다. 이러한 자질의 발전을 위해 학생들은 두 개의 그룹으로 나누어서 교대로 실행하는 것이 좋다. 즉 한 그룹은 무대에서 행동을 하고, 다른 그룹은 제 3의 입장에서 그들의 미장센과 그룹나누기를 평가하고, 동료의 작업을 교정해 주는 것이다.

일상에서 사람의 신체는 특정 환경에서 자신의 행동의 합목적성에 의해 달라진다. 그리고 사람의 신체는 고유한 개인적인 특성을 표현하고 있다. 예를 들어 앉은 사람들 중에서도 자세가 똑같은 사람은 없을 것이다. 팔을 무릎에 올리거나 의자의 등받이에 내려놓던지, 가슴에 모으고 있던지, 자연스럽게 떨어뜨리던지, 가방, 연필, 공책을 쥐고 있던지, 책상에 조용하게 올려놓던지, 턱을 괴고 있던지 등이 그것이다. 다리, 머리, 등, 몸 전체의 위치도 다를 것이다. 여기서 각각의 학생들의 집중의 정도와 그의 전체적인 신체 상태뿐만 아니라, 사람들 속에서 처신하는 타고난 또는 교육에 의해 획득된 습관, 체형의 결점을 숨기거나 체형의 장점을 드러내고자 하는 본능적인 노력 또한 드러난다.

그러나 학생들을 정작 무대로 보내면 이 모든 개인적인 특징 및 차이점은 상실된다. 그래서 삶 자체의 행동은 무대적 구경거리로 바뀌어 버리는 것이다. 신체의 위치는 보통보다 더 긴장되고 공식적인 것이 되어 버리고, 그것은 마치 단체사진이나 간부회의 탁자에서처럼 단조롭고 자연스러운 표현력이 없는 것이 되어버린다. 흡사 남에게 보이기 위해 진열된 학생들은 관객으로부터 숨거나, 또는 반대로 관객 앞에서 거드름을 피우면서 어떤 형태로든 변하기 시작한다.

만약 관객석에 앉아 있는 학생들에게 그들의 위치를 수정하고 자신의 관점에서 가장 표현력 있는 미장센을 만들어 보라고 제안한다면 의견이 분분해질 것이다. 공연에서 미장센은 배우의 효과적인 배치를 위해서가 아니라 희곡의 삶에서 특정 순간의 구현으로서 만들어진 것이다. 그러므로 미장센이 구현해야 하는 사상에 관계없는 자질은 고려 대상이 될 수 없다.

이러한 경험은 학생들로 하여금 미장센의 구성에 있어서 중요한 원칙을 분명하게 하고, 미장센의 의미를 평가하는데 도움이 된다. 그리고 난 후, 학생들에게 무대공간에서 가장 유리한 위치를 발견하도록 도와주는 기초적인 테크닉 연습과제로 넘어가는 것이 합리적이다. 이제 〈그룹나누기와 미장센〉을 위한 몇 가지 요소들을 살펴보자.

관객석과의 관계에 따른 배치

학생들은 반드시 그들의 동작, 자세, 그룹나누기 등이 무대공간에서 어떻게 배치되는가에 따라서 관객에 의해 다양하게 지각될 수 있다는 경험을 해봐야 한다.

만약 무대에서 얼굴을 각광 쪽으로 향하고 서서 앞으로 혹은 뒤로 걸음을 옮긴다면, 즉 관객석으로 다가오거나 혹은 뒤로 물러서거나 한다면 무대에서의 그러한 자리변경은 관객석에 앉아 있는 사람들에게 겨우 눈에 뜨일 정도이다. 그러나 90도로 돌아선다면, 즉 관객을 향해 옆으로 서서 똑같은 위의 행동을 실행한다면 관객에게 충분히 지각될 것이다.

또한 얼굴을 각광 쪽으로 향하고 의자에 앉아서 의자의 등받이에서 떨어져 나와 허리를 숙여 앞으로 기울인다면, 즉 바닥의 무엇인가를 눈여겨 보기 위한 이러한 동작은 관객석에까지 포착되기가 어려우며, 숙여진 신체는 축소된, 혹은 변형된 것으로 보인다. 그러나 옆면으로 보인 동일한 자세와 배우의 동작은 바로 눈에 띄고 신체의 선은 보다 더 율동적으로 보인다.

과거에는 배우에게 신체를 교차하는 것을 금지하는 무대동작의 경전이
존재하였다. 만약 연기자가 관객에게 오른쪽 옆으로 서 있었다면, 그가
상대배우와 악수를 할 경우에는 왼손을 내밀어야만 하는 것이 그 예이다.
물론 이것이 의미가 없는 것은 아니라 할지라도 현대의 사실극에서는 거
의 수용되지 않고 있다.

그렇지만 배우는 반드시 신체의 동선을 알아야 하고, 불필요한 교차에
의한 신체를 만들지 말아야 한다. 예를 들어 전구를 소켓에 끼워 넣기 위
해 관객에게 왼쪽 옆으로 돌아선 나는 왼쪽 무릎으로 의자에 앉아야 하
고, 왼쪽 팔을 뒤로 뻗어야 한다고 가정하자. 이 경우에, 나의 신체는 무
릎과 발바닥이 구부러진 다리에 의해 교차되고, 머리는 팔에 의해 가려진
다. 그러나 만약 동일한 행위를 수행하는 내가 오른쪽 무릎에 의지하여
왼쪽 다리의 발끝을 잡아 펴주고, 오른쪽 손으로 전구를 돌려 넣는다면
완전히 다른 경우가 된다. 그래서 신체는 하나의 연속적인 선을 따라 더
균형 잡혀 보이는 것이다.

또한 미장센을 위한 180도 회전은 행위를 보다 더 눈에 띄는 것으로
만들어 주며 관객들에게 배우를 다르게 보이도록 만든다. 스타니슬랍스
키는 불필요한 '급회전'과 특정 순간에 행동하고 있는 상대배우를 불필요
하게 교차하지 않도록 해야 하며, 그리고 만약 이것이 미장센에 의해 특
별하게 고려된 것이 아니라면, 관객에게 등을 보이지 않도록 무대이동과
회전에 대한 연습과제도 트레이닝에 포함시킬 것을 제안하였다.

스타니슬랍스키는 학생들에게 부인의 팔짱을 끼고 무대로 데리고 들어
와서 관객석을 향하고 있는 의자에 그녀를 앉히도록 했다. 이것은 관객에
게 등을 돌리지 않도록 하기 위해, 자신이 상대 여배우를 가리지 않도록
하기 위해, 그리고 그녀가 불필요한 회전을 하지 않기 위해, 또한 의자를

향해 뒷걸음질 하지 않기 위해 그렇게 한 것이다.

한편 무대적 그룹나누기의 원칙 중 하나는 어떤 순간에 장면을 주도하고 있는 상대배우에게 관객석과의 관계에서 가장 유리한 위치를 만들어 주는 것이다. 연출가 P.I. 루얀체프는 자신의 회상록에서 이와 관련하여 다음과 같은 예를 들고 있다.

> 스타니슬랍스키의 연출작품인 〈스페이드의 여왕〉의 공연에서, 그에게는 테크닉적인 판단에서 리자의 방의 설계를 180도로 돌려야 할 필요가 생겼다. 결과적으로 모든 미장센은 관객석으로부터 마치 거울에 반사되는 것처럼 보였다. 스타니슬랍스키의 연출적 구상이 전적으로 보존된 것처럼 보이지만, 그러나 여기서 무대적 표현력의 어떤 부분이 여지없이 상실되었다. 그것은 돌려진 미장센이 배우와 관객 모두에게 불편한 것이었다는 사실이다.

학생들 스스로 이러한 무대적 표현력의 비밀을 풀도록 내버려 두어라. 몇 명에게 각광을 따라 지나가 보고 그 다음 앞뒤로 달려보고, 멈추고, 자신의 오른쪽이나 왼쪽에 무엇인가를 주시해 보기 등을 제안해도 좋다. 1층 보통석에 앉아 있는 학생들에게도 어떤 동작, 자세, 그룹나누기가 지각하기에 더 편한지 결정해 보도록 하라. 특정 그룹나누기와 미장센의 점검 시, 조명이 있는 상태와 없는 상태에서 몇 초 동안만 무대에 있도록 한다면, 이러한 경험은 일목요연하게 볼 수 있는 능력을 획득하게 해 줄 것이다.

이것은 일상의 경험에서도 마찬가지로 확인할 수 있다. 경마장이나 경기장의 관객석에서도 관객들은 행진의 움직임, 운동선수들의 경기 또는 말의 질주를 관찰하기 위해 항상 왼쪽에서 오른쪽으로 자리를 잡는 것을 선호한다. 화랑이나 전경을 볼 때도 관객의 대다수는 시계 방향, 즉 왼쪽에서 오른쪽으로 움직인다. 길에서 마주친 사람에게는 오른쪽 방향으로 움직여 자신의 왼쪽으로 지나가도록 하는 것이 더 편하다. 또한 자신의 오른쪽보다 왼쪽에서 강단의 강사를 보고 듣는 것이 더 편하다. 어릴 때부터 왼쪽에서 오른쪽으로 읽는 것에 익숙해진 우리들은 엄청난 노력을 기울여야만 반대 방향으로 읽을 수 있다.

시각적인 지각의 이러한 타고난 혹은 획득된 특성은 세계의 대부분의 민족에게 존재하는 것이므로 무대 광경의 지각적 특성에 반영되지 않을 수 없다. 과거의 연극예술의 위대한 거장들은 이것에 관해 알고 있었든지 혹은 짐작하고 있었다. 괴테가 자신의 〈배우를 위한 원칙들〉에서 관객의 오른쪽 방향이 아니라 관객의 왼쪽 방향에서부터 보다 더 중요한 역을 배치하라고 조언한 것은 이를 증명하고 있다. 비록 그의 〈배우를 위한 원칙들〉이 현재에는 실제적인 의미를 많이 상실하고 있다 하더라도, 과거의 배우들은 무대구성의 지각적 특성을 고려하였다는 증거가 될 수 있다. 이와 관련하여 체홉은 다음과 같이 말한다.

> 무대에서의 움직임은 …… 중요한 문제이다. 배우는 오른쪽에서 왼쪽으로 혹은 반대로 걷고, 각광을 향해 다가가거나 멀어지고, 계단을 통해 아래로 내려가거나 위로 올라오고, 관객석에 옆면을 보여주거나 정면을 보여주는 것을 할 수 있어야 한다. 만약 이것을 올바르게 적용하기 시작한다면, 이 모든 것은 높은 수준의 무대 표현력을 위한 독특하고 강력한 수단이 된다. 그러나 만약 이 모든 것을 경시한다면, 동시에 모든 것은 무대적 혼돈이나 기형의 요소가 된다.

보통 무대의 미장센이나 그룹나누기의 구성에는 몇 가지의 기본적인 방법들이 있다. 즉 각광의 범위를 넘지 않는 미장센이라는 조건 하에 세로로 각광에 따라, 가로로 각광에 따라, 대각선으로, 수직으로 각광을 따라 미장센을 구성한다. 이를 위해 무대에서 배우 그룹의 이동을 요구하는 집단적인 연습과제를 이용할 수 있을 것이다. 다음과 같은 그룹 에피소드가 그것이다.

① 매점에서 신문사기
② 노점에서 사과사기
③ 산길을 따라 등산하기
④ 보초의 교대하기
⑤ 차량이나 화물선에 짐 싣기와 내리기

매점에는 센세이셔널 한 보도가 실려 있는 신문을 사기 위한 줄이 서 있다고 가정해 보자. 처음에는 관객의 위치를 고려하지 않고 수행되는 즉흥에서부터 시작하는 것이 좋다. 신문이 거의 다 팔렸다는 것이 알려지기 전까지 줄은 서서히 앞으로 나간다. 줄을 서지 않고 신문을 사려고 하는 사람들 때문에 질서가 자주 무너진다. 만약 자신이 이와 같은 거리 에피소드를 촬영하기를 원하는 영화촬영 기사라면 어떤 각도를 잡는 것이 가장 유리하겠는가? 이러한 질문을 거리의 에피소드에 참여하지 않고 옆에서 관찰하고 있는 학생들에게 던질 수도 있다. 줄이 허물어지고 신문을 사려는 사람들로 아수라장이 되어 모두가 매점에 몰려드는 에피소드의 마지막 순간에는 측면에서가 아니라, 판매자의 입장에서 촬영하는 것이 훨씬 좋다. 만약 무엇보다도 이 장면을 중요하게 생각한다면, 판매자는 관객에게 등을 돌린 채로 앉혀 놓고, 세로가 아니라 각광의 가로로 미장센을 구성하는 것이 보다 더 합목적적일 것이다.

중간적인 시각(대각선으로)을 찾을 수도 있다. 이럴 경우 줄의 전진과 신문판매대의 습격이 충분히 명확하게 지각될 수 있다. 최종적인 구성은 실현되어진 무대에서 무엇이 우리를 가장 흥미롭게 하는가, 무엇이 에피소드의 절정이 되어야 하는가, 그러므로 미장센의 구성을 위해 어떤 원근화법을 선택하는 것이 더 유리한가에 달려있다.

이러한 일련의 연습과제들을 수행하기 위해 그룹나누기와 미장센의 다양한 종류의 구성에 있어서, 각각 어떤 장점과 단점을 가지고 있는가? 라는 질문을 제기할 수 있을 것이다. 예를 들어 수직으로 구성된 미장센, 즉 무대의 깊이를 보이는 미장센은 동작의 원근법을 형성할 수 있도록 해주고, 또한 무대 깊은 곳에서 무대 전면으로 등장인물의 등장을 효과적으로 조직할 수 있게 해준다. 아울러 관객 쪽을 향한 얼굴의 위치는 배우의 얼굴 표정, 목소리, 눈의 표현 등을 지각하기에 가장 좋은 형상이다.

그러나 미장센의 수직 구성은 단점 또한 가지고 있다. 즉, 앞에 있는 사람이 항상 뒷사람을 가리게 된다. 이때 대사를 한다면 상대배우 중 한 명은 관객석에 등을 돌리든지 아니면 상대배우에게 등을 돌려야만 한다. 이러한 단점들과 부딪쳐가며 군중씬을 수직으로 구성한다면, 이러한 구성은 무대 안쪽에서의 주된 등장이 무대적 사건의 가장 중요한 핵심이 되는 예외적인 경우에서만 유리하다.

각광에 수평으로 미장센을 전개하는 방법은 자주 사용된다. 이러한 구성 시, 모든 이동과 상대배우와의 근접 및 분리 등은 관객들에게 보다 더 뚜렷하게 느껴진다. 그러나 이러한 방법들의 남용은 무대적 구성의 단조로움을 초래할 수 있다. 그리고 배우를 관객석을 향해 옆으로 세우게 되면, 관객들로 하여금 배우들의 얼굴표정, 눈의 표현을 주시할 수 있는 가능성을 박탈하게 되고, 또한 측면 무대장치 쪽으로 향하게 되는 배우들의 말과 목소리를 지각하기 어렵게 만든다. 이러한 구성의 단점들을 극복하기 위해 배우들은 본능적으로 관객 쪽으로 돌게 되어 반회전하여 상대배우에게는 측면으로 서게 된다. 이것은 결과적으로 상호관계의 자연스러운 과정이 파괴되는 것이다.

그리하여 미장센 대각선의 구성 방법은 앞의 두 방법을 결합한 것인데, 이것은 앞서 살펴보았던 미장센의 방법들의 단점을 현저하게 극복할 수 있도록 도와준다. 대각선 구성은 각광의 세로로 설계를 전개할 수 있게 해주는 동시에 원근을 유지할 수 있게 해준다. 따라서 각광과의 관계에서 대각선의 위치에 서 있는 배우는 관객석에서 잘 보이고 잘 들린다.

한편 무대장치와 이동의 직선적인 특징을 파괴하기 위해 굽은 선을 따라 둥글게 혹은 나선형으로 미장센을 만드는 일이 적지 않다. 굽은 선을 따라 이동하면서 배우는 교대로 여러 방향에서 보이게 되며, 상대배우와의 교류 시에 신체와 동작의 원근화법에 용이한 변화를 줄 수 있다. 이러한 구성은 보통 무대장치와의 적절한 배치로 목표를 달성하게 된다. 그러나 효과적인 무대장치의 도움 없이도 배우는 굽은 선을 따라 미장센을 구성하여 뚜렷한 표현력을 획득하기도 한다.

이처럼 무대적 테크닉의 사용과 더불어 건축 및 소도구와의 적용은 미장센의 구성에 있어서 미적 가능성을 매우 폭넓게 만들어 준다. 다양한 종류의 바$_{bar}$, 계단, 가구, 기복이 있는 마루, 그리고 다른 무대장치들은 그룹나누기와 미장센의 구성적인 다양성을 위한 가장 좋은 조건을 만들어준다. 그리고 장식적인 구성은 입체적으로 이용할 수 있고 미장센의 다른 방법들과 결합하도록 해준다. 이것은 무대예술을 매우 다양화하고 풍요롭게 만들어 준다.

한편 르네상스적인 무대(상자무대)를 파괴하고 서커스 무대 또는 고대

원형극장의 원칙에 따라 관객들을 무대 주위에 배치하려는 다양한 시도가 행해졌고 지금도 행해지고 있다. 이러한 구성은 미장센의 새로운 방법을 요구하여 공연의 공간적인 조건을 형성하게 한다. 원형무대에서는 어떤 경우에 배우를 관객 쪽으로 접근시켜 무대에서 일어나는 행위를 가장 잘 받아들일 수 있도록 도와준다. 그러나 원형무대는 무대의 광경을 지각하는 데 있어서 동등하지 않는 조건, 즉 어떤 관객들이 배우를 정면으로 보는 대신 다른 관객들은 그의 뒷모습을 보아야만 하는 단점이 있다.

학생들로 하여금 구성과 미장센을 위한 표현력의 측면에서 다양한 연극적 장면을 연구하도록 하라. 그래서 그들이 수행하는 에튜드와 단편(장면연극)을 위해 가장 합목적적인 구성적 결정을 찾는 법을 배울 수 있도록 해 보라. 그러나 중요한 것은 스타니슬랍스키가 조언한 것처럼, 삶의 형태가 자연스럽게 미장센으로 향하도록 할 필요가 있다는 것이다.

이처럼 다양한 연극적 경험은 성공적으로 사용할 수 있는 수많은 그룹 나누기와 미장센의 구성 방법들을 축적하였다. 체스구성 방법, 주어진 거리의 보존, 부서지거나 교차된 선의 형성, 행동의 다양한 반경의 형성, 미장센 발전의 연속성과 점진성 등이 그것에 해당한다.

체스구성 방법

배우는 관객석으로부터 가능한 원근화법에 의한 위치를 찾아야 한다.

그룹 미장센의 원칙 중 하나는 상대배우들의 뒤에 위치한 배우는 반드시 그들 사이의 중간지점에 자리를 잡아야 한다는 것이다. 이러한 원칙에 의거하여 만약 배우들을 무대의 깊이에 따라 열을 지어 세워 놓는다면, 이들은 체스 대형으로 배치되어야 한다. 이러한 배치 순서는 군중씬의 참여자 각각에게 자신이 관객에게 보일 수 있는 자리를 찾을 수 있는 가능성을 부여할 뿐만 아니라, 비교적 적은 수의 연기자들로 큰 무리가 있는 듯한 착각을 불러일으킬 수 있다는 장점을 가지고 있다. 그러므로 공연에서 미장센의 구성적인 원칙에 의해 첫 번째로 자리를 잡아야 하는 사람은 무대 앞에 서 있는 사람이 아니라 무대 깊숙한 곳, 즉 후면에 위치한 사람이다.

학생들에게 이와 같은 그룹나누기의 방법을 습득할 수 있도록 도와주는 일련의 연습과제들을 제안해 보자. 예를 들어 초대된 파티에서 손님들의 도착을 연기해 보라는 과제를 제시해 보라. 이를 위해 연습과제에 참여하는 각자는 무대로 등장하여 집의 바깥주인과 안주인을 봐야 하고 그들에게 다가가 인사하고 참석한 손님들과도 인사를 나눠야 할 필요가 있다.

이러한 행위를 수행하면서 학생들은 체스의 배치 원칙에 의거하여 위치를 찾아야만 한다. 만약 행위 과정에서 그가 부득이하게 누군가를 잠시 동안 가려야만 한다면, 그 상대배우는 반드시 자신을 위해 새로운 위치를 찾아야만 하고, 깨어진 체스 대형을 복구시켜야 한다. 이것은 기계적으로 이동하는 것이 아니라, 모든 경우에 있어서 적합한 정당성을 찾아 자리를 이동해야 함을 의미하는 것이다.

거리 보존의 방법

미장센의 과정에서 많은 수의 배우들을 작은 무대에 배치시켜야 하거나 반대로 소수의 배우들로 큰 무대를 채워야 하는 경우가 적지 않게 발생한다. 그런 경우에 군중씬의 참여자들 사이에 연출가가 제안한 일정한 거리에 의해 조정된 그룹나누기의 특정 밀도가 정해진다. 예를 들어 그룹나누기의 밀착된 배치 시, 배우는 반드시 상대배우의 어깨를 느낄 수 있

어야 하며, 덜 밀착된 배치에서는 팔꿈치를 편만큼, 보다 드문드문한 배
치에서는 팔을 편만큼의 거리를 준수하고, 매우 넓은 배치에서는 상대배
우와 함께 팔을 펼 수 있을 만큼의 거리를 유지해야 한다.

앞에서 제시한 체스 대형을 준수하면서 한 그룹의 배치에서 다른 배치
로 신속히 이동할 수 있도록 학생들을 훈련시킬 필요가 있다. 주어진 거
리는 정적인 그룹나누기에서 뿐만 아니라 움직임 속에서도 반드시 유지
되어야 한다. 이것은 마치 축구팀의 선수들이 경기 중에도 상호간의 지정
된 배치 순서를 유지하려고 애쓰는 것과 유사하다.

삶에서처럼 무대에서도 우리는 결합된 그룹나누기, 즉 하나의 미장센
속에 밀접한 배치와 널찍한 배치가 결합되어 있는 것을 만나게 된다. 다
시 연습과제 〈초대된 파티〉로 되돌아가 보자. 삶 스스로가 자연스러운
손님의 배치를 만들어 준다. 참석자들의 큰 그룹은 불가피하게 두 명, 세
명, 혹은 그 이상의 사람들로 이루어진 작은 그룹으로 나누어진다. 이 경
우에, 무대에서 체스 대형은 작은 그룹 내부에서와 마찬가지로 작은 그룹
들 간의 배치에서도 준수되어야 한다. 이때 차이점은 단지 그룹 내부에서
는 보다 더 밀착될 것이고, 그룹들 간에는 보다 넓은 거리가 발생한다는
점뿐이다.

계단형 선의 방법

관객의 눈에 익숙한 두 가지 구성으로 정면의 직선형 배치 또는 반원
형의 배치가 있다. 이러한 두 가지 경우에 관객석에서 군중이 보이도록
만들기 위해 직선이 아니라, 계단형의 선을 따라 군중을 배열하는 것이
합목적적이다. 이것은 무대적 구성을 다양화하고, 그것을 보다 더 자연스
럽고 정당화된 것으로 만들 수 있는 가능성을 부여해 준다. 또한 연출의

구상에 따라 배우들이 하나의 대열로 잡아 펴진 경우에도 서로가 서로를 향해 몸을 조금 돌림으로써 그들 사이의 거리를 축소하거나 늘릴 수 있는데, 이것은 직선을 부수고 미장센을 더욱 표현력 있게 만드는 것이다.

미장센의 구성의 수평적인 밀도뿐만 아니라 수직적인 밀도 속에서도 계단형 선을 지향해야 한다. 즉, 머리선이 같은 높이로 위치하여 단조로운 수평적 그림을 형성하는 것은 좋지 않은 것이다.

모든 살아 있는 그룹은 자신의 자연스러운 상승, 하강, 절정을 가지고 있다. 그러한 자연스러운 다양한 그림들이 연극 속에도 존재해야만 하는데, 훌륭하게 고안된 부피가 큰 건축적인 형태의 그림은 조각적인 부조감 및 도해적인 표현력을 부여해준다. 그러나 학생들이 그룹의 계단형 구성 원칙을 보다 잘 터득하기 위해서 처음에는 가구나 무대장치가 없는 연습 과제를 제시해 보자. 예를 들어 잔디밭에서의 소풍, 야영 모닥불, 들판에서의 작업, 해변에서의 휴식 등과 같이 평평한 마루에서 미장센을 구성하도록 제안하는 것이 좋다. 그러한 상황에서는 누군가는 서고, 누군가는 무릎을 꿇고 있고, 또 다른 누군가는 앉거나, 누울 수 있다. 이러한 연습 과제에서 학생들 각자는 스스로 특정한 무대적 그룹나누기를 만들고 연출가의 역할로서 계단형 선을 만들 것이다.

교차된 선의 방법

사람의 신체와 동작의 선을 교차하는 방법은 미장센과 그룹나누기의 외적 표현력을 달성하기 위한 가장 실제적인 방법 중 하나이다. 군중씬의 가장 단조롭고, 통계적이고, 빈약한 구성은 규칙에 따라 독립적으로 서 있는 수직적인 신체의 배치이다. 스타니슬랍스키에게 있어서 위와 유사한 그룹나누기는 담의 울타리나 막대기와 다름없다. 그 속에는 내적인 움직임이 없고 삶도 없다. 이것은 '차렷'이라는 구령 아래 움직이지 않는 군인의 형상을 상기시켜 준다.

만약 무대에서 논쟁이 발생한다면, 아마추어 배우들은 희극적이거나 극적인 효과를 위해 큰 몸짓이나 손짓과 함께 무대 위를 뛰어다니기 시작한다. 그러나 배우의 동작과 제스처가 논쟁과 함께 점차적으로 커져가는 과정을 관찰하는 것이 훨씬 더 흥미롭다.

미장센의 점진적인 발전의 테크닉을 습득하기 위해 스타니슬랍스키는 자신의 행위에 대한 다양한 반경을 결정하라고 조언하고 있다. 가장 작은 반경에 해당하는 것은 얼굴의 표정, 즉 눈이나 얼굴 근육의 움직임이다. 머리의 움직임은 그 다음 반경에 해당하며, 그 다음 손가락이나 손끝의 움직임을, 그리고 손에서 팔꿈치로, 마지막으로 팔 전체의 움직임이 해당된다. 다음으로는 몸통의 상위부분, 즉 어깨, 등이 포함되고 그 다음 몸 전체가 해당된다.

그러나 스타니슬랍스키가 표현한 것처럼, '마루에 붙어 있는 구두밑창'처럼 제자리에서만 해서는 안 된다. 움직임의 가장 넓은 반경은 무대를 따라 움직이는 배우의 이동이다. 학생들에게 움직임의 반경이 증대하고 감소하는 것을 정당화 해주는 연습과제를 제안해 보자. 예를 들어 정원에서 잼과 차를 마시고 있는 사람에게 벌이 달라붙었다고 가정해 보자. 벌이 그의 머리 주위를 맴돌고 있다. 처음에는 얼굴의 근육 움직임으로써 벌을 쫓아내고, 그 다음으로 눈으로만—이것은 가장 작은 동작의 반경이다—벌을 뒤쫓으며 움직이지 않고 서 있을 수 있을 것이다. 그 다음 그는 머리의 움직임으로 벌을 쫓는다. 그 다음은 손가락이나 손끝 등으로 쫓을 수 있다. 이와 같이 점차적으로 동작의 반경을 증대시킴으로써, 동작이 최대한 작열하는 순간까지 미장센을 가져갈 수 있을 것이다. 그리고 마침내 벌이 뒤따라오고 있는 사람은 벌을 피해 무대전체를 뛰어다니거나 몸을 뒤척일 수 있다.

군중씬의 형성에 있어서 동작의 반경에 따라 미장센을 구성하는 방법은 특히나 유용하다. 무대에서 군중은 개성의 다양성 속에서 행위의 공통성에 따라 결합되어진다. 군중은 무대에서 주 등장인물로서 발생하는 사건의 발전에 참여하거나, 부가적인 역할을 수행하면서 갈등을 증대시키고 첨예화시키는 공명자로서의 역할을 한다.

어떠한 경우에라도 군중의 행위는 과제의 수행을 향해 나아가고 합당한 형태로 조직되어야 한다. 반경에 따른 행위의 조직은 군중의 행위의 상승 및 하강과 함께 발전하고, 역동적인 그림의 형성을 위한 효과적인 방법 중 하나가 된다. 스타니슬랍스키는 자신의 공연에서 이러한 방법을 자주 사용하였다. 오페라 〈예브게니 오네긴〉 중 라린스키의 무도회의 마지막 장면, 즉 전면에서 카드릴(고대 무용의 일종)을 추고 있는 동안 렌스키와 오네긴 사이에는 싸움이 일어난다. 그것을 눈치 챈 손님들은 춤추기를 멈추고 그들의 대화를 듣기 위해 자리에 멈춰 선다. 싸움이 커져 갈수록 그들은 자신들의 행위의 반경을 점차적으로 넓혀가기 시작한다. 처음에는 서로 마주보고, 오른쪽, 왼쪽으로 고개를 돌리고, 그 다음은 조금 떨어져 서 있는 사람들의 관심을 끌고, 일어나고 있는 일에 대한 자신의 태도를 표현하기 위해 팔을 사용하기 시작한다.

싸움이 절정에 이르렀을 때, 손님들의 불안도 점점 더 커져간다. 그들은 서로에게 싸움에 적극적으로 개입할 것을 촉구하기 시작하며, 마침내 그들에게 싸움에 대한 해명을 요구한다. 동작에는 온 몸이 포함된다. 정지와 페이딩(잠시 멈춤) 사이를 오가는 짧고 단속적인 이동을 교대로 하며, 손님들은 계단을 통해 무대전면으로 내려가서 렌스키와 오네긴을 둘

러싼다. 렌스키가 퇴장할 때 올가의 기절과 관련된 미장센의 마지막 순간은 군중씬 참가자들의 열성적이고 폭넓은 이동 속에서 구성되는데, 첫 번째 그룹은 올가를 도우려고 애쓰고, 두 번째 그룹은 렌스키를 제지하려고 애쓰고, 세 번째 그룹은 안주인을 제정신으로 돌아오게 하려고 애쓴다.

군중씬의 구성에서 삶의 표현력을 달성하는 것은 물이 갈라지는 혹은 흔들리는 파도의 원칙에 의거하여 군중을 점차적으로 행위로 끌어들이는 방법으로써 가능하다. 이러한 경우에 행위의 반경은 전체 군중을 동시에 참가시키는 것이 아니라, 군중을 따라 파상형으로 통과하게 된다. 즉 어떤 특정의 중심에서 발생된 움직임은 한 그룹에서 다른 그룹으로 깊이, 넓게 퍼져 나간다. 예를 들어 무도회에서 차츠키가 미쳤다는 소문은 한 사람으로부터 다른 사람으로 전달되어 점차적으로 손님 모두를 사로잡는다. 이러한 행위의 그룹나누기는 또 다른 재편성을 초래한다.

하나의 그룹에서 다른 그룹으로 행위의 파상적인 전달은 군중씬의 모든 참가자들을 위한 공동의 발전 형태를 다양한 순간으로 보여주는 것과 결합되는 경우도 가능하다. 유명한 프랑스 화가 와토의 그림 〈세터 섬으로의 출항〉에서 이러한 미장센 구성의 예를 찾아볼 수 있다. 그림에는 사랑의 섬으로 여행을 떠나려는 사랑하는 연인들이 묘사되어 있다. 그림 전면에는 앉아있는 젊은 여자와 함께 세터 섬으로 떠나자고 그녀를 설득하며 무릎을 꿇은 기사를 볼 수 있다. 다른 여자는 이미 이 제안에 동의를 하고 있고, 그녀는 자신이 일어날 수 있도록 자신의 애인에게 손을 내밀고 있다. 세 번째 여자는 이미 일어나서 자신의 허리를 안고 있는 애인에게 따라 갈 준비가 되어 있다. 그녀는 마치 그녀의 뒤를 뒤따르라고 하듯이 뒤에 남아있는 친구들을 뒤돌아본다. 그리고 이미 껴안고 배로 걸어가며 즐겁게 웃는 쌍들도 보인다. 그림의 이러한 구성은 점차적으로 발전해

나가는 행위라는 인상을 심어준다. 행위의 다양한 단계들은 화가에 의해 작은 반경에서 시작하여 큰 반경으로 나아가는 각각의 연인들의 자세에서 분명히 표현되고 있다.

이처럼 군중의 행동이 역동적인 증대 효과를 나타내는 것은 행위의 다양한 반경과 목소리의 다양한 울림(속삭임에서 억제된 말소리, 억제된 말소리에서 큰소리의 담화, 큰소리의 담화에서 비명, 그리고 통곡)이 결합됨으로써 달성된다.

구성적인 중심의 형성

무대적 사실주의 예술에서 작품의 사상을 드러내 주는 표현력은 중요하다. 미장센은 가장 정확한 일관된 행동, 선명한 표현력 있는 구현이 될 때에만 목표를 달성할 수 있다. 〈로미오와 줄리엣〉 군중씬에서 캐플릿가의 무도회를 예로 들어 보자. 캐플릿 가의 무도회에서 우리는 르네상스시대 생활양식의 폭넓은 그림을 만나 볼 수 있을 것이다. 즉 손님들의 만남, 그들 간의 교류, 재미있는 구애의 판토마임 장면을 만들 수도 있고, 그 시대의 춤, 에티켓, 음주나 과식의 장면을 만들 수 있다. 올바른 역사적 환경은 등장인물의 심리와 성격을 정확하게 드러내고, 그 시대의 삶의 관습, 분위기를 이해할 수 있도록 도와준다. 그러나 이러한 세태적인 세부사항은 결코 핵심을 가려서는 안 된다. 그것은 로미오와 줄리엣의 첫 만남의 의미와 특성을 확연하게 부각시키기 위해 불러온 배경일 뿐이다. 따라서 장면의 구성적인 중심은 비극의 주인공들의 만남이 되어야 한다는 것이다. 나머지 모든 것은 이러한 사건에 종속되는 것이다.

관객석의 관심이 집중되어야만 하는 가장 중요한 것은 조명으로 정확하게 비출 수 있을 것이며, 이것은 관객의 관심이 수많은 대상들에게 분

산될 수 있는 군중씬에서 특별한 의미를 가진다. 미장센의 구성적인 중심
의 형성은 연출가에게 뿐만 아니라, 군중씬의 참가자 개개인에게도 달려
있다. 만약 군중씬의 연기자들이 이러한 중심을 느끼지 못하고 그 중심에
자신의 행동을 복종시키지 않는다면, 관객석의 관심은 자신에게로 향하
기 시작할 것이며, 이로 인해 관객은 갈피를 못 잡고 일어나고 있는 사건
의 끈을 쉽게 놓쳐버릴 수도 있다.

그리하여 관객의 관심을 특정한 무대의 대상에 집중시킬 수 있도록 해
주는 방법들이 있다. 예를 들어 군중씬에서 한 사람의 움직임을 분리시키
거나 강조할 필요가 있다면, 군중씬의 다른 모든 참가자들은 움직임 없이
굳어버리도록 만드는 것이 필수적이다. 혹은 반대로, 등장인물들 중 한
명의 부동성을 강조하기 위해서 나머지 사람들을 움직이도록 만들면 된
다. 극장의 공간 속에서 배우의 움직임, 얼굴표정, 제스처, 눈의 표현, 또
는 어떤 대상을 눈에 띄도록 만들기 위해서는 군중씬의 참가자 각자가 이
대상을 느끼고 관객의 관심이 그것으로 돌려질 수 있도록 해야 한다. 이
외에도 배우는 매 순간마다 무엇이 그것의 중요한 표현수단(말, 억양, 눈,
얼굴표정, 제스처, 몸의 움직임)이 되는지를 정확히 느낄 수 있어야 하는
데, 예를 들어 천 명의 관객으로 하여금 눈의 표현에 관심을 집중하도록
만들기 위해서 배우는 관객석의 관심을 자기 쪽으로 돌릴 수 있는 나머지
의 모든 표현 수단들을 순간적으로 버려야 한다.

뛰어난 화가나 조각가는 구성의 예술을 완벽하게 획득하고 있어서 스
타니슬랍스키가 젊은 배우나 연출가의 교육프로그램에 미술의 형상을 연
구에 포함시킬 것을 조언한 것은 이에 적합한 경우이다.

배우교육의 프로그램에 대한 자신의 메모에서 스타니슬랍스키는 〈그
림과 조각의 소생시키기〉에 대한 연습과제를 교과과정에 필수적으로 포

함시켜야 한다고 지시하였다. 학생들에게 그림 속의 표현된 사람들의 자세를 받아들이고, 그러한 자세를 합당화시켜 주는 정당한 행동을 찾도록 제안했다. 학생들은 그림 속에서 보이는 인물들의 선행하는 삶을 구성하고, 그 다음에는 그림의 구성적인 구조로 발전하게 되는 에튜드를 만들었다. 예를 들어 레핀의 유명한 그림 〈기다리지 않았다〉를 선택해 보자. 유형간 아버지와의 예상치 못했던 만남 이후의 가족의 삶을 재현하는 것은 그리 어렵지 않을 것이다.

군중씬을 표현한 위대한 화가들의 그림에는 위에서 언급한 표현력 있는 구성의 모든 법칙들에 대한 확신과 설득력 있는 도해를 찾아볼 수 있다. 예를 들어, 레오나르도 다빈치의 저명한 그림 〈최후의 만찬〉에는 그리스도가 제자들에게 그들 중 한명이 배신자가 될 것이라고 말하는 순간이 묘사되어 있다. 화가는 스승의 말에 대하여 제자들의 격렬한 반응을 재현하고 있다. 우리는 이 그림에서 몇몇의 제자들이 그리스도에게 해명과 증거를 강력하게 요구하고, 다른 제자들은 첫 번째 그룹의 제자들의 의견을 지지하면서 그들을 진정시키려 하고, 세 번째 제자들은 의혹과 항의를 표현하고 있으며, 네 번째 제자들은 그들을 설득하며 스승에 대한 불신을 비난하고 있는 것을 볼 수 있다.

화가는 이러한 극적인 사건을 묘사하기 위해 어떠한 방법을 사용하였는가? 12명의 제자는 각각 3명씩 4그룹으로 나뉘어져서, 구성의 중간에 위치한 그리스도의 형상을 고립시키고 있다. 그룹의 구성적인 구조에는 교차되는 선, 계단적인 구성, 행위의 다양한 반경의 결합 방법 등이 전적으로 사용되었다.

1학년과 2학년의 수업에서 〈그룹나누기와 미장센〉의 방법을 공부하는 것은 군중 에튜드를 만드는 것으로 확고히 되어야 한다. 군중씬의 준비가

학교에서의 작업, 즉 무대적 〈그룹나누기와 미장센〉의 법칙을 습득하기
위한 동기로서 고려된다면 매우 유용할 것이다.

[5] 행동의 성격

수공업적인 형태의 구식 연극과 분투한 스타니슬랍스키는 성격에 대한
질문에 대해 자신의 의견을 명확하게 이야기하고 있다.

> 일체의 예외 없이 모든 배우들은 반드시 변신해야 하고 성격을 가져야
> 한다. 성격을 소유하지 않은 역할이란 존재하지 않는다. (3권, 224쪽)

무대예술에서 성격이란 표현되는 인물의 외적인 특성만이 아니라, 무
엇보다도 배우에 의해 실현되는 행동의 특정 자질 속에 나타나는 그의 내
면적, 정신적 성품이다.

우리는 유기적인 행동, 즉 삶에서와 마찬가지로 자연의 법칙에 따라
무대에서 수행된 지각, 평가, 영향의 살아 있는 과정만을 행동이라고 부
르기로 약속하였다. 그러나 배우의 행동에 있어서 창조의 핵심은 유기성
에 의한 행동만 있는 것은 아니다. 만약 행동에 따르는 인물 고유의 개인
적인 특성이 없다면, 이와 같은 유기성은 아직 예술이 아니라 예술을 향
한 접근에 불과한 것이다. 그러므로 연극학교의 학생들에게 그들을 변신
의 단계에까지 이끌어 주지 않고 무대에서 오로지 자기 자신으로만 존재
하라고 가르치는 것은 좋지 않다. 이에 대해 스타니슬랍스키는 다음과 같
이 언급하였다.

…… 이와 같은 배우들에게는 성격도, 변신도 필요 없다. 왜냐하면 이런
인물들은 모든 역할을 자신에게 맞추기 때문이다…… 그러나 자신으로
부터 역할과 유사한 감정을 선택하거나 자신 속에서만 찾는 것과 역할
을 자신에게 맞게 위조하고, 역할을 위해 자신을 바꾸는 것 사이에는 큰
차이가 있다. (3권, 214, 470쪽)

행동의 특별한 성격

특정 인물이나 인물의 특징적인 그룹을 우리는 성격이라 부른다. 분장,
가발, 수염, 의상 두께를 늘이는 것, 그리고 소품 등을 활용하여 변신하는
것은 배우에 의해 구현되는 인물의 형상에 대한 근접성을 강조하고 보충
하는 기능만 할 뿐이다. 그러므로 이것은 부차적인 표현력의 수단이다.
이것들의 도움을 받지 않고도 인물의 형상을 만들 수 있어야 한다. 성공
적으로 찾아낸 분장, 의상, 자세 덕택에 어떤 단역 배우에게는 특징적인
외모가 부가되었다. 그러나 이것은 배우의 창조가 아니라 분장사나 의상
의 업적이라고 할 수 있다.

역할의 내적인 본질에 대한 이해로부터 인물의 성격이 무의식적으로
만들어질 경우에는 어떠한 의식적인 노력도 요구되지 않으며, 단지 직감
을 믿기만 하면 된다. 그러나 인물의 성격에 대한 느낌이 저절로 생겨나
지 않는다면, 배우는 인물의 형상을 위해 삶을 연구하고, 인물의 행동을
위하여 개인적인 특성을 습득하고 방법을 찾을 필요가 있다.

스타니슬랍스키가 간혹 강조한 것처럼, 단순한 외적인 트릭이 인물의
성격을 찾는 데 도움을 주기도 한다. 그러나 여기에서 자기 자신을 잃지
않는다는 것은 무슨 의미인가? 정말로 자신의 외모와 내면의 변형이나
개혁, 간혹 알아보지 못할 정도로 변신하여 배우에게 특별한 만족함을 주
는가? 그러나 분명한 것은, 배우는 항상 자기 자신으로서 행동을 해야지

삼자로서 행동해서는 안 되며, 합리적으로 자기 자신을 변형시켜야지 누군가를 묘사해서는 안 되는 것이다. 그렇게 할 때 우리의 예술 방향 속에서 살아 있는 성격을 형성할 수 있기 때문이다.

만약 내가 제 삼자의 입장에서 특징적인 제스처, 억양, 행동양식 등을 흉내 낸다면, 이러한 제스처, 억양, 양식 등은 단순한 모방이 될 뿐이다. 그리하여 나의 목표는 자신을 거쳐 이것들을 차용하고, 모방한 특성의 본질을 이해하고, 그것을 자신의 것으로 만드는 것이다. 이를 위해 자신에게 다음과 같은 질문을 제기할 필요가 있다. 만약 내가 늙은이라면, 병자라면, 게으름뱅이라면, 겁쟁이라면, 이해가 느리다면, 발음이 분명치 않다면, 혀가 짧다면, 눈이 잘 보이지 않는다면, 내가 사람이 아니라 늑대나, 수 새끼양이라면 나는 어떻게 행동할까?

우리는 이미 익숙한 〈만약 나라면〉의 도움을 빌어 내적인 그리고 외적인 행동을 모색할 수 있을 것이다. 예를 들어 만약 내가 버릇없는 응석받이로 자라서 부족함을 모르거나 어려움을 극복하는데 익숙하지 못하다면, 나는 어떤 삶의 상황에서 어떻게 행동하게 될까? 나의 행동은 이러한 상황에 종속하게 된다. 또 하나의 예로, 어떤 여자를 사랑하는 청년이 결혼하고 싶어 하지만 그녀의 부모님들이 반대한다고 가정하자. 그러자 그는 그녀를 몰래 불러내어 부모님의 집을 떠나 자신의 아내가 되어 달라고 설득한다. 그는 그녀에게 적극적으로 영향을 미치고, 설득하고, 증명하고, 그녀의 의심과 동요를 풀어주고, 그녀에게 최대한도로 집중하고, 친절해야 할 필요가 있을 것이다. 결국 이러한 모든 상황을 이해할 필요가 있다고 강조하는 것이다.

자신에 대한 작업을 하는 시기에는 배우로 하여금 행동하게 만드는 제시된 상황에 의거하여 성격을 창조하는 방법을 연구하는 것이 중요하다.

다양한 제시된 상황은 타고난, 연령에 맞는, 민족적인, 역사-관습적인, 사회적인, 직업적인, 개인적인 성격의 형성을 돕는다. 이들 중 몇몇의 경우를 살펴보자.

선천적 성격

사람의 성격은 삶의 외적인 상황과 양육의 영향에서만 아니라, 유전적으로 타고난 자질에서도 형성된다. 무대적 인물의 형상을 만들 때, 인물의 행동에 대한 성격을 결정짓는 특별한 종류의 제시된 상황으로서 유전성을 살펴보자. 예를 들어 입센의 희곡 〈유령〉에서 주인공 오스왈드의 행동은 주위의 모든 노력에도 불구하고 그를 비극적인 결말로 몰아가는 유전성을 타고 났다는 사실을 토대로 하고 있다.

자신의 초기연구에서 스타니슬랍스키는 배우의 기질적인 본성에 커다란 관심을 가졌다. 그리하여 연극학교의 프로그램에 대한 메모에서, 스타니슬랍스키는 이미 히포클레스가 제안한 분류에 의거하여 다양한 기질에 대해 연구할 필요성을 지적하였다.

히포클레스는 인간을 4가지 형태로 나누었다. 즉, 약한 형-우울증 형, 생기 있는 형-다혈질 형, 억제할 수 없는 형-담즙질 형, 침착한 형-점액질 형 이다. 현대의 유형학은 4가지가 아니라, 적어도 24가지의 유전자형으로 나누고 있으며, 각각의 형은 다양한 기질적 특성의 결합으로써 결정되어진다.

이러한 종류의 성격을 찾아내고 구현하기 위해서는 형상의 본질 속으로 깊이 스며들어 갈 필요가 있다. 대부분의 경우에 이러한 모색은 삶의 인상, 추측, 직관에 기반하여 이루어진다. 스타니슬랍스키는 이러한 작업에서 심리에 대한 지식이 사람의 성격 연구에 커다란 도움을 줄 수 있다고 말하였다. 그리하여 그의 메모에서 심리적 성격에 대해 연구할 것을 조언한 내용을 찾아볼 수 있는 것은 우연이 아니다. 오늘날 배우의 창조작업에 대한 추후의 연구는 현대의 생리학, 심리학과 분리해서는 결코 생각할 수 없다는 점이 매우 분명해졌다.

이러한 복잡한 과제의 해결을 위해 가장 단순한 연습과제부터 시작하는 것이 합리적이다. 스타니슬랍스키는 학생들에게 다양한 종류의 동물들의 움직임을 관찰해오고, 그들의 행동을 재현해 보라고 제안하였다. 예를 들어, 개나 고양이는 다른 동물과는 구별되는 그들만의 행동의 특별한 성격을 포착하는 것이 중요하다고 스타니슬랍스키는 말하고 있다.

〈오페라-드라마 스튜디오〉 1학년 교육프로그램에는 학생들로 하여금 동물이나 새를 관찰하여 행동을 보여주는 수업이 마련되어 있다. 이러한 연습과제로 시작하여 환상적인 것(판타지)과 다양한 인물의 성격에 이르기까지 많은 에튜드가 구성되었다. 그 중 하나는 〈집단농장〉이고, 또 다른 하나는 〈야생동물원〉, 그리고 곡예술의 에튜드를 모은 〈서커스〉 등이 있다.

환상적인 에튜드를 예로 들어보자.

밤이 되면 장난감들은 살아난다. 장난감 각각은 자신의 방식대로 행동하고 싸우고 그리하여 망가진다. 아침에 가게로 나온 기계 수리공이 이들을 고친다. 이것은 에튜드 〈인형가게〉이다.

스타니슬랍스키는 배우의 형상으로의 변신과정을 연극학교의 3학년 과정에 포함시켜야만 한다고 생각했다. 그리고 그는 이미 1학년부터 성격의 요소에 대하여 트레이닝을 시작할 것을 권고하였고, 그 후 〈배우의 화장실〉에 도입하였다.

연령에 맞는 성격

특정한 연령의 성격은 유기체의 생리적인 특성에 기인한다. 이것은 사람의 모든 행동에 영향을 미친다. 노인에게는 유기적인 행동의 둔화, 젊은이들에게는 유기적인 활발함이 발생한다. 젊은 배우가 노인 역할을 할 때, 스타니슬랍스키는 다음과 같이 말한 바 있다.

당신이 젊었을 때 했던 모든 제스처는 노년에서도 그대로 보존되어 있다. 다만 리듬이 달라질 뿐이다. 일어서기가 어렵고, 앉기도 힘들다. 예를 들어, 나는 식탁에 맹렬한 기세로 앉을 수 없다. 먼저 손으로 식탁에 의지해야 한다. 바로 일어서지도 못한다. 먼저 무엇인가를 붙잡아야 한다. 새로운 행동의 논리가 생겨난다…… 여러분은 이러한 노인의 행동 논리를 새롭게 이해해야 한다. 그러면 여러분은 노인이 될 수 있다. 그러나 역할 속에서 결코 자신을 잃어버려서는 안 된다.

행동의 완만한 템포와 리듬 이외에 노인의 행동에 대한 성격은 또 다른 특성들을 내포하고 있다.

염류가 빠져나가고 뻣뻣한 근육과 해가 갈수록 사람의 오르가니즘을 파괴하는 다른 요인들 때문에 노인의 관절에는 정확하게 기름칠이 잘 되어있지 않다. 관절들이 삐걱거리고 녹슨 철과 같이 되어 버린다. 이것은 제스처의 넓이를 축소시키고, 관절의 굴곡 및 몸통, 머리의 회전, 각도를 작게 만들고, 하나의 큰 동작을 여러 개의 작은 동작으로 나누도록 만들고, 행동을 하기 전에 그것에 대한 준비를 하도록 만든다. (3권, 217쪽)

이런 방식으로 어린아이나 소년도 전형적인 행동 논리를 찾을 수 있다. 학생들에게 다양한 연령대에서 아주 단순한 행동들, 예를 들면 일어서고,

앉고, 굽히고, 계단을 따라 오르내리고, 앞뒤로 오가고, 방안을 청소하는 등의 수행을 제안하는 것은 도움이 된다.

민족적인 성격

배우는 다양한 민족적인 사람들의 성격적 특성들을 관찰하고 기억하며, 역할을 위한 재료를 축적하기 위해 그들의 기질적 본성을 간파하는 것이 필수적이다. 중요한 것은 동일한 상황 속에서 독일인, 이탈리아인, 북쪽지방인, 남쪽지방인 등은 어떻게 행동하는 것을 이해하는 것이다. 삶에서 뿐만 아니라, 문학이나 예술 속에서 민족적인 특성을 전달할 줄 아는 미술가, 음악가들의 작품에서도 이러한 유사한 관찰은 획득되어질 수 있다. 이와 관련하여 오스트롭스키는 다음과 같이 언급하고 있다.

> 러시아인은 모든 북방민족들과 마찬가지로 전반적으로 시각이 덜 발달되었다. 그래서 러시아인은 보기보다는 듣기와 생각하기가 훨씬 더 많으며, 그래서 우리는 삶을 자세히 보기보다는 훨씬 더 많이 귀담아 듣는 편이다.

스타니슬랍스키는 역할에 대한 작업과 병행하여 민족적이고 관습적인 특성의 습득을 위한 특별한 트레이닝을 적용하였다. 그리하여 학생 공연인 오페라 〈치오 치오 산〉의 준비기간 동안에 그는 일본의 율동과 무용을 트레이닝에 도입하였다. 이를 위해 리허설 때 기모노와 신발(나막신), 일본식 정장의 필수적인 부속품인 부채가 제작되었다. 트레이닝은 일본식 율동과 매너가 학생들에게 익숙하고 필수적인 것이 될 때까지 진행되었다.

역사―관습적인 특성

이 항목은 〈민족적인 성격〉 항목에 바로 붙을 수 있다.

스타니슬랍스키는 프로그램에서 배우의 직업에 특별히 맞추어진, 그리고 관습, 의상, 행동의 특성이라는 관점에서 다양한 시대에 대한 연구를 포함하는 문화 역사과정을 만들도록 하였다. 그러나 그는 학생들 각자에게 개인적인 과제의 방법으로 어떠한 한 시대를 연구할 것을 위임하였다. 학생들의 과제로서 이러한 주제에 대하여 이론적인 요약만으로 그치지 않고 일목요연한 전시가 요구되었다. 이를 위해 스타니슬랍스키는 학생들에게 다음과 같이 요구하였다.

> 여러분은 자신들의 판단 하에 재단사의 도움을 받아 시대에 맞는 전형적인 의상을 만들고, 가발을 선별하고, 시대에 맞는 전형적인 춤, 처신하고 인사하는 방법 등을 보여주어야 한다. 만약 가능하다면, 그 시대에 맞는 적합한 노래도 불러야 한다. (3권, 437쪽)

또한 스타니슬랍스키는 몇 개의 전 세계적인 희곡작품을 소재로 하여 그 시대에 대해 연구해 볼 것을 제안하였다. 이것은 차후에 공연으로 올려 질 수도 있고 아닐 수도 있을 것이다. 하지만 이런 시도 자체가 학생들에게는 좋은 기회가 될 것이다. 아울러 그는 다양한 역사적 시대에 특징적인 행동방식의 습득을 위한 많은 에튜드를 제시했다. 예를 들어 에튜드의 주제는 춤과 노래가 있는 야회이다. 처음에는 현대의 야회를 표현하는 것으로써 시작한다. 그 다음 혁명이전의 야회를 재현하고, 그 다음은 1940년대, 1920년대, 그리고 보다 먼 과거로 향할 수 있다. 이러한 에튜드의 각각의 장면에서 그 시대의 특징적인 춤을 표현할 수 있어야 하고 의상도 맞추어서 입어야 한다.

시대의 풍속, 에티켓, 인사법 등을 알아야 하고, 부채, 장검, 지팡이, 모
자, 손수건 등을 사용할 줄 알아야 한다. (3권, 396쪽)

스타니슬랍스키는 이러한 트레이닝 수업에 다양한 관습적, 역사적 특
징적인 동작과 행위의 학습을 위한 많은 연습과제들을 도입하였다. 그는
학생들이 완벽하게 망토, 장검, 지팡이, 우산, 부채, 손수건, 오페라글라스
를 사용할 수 있도록 했으며, 다양한 시대와 민족들의 의상과 관습의 특
성으로 부인들을 대하는 모든 방법, 인사법, 걸음걸이, 행동처신 방법, 의
상 입는 방법, 모자 쓰는 방법 등을 알 것을 강조했다. 스타니슬랍스키는
이러한 외적인 배우기술을 시스템에 필수적으로 포함되어야 하는 것으로
간주하고, 자신의 평생에 걸쳐 이것에 관심을 기울였다. 이에 대해 R.N.
시모노프는 다음과 같이 회상하고 있다.

스타니슬랍스키는 무대에서 자유롭게 움직일 수 있는 능력을 만들기 위
해 우리와 함께 무대에서의 걸음걸이를 공부하였다. 고대부터 19세기에
이르기까지 다양한 시대의 처신방법을 보여주며, '역사적인 인사법'을 공
부하였다. 또한 그는 수업시간에 망토를 사용하는 방법에 대해서도 보
여주었다. 집에서 고대의 망토를 가지고 와서, 수업시간 동안 약 40가지
의 상황과 인물의 내면 상태에 따른 망토의 선과 주름을 사용하는 방법
을 보여주었고, 또는 완전히 다른 형태로 사용되어지는 의상으로써 그리
스인과 로마인의 망토사용 방법을 보여주었다. 수업이 마치자, 스타니슬
랍스키는 망토를 터빈모양으로 말아 자신의 머리 위에 올리면서, 비오는
날에 그리스인과 로마인의 젊은이들은 망토를 악천후로부터 머리를 감
싸주는 모자 혹은 우산으로 사용했다는 설명 또한 해주었다.

스타니슬랍스키는 의상의 역사에 대해서도 잘 알고 있었다. 의상의 역

사적 계보, 실제적인 의미, 의상으로 인한 행동의 특성 등을 학생들에게
말해주곤 했다. 이러한 그의 노력으로부터 〈오페라-드라마 스튜디오〉에
서 헤어스타일과 머리장식의 진화를 반영하는 연대기적인 도표를 만드는
작업이 행해졌다.

사회적인 특성

동일한 역사적, 민족적인 조건에서 다른 사람들과 구별되는 사회적인
특성들이 있다. 관습, 전설, 이야기, 노래, 춤, 의상, 말 등과 함께 민중의
문화는 궁신, 지주, 관리, 군인, 성직자 등의 지배 계층의 문화와는 일치
하지 않거나 완전히 모순되는 것이다. 물론, 모든 나라와 시대에 걸쳐 다
양한 계층적인 차이점을 연구하는 것은 불가능하다. 중요한 것은, 구체적
인 연극적 재료 속에서 학생들로 하여금 인물형상의 사회적인 본성을 파
헤치고, 인물의 계층적인 특성을 위해 가장 전형적인 징후와 자질들을 선
택할 수 있도록 가르치는 것이다.

〈역할에 대한 배우의 작업〉에 관한 메모에서 스타니슬랍스키는 인물
형상의 사회적인 특성을 습득하는 방법에 대해 말하고 있다. 예를 들어
그는 〈벚꽃동산〉의 배우들에게 라네프스카야의 파티에 모인 손님들을 위
한 에튜드를 연기할 것을 제안하였다. 손님들이 어떻게 지주의 집에 들어
오고, 어떻게 서로서로 만나며, 인사와 무도회에 대한 의견을 어떻게 교
류하는가? 지주, 상인, 관리, 집사, 학생, 하인, 하녀 등의 행동은 어떻게
차이 나는가? 그들은 어떠한 상호관계 속에 있는가? 스타니슬랍스키는
이 모든 질문에 대해 희곡을 통해 합리적인 상상을 사용하여 행동으로 보
여줄 것을 제안하였다. 중요한 것은, 역할의 일관된 행동은 희곡의 일관
된 행동과의 관계 속에서 (비록 부분적이라도 그것과 일치하는가 아니면

그것에 반대되는가) 만들어진다는 것이다.

직업적인 특성

직업의 종류가 사람의 행동에 어떤 영향을 미치는지, 또는 외적인 행동에 의거하여 그의 직업을 어떻게 결정할 수 있는지에 대해 학생들의 관심을 향하게 할 필요가 있다. 예를 들어 항상 자연과 접촉하고 육체적 노동을 하는 사람은 사무실 근무자와는 사람들을 대하는 태도, 말하는 방법, 움직이는 방법에서 차이가 나고, 신체와 얼굴색깔도 구별된다. 어떤 직업은 특정한 근육군에 대한 상시적인 트레이닝 때문에 다른 근육의 둔화를 초래하고, 그리하여 특정한 행동양식을 만들고, 특정한 지각기관의 발전 또는 둔화를 촉진시킴으로써 결국 사람의 신체의 변화에 영향을 미친다.

오늘날 올바른 직업선택을 돕기 위한 사람의 선천적인 능력을 학술적인 방법으로 규명하고자 하는 시도가 행해지고 있다. 예를 들어 어떤 사람의 주위환경과 연관 지어 그가 사유적인 타입인지 아니면 예술적인 타입인지를 결정할 수 있는 것이다. 그러나 예술적인 타입이라 할지라도 모두 똑같은 것은 아니다. 즉 화가는 시각적인 지각이, 음악가는 청각적인 지각이 우세할 수 있다. 만약 미래의 음악가라면, 그에게는 크건 작건 간에 음악적인 청각, 리듬감, 목소리, 손가락 및 손끝 혹은 몸 전체의 표현력이 발달할 것이며, 그가 장차 피아니스트 혹은 트럼펫 연주자가 될지, 가수 혹은 무용가가 될지를 결정해 줄 것이다. 따라서 다양한 종류의 직업군들은 선천적인 것에 의해서 획득될 뿐만 아니라, 유기적인 과정의 경과를 통한 특성에 의해서도 획득되어진다.

오직 한 가지 직관의 도움으로 인물형상의 특성을 습득하려고 한다면,

배우는 상투성과 전형성에 빠져들게 될 가능성이 있다. 그렇다면 어떤 방법으로 직업적인 특성을 습득할 수 있을까? 그것의 가장 단순하면서도 믿을만한 방법은 실제적 직업을 직접적으로 배우는 것이다.

직업적인 특성의 요소에 대한 연구가 〈자신에 대한 배우의 작업〉 프로그램에 포함되어 있는 〈슈킨 연극학교〉에서는 이러한 관계에 대해 관심을 표명하고 있다. 우선 어떤 직업군의 특징적인 움직임, 말소리, 악센트는 단순한 모방으로부터 시작하는 것이 좋다. 그렇지만 이것은 배우에게 관찰력을 발전시켜 주지만 단순히 흉내 내기, 과장연기로 이끄는 경우가 종종 있다.

그리고 특정한 직업적인 숙련에 대한 연구로서 또 다른 연습과제도 있다. 예를 들어, 학생들은 일정기간 동안 공장, 작업장, 병원, 빵집, 건축소 등에서 직업적인 작업을 관찰만 하는 것이 아니라, 직접 그 일에 참여하는 것이다. 공개 발표 때 학생들은 상상의 혹은 실제 사물을 가지고 행동하며, 관찰을 통해서 자신들이 터득한 생산적인 숙련의 행동을 보여준다. 이것은 다른 사람의 행동 및 자신의 행동에 대해 관찰력과 집중력을 예리하게 해줄 뿐만 아니라, 실제 재료는 없지만 창조의 원천이 되는 것이다. 이에 대해 〈슈킨 연극학교〉의 학생 S. 크루프노프는 다음과 같이 말하고 있다.

> ……나는 의사라는 직업을 관찰하면서, 이 직업이 의사의 성격을 창조한다는 것을 납득하게 되었다. 여기서부터 나는, 우리가 인물형상이라고 부르는 것의 시작점을 잡을 수 있을 것 같다. 단순한 형상이 아니라, 전형적인 인물형상, 왜냐하면 나는 의사 한명이 아니라 몇 명을 관찰하였기 때문이다.

물론 직업적 특성은 아직 형상은 아니다. 단지 형상의 한 요소일 뿐이다. 그러나 자신이 포착한 직업의 특성에 근거한 학생 크루프노프의 판단은 전적으로 옳다. 관찰력을 발전시키면서 학생들은 더욱 더 섬세함을 찾을 수 있고, 그것은 스타니슬랍스키가 조언한 것처럼, 의사의 행동적 특성만이 아니라 특정한 전문성과 특정한 사회적 지위를 가진 의사라는 직업의 행동을 포착할 수 있게 되었다. 〈모스크바 예술극장〉에서 플라톤 크레체트의 역할을 한 B.G. 도브른라보프를 본 사람이라면, 그의 내면과 외면은 러시아의 교양 있는 사람인 어떤 사람과 닮았는데, 처음 보았을 때는 특별한 특성은 만들어 놓은 것 같지 않다는 사실을 기억할 것이다. 그러나 그의 외모와 행동에는 의사, 자세히 말하자면, 외과 의사를 분간해 낼 수 있게 만드는 어떤 섬세한 면이 있었다.

직업의 특성을 연구하면서 도브른라보프는 외과의사의 외적인 형상만을 습득한 것이 아니라, 손의 전형적인 위치, 잘 발달된 손가락의 움직임을 통해 그 직업이 가지고 있는 심리 자체를 습득했던 것이다. 이에 대해 도브른라보프는 이렇게 회상하였다.

> 나는 외과의사 플로트킨 교수와 함께 수술대 옆에 서서 그와 함께 수술 결과에 대해 불안해하며, 뜨거운 땀이 내 얼굴 위로 흐르고, 나의 맥박은 교수의 맥박과 똑같이 뛰는 것 같았다.

도브른라보프의 플라톤 크레체프 역은 외과의사일 뿐만 아니라 자신의 이상을 위해 싸우는 혁신자이자 투사인 의사였던 것이다. 따라서 그가 만든 형상은 직업적인 것뿐만 아니라 선구적인 러시아인의 개인적인 특성을 획득한 것이었다.

개인적인 특성

특징적인 인물형상의 형성을 위한 학생들의 작업에서 토르초프(스타니슬랍스키)가 한 말을 떠올려 보자. '일반적인' 군인에 대해서가 아니라, '특별한' 보병을 성공적으로 보여준 학생 슈스토프를 칭찬하면서 토르초프는 섬세한 관찰력을 가진 배우들에 대하여 다음과 같이 말하였다.

> 모든 군인들로부터, 모든 보병들로부터 오직 한 사람 이반 이바노비치 이바노프를 찾아내어 다른 군인들에게서는 보여지 않는 그 한사람에게만 특징적인, 전형적인 특성을 슈스토프는 전달할 수 있었다. 의심의 여지없이, 그것은 '일반적인' 군인이며, 의심할 여지없이 '특별한' 보병이며, 또한 그는 바로 이반 이바노비치 이바노프이다. (3권, 222쪽)

그러나 스타니슬랍스키 자신 또한 인물형상에 있어서 구체성을 달성한 바 있었다. 그는 육군중령 베르쉬닌에 대해서 명확한 근거를 가지고 있었는데, 베르쉬닌은 일반적인 군인이 아니라 포병이었고, 당시 장교들 중에서 가장 인텔리적인 대표자이었다. 그리고 그는 매력적이면서도 우유부단한, '상상할 수 없이 아름다운' 삶에 대해 동경하면서도 자신의 삶을 확립하기에도 무력한 전형적인 체홉적 인물이었다. 스타니슬랍스키의 베르쉬닌 역은 이미 다른 모든 포병장교 및 다른 모든 체홉의 인물들과도 구별되는 특별한 개성과 성격을 가진 바로 알렉산드르 이그나치예비치 베르쉬닌이었다. 그 속에는 일반적이면서도 전형적인 것이 개인적이고도 반복되지 않는 것과 결합되어 있었다.

개인적인 특성은 사실주의적인 형상에 따른 것이지만, 역할 속에서 갈등의 발전을 통해 특성은 전적으로 특별한 의미를 획득하게 된다. 로스탄의 희곡 『시라느 드 벨류작』은 낭만적인 영웅의 모든 장점을 가지고 있지만 그는 지나치게 긴 코를 가지고 있었다. 이것은 그를 불행하게 만들고, 그리고 그의 행동 및 주변사람들과의 관계를 결정짓는다. 매력적인 혹은 꺼려지는 외모, 신체적인 혹은 심리적인 결점, 불구 또는 질병의 결과는 사람 및 그의 행동의 성격에 영향을 미친다.

실제 트레이닝 작업에서는 처음부터 지나치게 복잡한 심리적 과제를 과적재하는 것은 바람직하지 않으며, 행동으로서 질문에 대한 답을 하려고 노력해야 한다. 예를 들어 나는 근시인데, 안경을 잃어버렸다고 한다면 나는 무엇을 하기 시작할까? 잃어버린 물건을 찾는 것과 중요한 편지를 읽는 것 중 어느 것이 더 필수적일까? 만약 내가 심하게 말을 더듬는다면, 누군가에게 설명을 해야 될까, 아니면 급하게 무엇인가를 말해야 할까?

더 나아가 만약 내성적이고 수줍음 많은 성격이라면, 나는 어떻게 행동할까? 반대로 거리낌 없고 자신만만하다면? 혹은 흥분하기 쉽고 다른 의견에 대해 참지 못하는 성격이라면, 혹은 호의적인 성격이라면 등과 같은 질문에 대해 행동으로써 답을 하면서, 개인적인 특성의 획득을 위하여 좀 더 복잡한 과제의 해결로 나아갈 수 있을 것이다. 즉 이러한 사이에는 분명한 경계선은 없지만, 외적인 특성의 연구로부터 내적인 특성으로 옮겨가야 한다는 것이다. 예를 들어 나는 늘 간이 안 좋기 때문에 흥분하기 쉽고 참을성 없다. 그러나 사람들은 이것을 눈치 채지 못하고 시시한 일로 나를 귀찮게 한다. 그리고 나는 자신의 추한 용모 때문에 수줍고 내성적이다 등이다.

자신의 관찰을 연습과제나 에튜드로 옮겨오면서, 내적인 특성과 외적인 특성의 이러한 관련을 자기 자신에게서 뿐만 아니라 다른 사람에게서도 포착할 수 있다. 심지어는 의상이나 헤어스타일의 교체 또한 사람의 심리 속에 무엇인가를 변화시킨다. 예를 들어 아름답게 성장한 여자는 이 것 하나로 인해 자기 자신을 자신만만하고 행복하다고 느낀다. 만약 그녀 가 항상 멋있게 옷을 입는다면, 이러한 자감은 그녀에게 익숙한 것이 되 고, 그녀의 성격 중 한 자질이 되는 것이다.

4

⟨배우의 화장실⟩

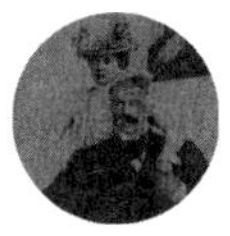

　전문적인 자질의 발전과 완성을 위한 배우의 조직적인 작업(연극교육의 불변의 법칙)은 전문가가 될 수 있는 유일하고도 바른 길이다.

　이 작업은 반드시 꼼꼼하게 숙고되고, 훌륭하게 조직되어야 하고, 특히 초기에는 교육자의 직접적인 지도 아래 진행되어져야 한다. 연극학교의 목표는 학생들에게 독립적으로 작업하는 것을 가르치고, 그들로 하여금 매일의 트레이닝에 대한 필요성을 몸에 붙이도록 하는 것이다. 스타니슬랍스키는 매일의 수업이 시작되는 출발점에서 모든 창조적인 요소들의 정기적인 트레이닝을 ⟨배우의 화장실⟩이라고 불렀다.

　⟨배우의 화장실⟩은 연기, 화술, 무대동작 등에서 진행되어지는 1학년 때부터 구성되기 시작한다. 실제적인 지식과 숙련의 정도가 충분히 쌓여진 2학년 때, ⟨배우의 화장실⟩은 배우 테크닉의 모든 요소에 대한 총체적

인 트레이닝으로 변형된다. 배우예술의 기본을 배우는 습득하는 연습과제 이외에, 호흡법, 발성법, 발음법, 체형의 교정, 걸음걸이, 체조, 무용 등과 관련된 인접학과의 연습과제 또한 〈배우의 화장실〉에 포함된다.

과제(개인적인 숙제를 제외한)를 위한 일련의 연습과제들은 처음에 교육자의 감독 하에 실행되지만, 나중에는 독자적으로 수행되어지며 이를 위해 매주 학생들 자체로부터 책임자가 임명된다. 시간이 갈수록 학생들 각자는 그룹 트레이닝 수업을 이끌어 가는 방법을 배워야 하는데, 이것은 그들로 하여금 〈자신에 대한 배우의 작업〉의 메소드로 더 깊이 들어가서 나중에는 연습과제에 대해 규칙적인 기록을 할 수 있도록 만든다. 4학년 때의 그룹 트레이닝은 보다 더 독자적인 작업의 성격을 띤다. 이때 교육자의 역할은 조정 및 수업을 진행함에 있어 조언적인 도움을 주는 데 그치게 된다.

모든 트레이닝의 토대는 1학년 수업시간에 만들어진다. 연습과제는 무대적 행동의 요소를 배우게 되는 첫 번째 수업시간부터 시작된다. 이후의 수업은 이미 알고 있는 것은 완성되어지고 새로운 연습과제들이 도입된다. 여기서 지나간 것은 버려지는 것이 아니라, 끊임없이 완성되어야 한다는 것이다. 스타니슬랍스키의 표현에 따르면, 어려운 것은 반드시 익숙한 것이 되어야 하고, 익숙하게 된 것은 숙련을 통해 배우의 제 2의 천성이 되어야 한다. 그러므로 이전에 했던 연습과제는 질적인 수준을 더 높이고, 이미 습득한 것은 심화될 수 있도록 새롭고 더 복잡한 상황을 도입해야 한다.

어느 하나의 연습과제도 끝까지 해내지 못한 채 다른 과제로 뛰어 넘는 것은 좋지 않다. 또한 학생들의 창조적 의지와 상상력에 새로운 자극을 주지 못하고 한 곳에서만 반복하는 것도 좋지 않다. 이것을 피하기 위해서 교육자는 자신이 학생들에게 부여한 과제를 한층 더 확장하고 심화시킬 수 있는 가능성을 살피는 것이 중요하다.

트레이닝의 첫 번째 단계는 가장 기본적인 행동의 완수를 위한 학생들의 의지와 관심에 대한 것이다. 연습과제는 아직 심리적인 부담도 없으며, 학생들에게 심화된 창조적 과제를 제기하지도 않는다. 예술적인 창조의 문제로 깊이 들어가기 전에 모든 과제와 그것의 정확한 수행에 대해 행동으로서 반향하는 법을 필수적으로 배워야 한다. 〈모스크바 예술극장 학교〉에서 실행한 수업 초반부의 〈컨트롤 수업〉에서 보인 몇몇 연습과제들을 인용해보자.

① 미리 만들어진 미장센에 따라 수업은 주어진 리듬에 맞추어 학생들의 등장으로 시작한다.
② 학생들은 의자를 들고 정확한 장소에 의자를 내려놓고 다른 학생들과 동시에 앉는다.
③ 근육의 억압 및 신체적, 심리적 긴장으로부터 이완을 위한 몇 개의 연습과제를 실시한다.
④ 학생들은 천천히 그리고 유연하게 의자에서 일어서서 마치 어깨위에 있는 짐을 들어 올리듯이 발끝으로 선다.
⑤ 몸 전체를 있는 힘껏 쭉 편다.
⑥ 다리를 앞뒤로 흔들면서 무게중심을 오른쪽 다리로, 왼쪽 다리로 옮긴다. 이때 몸의 균형과 부동성은 계속해서 유지해야 한다.
⑦ 그리고 난 후 의자에 앉는다.
⑧ 근육을 긴장시키고 이완시키는 이러한 형태를 반복하여 되풀이한다. 이때 신체의 각 부위(이마, 눈썹, 눈, 코, 입술, 목, 어깨, 팔꿈치, 손끝, 척추의 위에서부터 아래, 허벅지, 무릎, 발바닥 등)를 긴장시킨 후에 즉시 이완시켜 준다.

⑨ 정상적인 상태로 앉아서 늘어뜨려진 팔을 들어 올려 무릎 위에 올리
고, 얼굴은 완전히 평온하고 중립적으로 만들기 위해 척추와 목에 최
소한도로 필요한 긴장만 남겨둔다.

이제 손끝과 발바닥의 긴장과 이완을 위해 몇 가지 연습과제가 실행된
다.

① 손가락 한 개씩 차례대로 펴기
② 손가락 관절 마디마디마다 단계적으로 꺾어주면서 손끝을 밑으로 내
리면서 이완시키기
③ 손가락에 붙어있는 질척질척한 반죽 찌꺼기를 떼어내듯이 손끝을 떼
어내기
④ 허공에 한 방향으로 원을 그린 뒤 반대방향으로 원을 그리듯이 손끝
돌리기
⑤ 손끝 전체를 크게 움직여 상상의 빌로드나 실크를 쓸어내리기

발바닥을 위한 연습과제 또한 동일하게 해보라. 이후의 연습과제는
〈상상의 사물을 가지고 행동〉인데, 이것은 손가락과 손끝의 트레이닝을
위한 연습과제이기도 하다.

① 상상의 점토조각을 반죽하여 어떤 형상이나 사물을 만든다.
② 뜨거운 삶은 감자를 손질한다.
③ 뜨거운 달걀껍질을 벗긴다.
④ 구슬에 실을 꿴다.
⑤ 크리스마스트리 공에 철사를 끼운다.
⑥ 진짜 의자와 서류 끼우개, 책 등을 이용하여 상상의 연필, 물감으로
학생 중 한 사람의 초상화를 그린다.

이것은 힘든 과제이지만 행동의 진실성을 확보하기 위해서 필요하며 시선은 반드시 무엇인가를 응시해야 한다.

또한 지각 기관, 관찰력, 시각적 및 다른 기관에 대한 발전과 조정을 위한 연습과제가 있다. 이것은 다음의 연습과제의 질문에 대해 정확하게 대답하는 것이다.

① 몇 초 동안 동료들을 응시한다. 뒤돌아선다.
② 누가 어떤 옷을 입었는가?
③ 머리모양과 머리와 눈의 색깔은 어떠한가?
④ 누가 어떤 자세로 앉아 있는가?
⑤ 누가 팔짱을 끼고 있는가?

집단 연습과제는 협동심, 상대방을 정확히 지각, 상대방의 행동을 계산하는 능력을 발달시켜준다. 처음에는 가장 단순한 과제를 수행하는 것으로부터 시작하는 것이 좋다. 예를 들어 손뼉을 전달하는 연습과제를 수행해 보자. 먼저 반원을 그려 의자에 앉는다. 일정한 리듬에 맞춰 손뼉을 왼쪽 또는 오른쪽으로 똑같은 소리로 전달한다. 그리고 난후 일정한 리듬에 맞춰 손뼉을 왼쪽이나 오른쪽으로가 아닌 임의의 사람한테 전달해보자. 연습과제는 처음에는 천천히 시작하여 빠른 템포까지 진행한다. 또다른 연습과제를 예로 들어보자.

리더 한명을 제외하고 모두 몇 걸음 간격을 두고 두 열로 마주 보고 앉는다. 맞은편에 앉아 있는 누군가와 눈으로 합의한 뒤 자리를 바꾼다. 그러나 이때 리더가 이것을 눈치 채고 2개의 비어 있는 자리 중 하나에 앉지 못하도록 해야 한다. 모든 이동은 조용하게 수행되어야 한다. 상황을 좀 더 복잡하게 만들 수도 있다. 예를 들어, 자리를 바꿀 때 걸으면서 질문과 대답을 하는 것이다. 이때 리더는 누가 눈으로 합의했는지 찾아내야만 한다.

공을 가지고 하는 연습과제는 언어적 행동을 위한 연습과제를 전제로 한다. 이것은 재치와 순발력을 요구하며, 말해진 단어가 상대방에게 정확히 보내도록 해준다.

① 교육자는 문장의 순서, 예를 들면 형용사, 명사, 동사를 순차적으로 제시한다.
② 한 학생이 누군가에게 공을 던지면서 〈검은〉이라고 말한다.
③ 두 번째 학생이 세 번째 학생에게 공을 던지며 〈까마귀〉라고 말한다.
④ 세 번째 학생은 〈까악까악 울다〉라는 동사를 바로 찾아서 말한다.

이때 세 사람이 말하는 문장은 마치 한사람이 하는 것처럼 결합되어야지 분리되어서는 안 된다. 이런 식으로 하면서 억양을 흉내 내어 문장을 만들면서 공 던지기를 계속할 수 있다.

이제 앉아서 하는 연습과제에서 움직이는 연습과제로 옮겨보자. 각자 자신의 의자를 가지고 원을 그리며 달린다. 신호에 따라 달리는 방향이 바뀐다. 여기서 서로서로 부딪히지 않고 어떠한 소음도 발생해서는 안 된다. 모든 의자를 연습실의 중앙에 피라미드 형태로 쌓아 놓는다. 원을 그리며 달리다가 피라미드로부터 자신의 의자를 빼내어야 한다. 또 다른 연습과제를 예로 들어 보자.

① 두 명만 빼고 모두 연습실에서 나간다.
② 남아 있는 두 사람은 그들 스스로 어떤 형태의 그림을 만들어 배치한다.

③ 두 명씩 들어와서 몇 초 동안 동료들의 자세와 위치를 자세히 보고
그것을 기억했다가 재현한다.

④ 새로 들어온 쌍도 재현한 두 사람의 자세와 위치를 자세히 보고 재현
한다. 모든 학생들이 재현한 후, 제일 처음의 쌍이 돌아와서 처음의
자세와 위치를 취한다.

이때 첫 번째 쌍과 마지막 쌍의 자세와 위치를 비교해 보면 복사본과
원본의 차이를 일목요연하게 알 수 있다.

트레이닝의 후반부는 〈만약에〉라는 과제, 상대방들 간의 상호관계, 관
찰력 발전 등을 위한 연습과제가 실시된다. 점차 기계적인 집중은 창조적
인 집중에 자리를 양보한다. 그리고 교육자뿐만 아니라 학생들 자신도 연
습과제를 생각해 내어 제시할 수 있다.

1학년 말경 트레이닝 수업은 시험을 치른다. 이후 학생들의 관심은 호
흡, 발성, 발음에 대한 연습과제로 넘어간다. 학생들은 음계나 보칼리제_발
_{성연습용 악보}를 합창으로 부를 수 있고, 선명함과 깨끗함으로 발음하기를 요
구하면서 신문을 읽도록 제시하거나, 신호에 따라 다른 사람이 낚아채어
말하게 되는 '스코로가바르카'_{발음이 어려운 구절을 빨리 말하기; 역주}를 보여주도록 할
수 있다. 그리고 학생들에게 미리 자·모음을 배정해 놓고 신호에 따라
박수를 치도록 한다. 이제 집중과 적극성이 획득되었다면, 행동에 대한
정당성을 가지고 대상을 듣고, 보고, 느끼는 연습과제를 제안할 수 있다.

다음 단계는 상대방과의 상호관계이다. 동료들을 살펴보고 어제는 없
었던 새로운 어떤 것을 찾아내는 과제를 할 수 있다. 예를 들어 어떤 여
학생이 새로운 헤어스타일을 하고 왔다면 어제와 다른 점을 이야기해 보
자. 좀 더 적극적인 상호관계의 예로, 어떤 남학생이 새로운 넥타이를 하
고 왔다고 가정해 보자. 그에게 다가가서 면밀히 넥타이를 살펴보고 색

깔, 크기, 모양, 그리고 어디서 샀는지 물어볼 수도 있을 것이다.

나아가 교육자는 학생들에게 보다 새로운 〈만약에〉를 제시할 수 있다.

① 경기장의 관람석에 앉아 동료가 참여한 시합을 보고 있다면?
② 관광버스를 타고 아름다운 미지의 장소를 지나가고 있다면?
③ 힘든 등반을 마친 산악인의 휴식이라면?
④ 학생들 모두가 재판과정의 목격자로서 참석한 것이라면?

이러한 연습과제에서 가장 중요한 것은 상황을 판단하고 그것을 상상하며 행동으로 옮기는 능력이다. 또한 이와 같은 작업의 단계에서 가장 중요한 것은 상상력의 유연함, 행동을 하기 위해 자기 자신을 준비된 상태로 이끌어갈 수 있는 능력이다. 그러나 행동의 논리에 대한 연구와 연습과제를 에튜드로 변화시키는 것은 트레이닝의 영역을 벗어나는 것이다.

드디어 〈배우의 화장실〉에서 중요한 자리를 차지하는 것은 '빈 물건'을 다루는 기술의 완성인데, 그것은 실행되어지는 행동 논리의 완성과 연속성을 목표로 하는 것이다. 〈상상의 사물을 가지고 하는 행동〉의 연습과제가 바로 그것이다. 아직까지는 사건을 해결하는 목표는 가지지 않은 채 각자가 다른 사람과는 상관없는 자신만의 상상의 사물을 가지고 하는 행동을 하면 된다.

이제 2학년의 〈배우의 화장실〉은 배우기술의 새로운 요소들, 언어적 상호관계, 템포-리듬, 성격, 미장센 등이 도입된다. 그러나 이것이 1학년 때 배운 것은 버리고 반복하지 않아도 된다는 의미는 아니다. 오히려 1학년 때의 과제를 복잡화시킴으로써 연습과제에 보다 더 어려운 요구사항을 부여해야 한다. 예를 들어 〈상대방을 자세히 살펴보는 연습과제〉에 있어서도 다양한 수준의 집중력을 보여줄 수 있다. 만약 그의 집중이 옷이나 머리에만 머무른다면 아직까지는 대단한 관찰력을 요하는 것이 아니지만 그의 기분을 감지하고, 행동의 미묘한 차이점을 알아차리려고 한다면 전혀 다를 수 있다. 그래서 다양한 수준의 집중은 동일한 연습과제라 할지라도 전혀 다른 결과를 초래할 수 있다.

스타니슬랍스키는 배우기술의 요소들을 획득하기 위한 작업의 메소드에 관해 말하면서 주변에서부터 중심으로 나아가는 것이 가장 합목적적인 것으로 간주하고 있다. 다른 말로 하자면, 1학년 때 외적인 원을 따라 시스템을 배웠다면, 2학년 때는 보다 심화된 학습으로 진행되어야 한다는 뜻이다. 1학년 학생들은 시스템의 첫 번째 층보다 높이 올라갈 수 없기 때문에 그것을 반복하고 새롭게 평가하면서 시스템의 두 번째 층으로 올라가야 한다. 그리고 일관된 행동과 초목표의 획득이라는 세 번째 층은 학습되어진 모든 것을 결합하여 창조적인 목표의 달성을 향해 나아가도록 한다. 스타니슬랍스키는 창조적 잠재의식의 영역, 즉 시스템이 이미 배우자신의 창조적 본성이 되고, 시스템 요소들의 사용이 의식적인 노력을 요구하지 않는 그러한 단계를 네 번째 층이라고 명명하였다. 시스템의 이러한 '네 계층'은 4학년 전체를 걸쳐 배우 트레이닝 프로그램으로 구성되어 있다. 그러나 트레이닝은 프로그램의 특정 파트의 수행 및 그룹의 목표달성 여부에 따라 항상 변형된다.

한편 트레이닝은 새롭고도 복잡한 상황을 던져줄 수도 있다. 예를 들어 학생들은 원을 그리며 연습실을 걸어 다닌다. 교육자는 유명한 화가의 작품이 처음으로 전시된 화랑의 홀이라는 〈만약에〉를 제시하여 학생들에게 어떤 상호관계를 맺도록 제안할 수 있는데, 즉 화랑의 방문자들 중에 가까운 사람, 아는 사람, 모르는 사람들이 있을 수 있다. 어떤 사람은 화랑의 카탈로그를 이용하거나 메모를 할 수도 있다. 어쩌면 상상의 사물을 가지고 하는 일련의 행동 또한 가능하다. 그리고 화랑에 참석한 모든 사람들을 결합시키기 위해 또 다른 〈만약에〉를 도입할 수 있다. 즉, 화랑에는 자신이 전시한 그림의 작가가 있어서 점점 그의 주위에 무리가 생기고 교감이 형성된다.

부차적인 상황(화랑 문을 닫는다는 것을 알리는 벨이 울렸다. 그런데 중요한 그림은 아직 보지도 못한 상태다)을 도입할 수도 있다. 이제 화랑에 있는 사람들의 행동 리듬을 바꾸기 위한 동기가 마련되었다. 또는 행동의 리듬과 성격을 바꿀 수 있는 보다 더 흥미로운 상황을 생각해 낼 수도 있다. 예를 들어, 예상 밖의 만남이거나 그림에 대한 정반대의 평가로 인한 논쟁 등이 그러한 예이다.

고학년의 교육프로그램이 진행되어감에 따라 〈배우의 화장실〉은 새로운 자료들로 풍성해진다. 단편에 대한 작업, 희곡의 각 장에 대한 작업 및 희곡 전체에 대한 작업, 역할에 대한 작업의 다양한 방법들, 그리고 창조적 방법의 요소 등이 그것이다. 그러나 위의 각 요소들은 인물형상으로서의 삶 이전에 배우 자신으로서 행동하는 법을 우선 습득해야 하고, 이를 위해서 텍스트로부터 무대적 사실을 끄집어내고, 사건과 에피소드를 찾아내고, 갈등의 본질을 파헤치고, 인물형상 속에서 자신의 행동 논리를 세우고, 역할의 오선 보표를 만들고, 역할의 과거와 현재를 만들고, 그리고 일관된 행동과 역할의 초목표를 찾아낼 줄 알아야 한다. 역할에 대한 작업의 이러한 모든 요소들은 학생들의 의식을 통해서 인식되어야 할 뿐만 아니라, 합당한 숙련을 통해서도 획득해야만 한다.

3학년 때 연출-교육자가 이끄는 몇몇의 작은 그룹으로 나누어져서 희곡의 장면을 작업하게 되었을 때 전체 수업은 중지되는데, 이때 학년의 교육적 목표가 적지 않게 상실된다. 왜냐하면 몇 개의 그룹으로 나누어져서 몇 개의 역할을 연기하는 배우들은 무대적 작업 메소드에 대한 명확한 개념을 얻지 못하거나, 극장에서 역할과 부딪혔을 때 자신이 무력하다는 것을 느끼기 때문이다.

그러나 주어진 희곡장면 중에서 하나를 예로 삼아서 창조적 메소드의 전반적인 질문들을 해결하고 역할에 대한 작업을 위한 필수적인 메소드를 획득한다면, 결과는 완전히 다른 것이 될 것이다. 동료가 저지른 실수를 보았을 때 자기 자신의 실수를 깨닫기 시작하고, 다른 희곡장면을 집단적으로 분석하면서 자신의 장면을 독자적으로 분석하는 방법을 배우게 될 것이다. 이러할 때 학년의 수업은 학생들의 발의를 촉진시킴과 동시에 교육자의 에너지를 아끼게 해 준다.

각각의 희곡은 인물의 행동, 생각, 감정의 습득을 도와주는 연습과제와 에튜드를 위한 풍성한 재료이며, 배우 테크닉의 모든 요소들을 트레이닝하기 위한 재료를 제공해준다. 이러한 트레이닝의 도움으로 배우는 자신에 대한 일체의 강압 없이, 그리고 텍스트를 시끄럽게 외우거나 미장센을 상투화하지 않으면서 인물형상을 만들기 위한 적합한 재료를 축적할 수 있게 한다. 희곡자체로부터 연습과제와 에튜드를 도입했을 때, 트레이닝과 장면연습 작업 사이의 경계선은 없어진다. 즉, 하나가 자연스럽게 다른 것으로 옮겨지게 되는 것이다.

스타니슬랍스키는 희곡의 행동으로 직접 이끌어주는 트레이닝을 〈화장실-컨트롤〉이라고 명명하였다. 리허설이나 공연시작 전에 그는 〈화장실-컨트롤〉을 직접 실행하거나 또는 조연출에게 맡겼다. 〈오페라-드라마 스튜디오〉에서 〈세자매〉 공연을 준비할 때 실행되었던 연습과제를 예로 들어보자. 스타니슬랍스키는 배우들의 집중이 흐트러져 있을 때, 먼저 그들을 앉도록 한 뒤 불필요한 긴장으로부터 이완시키기 위해 몇 분 동안 침묵하게 하였다. 이때 배우들에게 자신의 역할에 대한 행동선을 마음속으로 그려보거나 역할의 중요한 순간이나 그 이전을 생각하도록 하였다. 만약 배우들이 침체되어 있다면, 그들에게 활력을 불어넣어줄 수 있도록 적극적이고 활기찬 리듬의 연습과제를 제공하였다. 예를 들어 배우 주변에 있는 많은 물건(바닥, 양탄자, 탁자, 식탁보, 의자 등)을 만져보게 하거나, 자신이나 다른 사람의 옷, 머리모양, 팔, 신발, 시계, 공책, 연필 등을 건드려 보게 하거나 관객석의 의자 수, 샹들리에의 전구 수, 창문의 유리창 수 등을 세어보게 하였다.

그리고 난 후, 배우들로 하여금 자신의 역할에 따라 상상의 사물을 가지고 하는 행동을 수행하도록 하였다.

① 학교 공책을 검사하기(올가)
② 우체국에서 전보를 수령하기(이리나)
③ 꽃으로 방을 장식하기(마샤)
④ 식탁을 차리기(나타샤)
⑤ 바이올린을 연주하기(안드레이)
⑥ 사진을 찍고 기타를 연주하기(페도치크와 로제)
⑦ 신문을 읽기(체부트킨)
⑧ 피아노를 연주하기(투젠바흐)
⑨ 유리병에서 과일주를 따르기(솔레느이)
⑩ 외투를 입고 군장비를 맞추어 달기(베르쉬닌)
⑪ 화란식의 난로를 지피기(안피사)

이후의 모든 연습과제는 그것들의 결합으로 넘어갔다.

① 차 마시기(1막의 끝)

② 사육제 파티 후에 추운 곳에서 따뜻한 방으로 들어오기(2막)

③ 불끄기에 참석 및 이러한 잠 못 드는 밤에 모두의 행동들(3막)

④ 이별과 환송식(4막)

이때 작가가 제시해 놓은 행동에 제한받지 않고 배우는 이미 자신이 찾아 놓았던 무대적 행동을 발전시키고 풍성하게 만들어 주는 새로운 어떤 것을 찾아야만 했다.

〈오페라-드라마 스튜디오〉에 트레이닝 수업을 도입한 스타니슬랍스키는 배우의 테크닉을 위한 발전뿐만 아니라, 창조적 작업을 위한 메소드의 획득 또한 트레이닝 수업의 주요 조건으로 간주하였다.

나는 지금 극장에 와서 이 모든 것을 할 수 있는 군대를 양성중이다. 그들은 (옷이라는 대상 없이)옷을 벗고 (옷이라는 대상 없이)입을 줄 알아야 한다. 이후 방으로 등장하여 서로서로 무엇인가에 대해 확신할 수 있어야 되는데, 이때 신체적인, 내면적인 행동이 결합된다⋯⋯ 만약 이러한 배우가 만들어 진다면 그는 장인일 것이다. 나는 그에게 말한다. '1주일 뒤에 리허설이다. 나에게 역할의 행동을 보여주라. 그럼 이만!' 그러면 그는 역할의 행동을 가지고 올 것이다. 그는 나의 말이 무슨 의미인지 알고 있다. 즉 그는 어떻게 차를 마실지를 알고 있다. 그는 연극적으로가 아니라, 일상적인 행동으로 차를 마실 것이다. 스타니슬랍스키는 '연극적인 차 마시기'를 비꼬고 있다; 역주 또한 그는 행동을 분절할 줄 안다. 즉 그는 마시기 전에 컵에 손을 댈 필요가 있다는 것을 알고 있는데, 이런 점에서 그는 논리적이다. 이것 때문에 이후에 자연도 그의 뒤를 따른다. 만약 그가 이러한 사소한 것을 실제로 진실의 끝까지 가지고 간다면, 그는 이미 잠재의식의 한계에 도달한 것이다⋯⋯ 여러분은 그와 함께 무대에서 모든 것을 할 수 있다.

　〈화장실-컨트롤〉은 배우의 신체적, 심리적 기관의 완성을 위하여 매일 매일의 트레이닝 작업에서 지속해야만 한다. 자신의 천성, 배우적인 완성에 대한 끊임없는 트레이닝은 진정한 배우와 딜레탄티즘을 구별시켜 준다. 시스템의 연습과제는 배우의 창조적인 성장, 그의 예술에 대한 표현 수단의 정확성을 보장해 주지만, 트레이닝의 중지는 배우의 창조적인 쇠퇴의 시작을 의미한다.

　전 학년에 걸쳐 배우 트레이닝의 조직과 실행은 배우교육 메소드의 쇄신 및 모든 프로그램의 재건에 큰 영향을 미친다. 한편 이 문제는 용감하게 스타니슬랍스키를 뒤따라 갈 수도 있지만, 그러나 전통을 재검토하고자 하는 교육자의 노력이 더욱 더 필요하다.

5

문학작품 에튜드

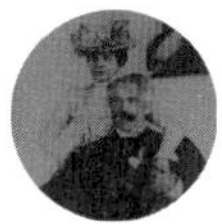

문학작품에 기반하여 형성된 에튜드는 〈자신에 대한 배우의 작업〉 에
튜드와 〈희곡에 대한 배우의 작업〉 사이의 중간적인 고리이다.

처음부터 복잡한 심리적 상황을 가진 문학작품은 학생들에게 부담을
줄 수 있다. 그리하여 현대의 젊은이들에게 첨예한 갈등과 적극적인 투쟁
을 내포하고 있는 실제적이고 이해가능한 문학작품을 선택하는 것이 합
리적이다. 작업의 초기에는 연령적, 사회적, 민족적, 역사적, 그리고 인물
의 삶의 특성들과 관련하여 선명하게 묘사되어있는 특성을 가진 인물형
상의 구현은 피할 필요가 있다. 왜냐하면 유기적인 행동의 기술을 아직까
지 정확하게 확립하지 못한 초보배우는 인물형상의 외적인 표현, 즉 특성
자체에 대한 과장연기로 빠져들기 쉽기 때문이다.

또한 작업의 초반부에는 현대의 작품을 선호하는 것이 더욱 합목적적

이다. 우리가 선택한 K.M. 시모노프의 소설『산자와 죽은자』중의 부분 단편은 이러한 요구에 적합하다. 비록 시모노프의 소설 속에 현대의 젊은 세대들이 경험하지 않은 2차 세계대전의 비극적 사건이 서술되어 있다 할지라도 소설의 사상은 매우 현대적이다. 즉 소설 속에는 연령, 세계관, 국민으로서의 의무 등이 현대의 젊은이들에게 이해될 만한 인물형상으로 등장하기 때문이다.

소설 속에서 필요한 상황 및 등장인물의 전前 상황을 끄집어내기 위해서는 반드시 소설을 꼼꼼하게 읽을 필요가 있으며, 그리고 등장인물들의 이후 운명에 대해 알아야 하고, 그들이 그렇게 밖에 행동할 수 없었던 삶의 전망을 이해해야 한다. 작가의 창작물을 통해 깊이 있는 이해를 더할 때, 배우들은 자신들이 택한 사건의 의미를 완벽하게 드러낼 수 있고, 그 속에서 자신들의 행동 논리를 찾을 수 있다.

흔히 문학작품과 만나게 되면 학생들은 그 즉시 작품의 사상, 초목표, 일관된 행동을 결정지으려고 한다. 물론 작업을 올바른 레일 위에 올려놓기 위해서 이 모든 것은 밝혀져야 하지만, 초목표와 일관된 행동을 결정하는 데 있어서의 지독한 성급함은 이후의 모든 작업에 부정적일 수 있다. 그리하여 심오한 사상은 표면에 쉽게 들어나지 않으며, 이성 하나만의 힘으로 즉시 도달되지도 않는다. 보석 같은 작품의 본질을 향해 뚫고 들어가기 위해서는 배우의 의지와 정서의 적극적인 참여가 필요하다.

소설『산 자와 죽은 자』에 대한 첫 인상에 사로잡혀 있다면, 이 작품에서 작가는 조국의 수호자인 소비에트적 인물의 영웅성에 대해 찬양하고, 전쟁터에서 죽어간 사람들에게 경의를 표하고자 했다고 말할 수도 있을 것이다. 이 점에 대해서는 논쟁의 여지가 없다. 그러나 이러한 정의는 지나치게 일반적이어서 작품의 모든 사상적 의미를 드러내지 못할 뿐더러

이 작품만의 고유한 울림을 포착해내지 못한 것이다. 이러한 표피적인 이성적 이해는 배우를 매료시키지 못하며 배우의 창조적 환상을 뜨끈뜨끈한 재료도 만들지도 못한다. 그것은 논리적으로는 옳지만 창조적으로는 메마른 것이므로 살아 있는 작품의 몸에서 저만치 떨어져 나간 것이나 다름없다.

초목표 결정 시, 무엇이 작가로 하여금 펜을 잡게 만들었는가 하는 것뿐만 아니라 표현된 내용들에 대한 자기 자신의 관점을 찾아야만 한다. 즉, 배우로서 내가 관객에게 말하려고 하는 것은 무엇인가? 라는 질문에 대답을 할 수 있어야만 한다는 것이다. 이러한 질문에 대한 답변을 찾으려는 노력은 작업이 완전히 끝날 때까지 멈춰서는 안 된다.

만일 즉시 초목표까지 파고 들어가기 어렵다면 초목표를 향한 조준 정도는 처음부터 할 수 있어야 한다. 그래서 아직까지는 근접한 정도로만, 그리고 작업할 수 있을 만큼만 초목표에 대한 정의를 내리도록 하자. 왜냐하면 그것 없이는 배우가 무대로 등장하여 행동할 수 없기 때문이다. 올바르게 갈등을 밝혀내는 것―이것이야말로 작품의 사상적인 내용 인식을 위한 첫걸음을 내딛는 것이다.

연출-교육자는 학생들에게 '그 장면에서 어떤 사건이 일어났지?'라는 질문을 제기한다. 만약 대답이 바로 나오지 않는다면 순차적인 줄거리 요약으로 넘어가는 것이 좋다. 먼저 아주 소소한 외적 사실들을 모두 언급하고, 그 다음 그것들의 내적인 의미로 파고 들어가야 한다. 교육자가 질문을 통해 힌트를 줌으로써 어떻게 두 명의 정직한 소비에트 인물인 신초프와 크루치코프 사이에 갈등이 발생되었으며, 짧은 대화의 시간 동안 서로 적이 되었는지 이야기해 보도록 하자. 이때 사건 전개의 모든 과정을 명확하게 제시하고, 갈등의 원인을 이해하는 것이 중요하다.

한편 책상에 앉아 머릿속으로 무대적 사건의 모든 과정을 파악하려는 것으로 작업이 시작되는 경우가 종종 있다. 그러나 자신을 등장인물로 상상하는 것—이것은 아직 실제적으로 행동하는 것이 아니다. 따라서 책상에 앉아 구체적인 무대적 투쟁의 과정을 느껴보려 해서는 안 되며, 이성이나 상상을 통해 배우의 정신적, 신체적 본성의 모든 요소들을 동원하여 역할을 인식하면서 곧바로 행동으로 들어가는 것이 훨씬 성과가 있다. 상상만이 우리를 행동하도록 자극하는 것이 아니라, 행동 그 자체도 창조적 상상력을 일깨워주는 강력한 자극제이지 않은가!

행동을 시작하기 위해서는 행동으로 이끌어주는 상황 속에서 목표 설정을 하는 것이 필요하다. 배우는 등장인물과의 만남 이전에 그에게 무슨 일이 생겼는지 알지 못한 채 무대로 나갈 수는 없기 때문이다.

도대체 어떻게 하면 작가가 말하는 모든 것을 구현할 수 있을까? 이를 위해 배우는 스스로 유사한 어떤 것을 경험해 보는 것이 중요하다. 배우가 등장인물의 상황 속에 자신을 세워놓고, 만약 신초프의 상황에 처해서 뜻밖에도 전선 인접 지역에서 양동이를 든 병사를 만났다면, 시모노프 소설의 주인공이 아니라 바로 나라면 어떻게 행동했을까? 라는 질문에 진실되게 대답해 보도록 하자. 이러한 질문에 언어적 형식으로서가 아니라 행동으로써 대답할 줄 안다면, 이것은 역할을 터득하기 위한 첫 번째이자 아주 중요한 첫걸음을 내딛음을 의미한다.

그러나 스타니슬랍스키가 권장한 이러한 역할에 대한 접근 방법은 반대를 불러일으키는 경우가 있는데, 즉 배우의 내면적 기질 및 행동 논리는 등장인물의 감정 및 행동 논리와는 전적으로 일치하지 않는다는 것이다. 게다가 재능 있는 작가는 보통 배우보다 보다 더 흥미 있는 논리를 찾아내기 때문이다. 그러나 스타니슬랍스키의 무대 메소드의 근본적인 질문으로 돌아가서 이야기한다면, 배우가 텍스트의 보고자, 타인의 구상에 대한 삽화가의 역할로 한정될 수 있을까? 스타니슬랍스키의 표현에 의하면, 배우는 작가와 관객 사이의 단순한 매개자나 중개인이 아니라, 독자적인 무대 형상의 창조자이다. 이러한 경우에 배우는 불가피하게 작가의 창조적 과정을 반복해서 자신이 찾아낸 것과 작가가 이미 찾아놓은 것들을 비교해야만 하는 것이다.

만일 작가와 배우가 예술의 출발점을 삶으로부터, 인간 행동의 자연스러운 법칙으로부터 시작한다면, 반드시—중요하거나 결정적인 부분일지라도—그 사이에는 접촉 지점이 발생하게 된다. 역할에 대한 몰입이 더 한층 심화되고 제시된 상황을 보다 더 명확하게 고려하게 되는 시점에서, 이러한 개별적인 지점은 처음에는 짧지만 나중에는 보다 긴 삶의 단편으로 연결된다. 이것은 역할의 삶이나 역할의 상황 속에서의 배우의 삶이 될 뿐만 아니라 새롭고 살아 있는 형상이 될 것임에 틀림없다.

작품의 사상은 작가의 논리 속에서가 아니라 구체적인 충돌, 행동, 투쟁 속에서 드러날 때에만 비로소 예술적으로 확실한 것이 된다. 그러므로 주된 관심이 향해야 할 곳은 바로 올바른 행동의 악보를 만드는 것, 파트너들 간의 상호관계에 따른 절대적인 명확성에 대한 구현이며, 이때 한 사람의 행동은 다른 사람의 행동에 전적으로 종속된다.

따라서 각각의 참여자 모두 자발적으로 역할을 연기할 준비를 갖추어야만 한다. 시대적, 공간적 상황을 연구하고 자신의 행동과 생각의 논리와 일관성을 명확히 해야 하고, 형상적 '비제니에'의 영화필름을 만들어야 한다. 즉, 차후의 무대적 창조가 이루어질 수 있도록 땅을 깊게 파고 뿌리를 굳건히 내려야 하는 것이다. 배우는 자신이 무대에 왜 등장 했는지, 왜 그런 식으로 행동했는지, 파트너에게서 무엇을 끌어내려고 했는지 명확하게 알고 있어야 한다. 그러나 행동을 어떻게 실현시켜야할지, 어떤 것(억양, 제스처, 얼굴표정, 미장센, 리듬 등)들을 적용시켜야 할지는 파트너와의 살아 있는 상호관계의 과정이라는 배우의 연습 속에서 결정되어야만 한다.

창조의 결과를 고정시켜놓고 역할에 대한 작업을 시작하는 것은 위험하다. 이것은 파트너와의 살아 있는 교류 및 배우가 행동하고 있는 실제 상황을 직접적으로 받아들이는 데 방해가 될 수 있기 때문이다. 그래서 미숙한 배우는 자신의 상상 속에서 자기 자신이 어떻게 행동할지뿐만 아니라, 자신의 생각에 파트너 또한 어떻게 행동해야 하는지를 미리 결정하는 경향이 있다. 그 결과 파트너와 만났을 때, 상호 목표설정이라는 매우 중요하고 흥미로운 순간과 서로 서로를 알아가는 과정은 아예 완전히 생략되어버리는 것이다.

문학작품을 재료로 시행하는 에튜드는 그 속에 등장하는 인물들을 추출하여 학생들로 하여금 에튜드를 구성하는 작업이다. 이것은 작가가 제시한 상황과 인물을 이해하는 과정이 첫 번째이며, 이후에 학생들의 상상을 동원해 에튜드를 시연하도록 한다. 그러므로 문학작품 에튜드는 〈자신에 대한 배우의 작업〉을 근간으로 〈역할에 대한 배우의 작업〉으로의 예비단계라고 할 수 있다.

6

공개 발표

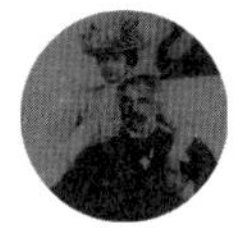

2학년의 총결산에 있어서 학생들이 작가에 의해 제시된 상황에서 진실되고 유기적으로 행동할 수 있는 능력과, 주어진 언어를 자신의 말인 것처럼 말할 수 있는 능력을 어느 정도 소유하고 있는지 규정하는 것은 중요하다. 공개 발표는 문학작품에 따른 에튜드(각색된 단편, 단편이나 장편소설에서의 부분단편, 장막극이나 단막극의 부분장면)에서 학생들의 작업결과를 보여준다.

배우의 인물형상으로서의 완전한 변신은 아직 2학년의 프로그램적 요구사항이 아니다. 이것은 학생들이 기술적으로 충분히 준비되지 않았기 때문이 아니라 역할에 대한 작업 메소드를 가지고 있지 않기 때문이다. 무대적 인물형상의 형성과 발전은 희곡의 전 작품에 걸쳐 발생하는 것이며 인물의 삶은 수많은 상황에 종속된다. 부분장면에서 인물의 행동 논리를 재현하는 것과 공연에서 인물형상을 형성하는 것은 다르다. 그러므로 우리는 부분단편의 실행을 공연의 한 부분으로 생각하지 않고 문학작품에 따른 에튜드로 간주한다. 이것에 의거하여 공개 발표의 요구사항도 결정된다.

1학년과 2학년 과정에서 배운 배우의 테크닉에 대한 모든 요소들은 문학 작품에 따른 에튜드에서 총결산되어야 한다. 학생들은 반드시 상호관계의 유기적인 과정을 준수하고, 어제의 연기를 반복하지 않고 오늘의 것으로 행동해야 하며, 무대에서 사유하는 척 해서는 안 되고, 일체의 대충적인 것을 허용하지 말고 행동의 오선보표를 정확히 실행해야 한다.

특별한 주의를 기울여야 하는 것은 언어적 상호관계의 테크닉이 학생들에 의해 어떻게 터득되는가 하는 것이며, 그리하여 그것을 평가하는 것이다.

① 상대배우와의 대화에서 듣고 이해할 수 있는가?
② 말로써 상대배우에게 영향을 미칠 수 있는가?
③ 언어적인 행동을 신체적인 행동과 유기적으로 결합시킬 수 있는가?
④ 인물형상을 위한 선명한 '비제니에'를 만들 수 있는가?
⑤ 역할의 속대사를 전달할 수 있는가?
⑥ 무대에서 정확한 소리와 명확한 발음을 가지고 있는가?
⑦ 신체훈련의 수업이 에튜드에 어떻게 반영되고 있는가?
⑧ 행동의 템포와 리듬, 그룹나누기와 미장센 구성의 방법, 특성의 요소 (연령, 직업, 사회적 지위 등) 등을 가지고 있는가?

에튜드는 무대적 메소드의 기본을 배우는 것과 관련 있다. 학생들은 무대적 사건을 결정하고, 투쟁의 논리를 세울 줄 알아야 하고, 표현되어지는 인물의 행동을 1인칭에서 실행하고, 작가의 텍스트를 이해하여 실행되어지는 부분장면 속에서 초목표를 가지고 이끌고 갈 수 있어야 한다.
이 작업의 결과에 따라 프로그램의 새로운 단계, 즉 〈역할에 대한 배우의
작업〉으로 넘어갈 수 있다.

박상하 밀양에서 태어나 부산대학교 영어영문학과에서 학·석사를, 러시아 모스크바 〈슈킨대학교〉에서 실기 석사(M.F.A.)를, 〈기티스〉(러시아 연극예술 아카데미)에서 예술학 박사학위를 받았다. 국립극단, 서울시립극단, 명동예술극장, 연희단거리패 등에서 〈스타니슬랍스키 연기워크숍〉을 지도했다.
〈북어대가리〉, 〈결혼피로연〉, 〈생일파티〉, 〈담장 위의 고양이〉, 〈바냐삼촌〉, 〈우리마을 (음악극)〉, 〈열여덟 번째 낙타〉, 〈예쁘고 외로운 여자와 밤을!〉, 〈사다리〉 등을 연출했으며, 한국연극대학교수협의회 이사를 역임했다.
현재, 극단 〈어우름〉, 〈유리가면〉, 〈시나위〉에서 상임연출을 맡고 있으며, 한국문화예술교육진흥원 중앙위원, 한국예술종합학교 연극원 연기과 교수로 재직하고 있다.
저서로는 『연기교육자, 연출가 박탄고프』, 역서로는 『러시아 현대희곡-사랑』, 『러시아 현대희곡-그와 그녀』, 번역물로는 「차고 넘치는 시간」 등이 있다.

윤현숙 부산에서 태어나 부산대학교 영어영문학과 학·석사를 졸업하고 〈러시아 모스크바 국립대학교(엠게우)〉 러시아문학과 석사(M.A.)를 졸업했으며, 현재 한국외국어대학교 통·번역대학원에 다니고 있다. (주)코리엔트, 러시아 엔지니어 리쿠리팅 팀장, (주)KS리소스, 통·번역 팀장, (주)새로모, 해외개척단 러시아/그루지아 통역팀장 등을 역임했으며, 러시아 나호트카 부시장 통역, 서울국제영화제 러시아영화(〈플레이 그라운드〉, 〈패어런츠 데이〉, 〈우연한 왈츠〉) 자막 감수, 한국예술종합학교 초빙교수 나탈리야 카발료바 화술수업 통역 등을 했다.
번역서로는 『호흡 및 선천적 발성의 발전』, 『첫사랑』, 『러시아 현대희곡-사랑』, 『러시아 현대희곡-그와 그녀』 등이 있다.

스타니슬랍스키 배우교육 I

초판 4쇄 발행일 2021년 12월 21일

지은이 G. 크리스티
옮긴이 박상하·윤현숙
발행인 이성모
발행처 도서출판 동인
주 소 서울시 종로구 명륜2가 237 아남주상복합아파트 118호
등 록 제1-1599호
TEL (02) 765-7145 / FAX: (02) 765-7165
E-mail dongin60@chol.com
ISBN 978-89-5506-499-5
정가 16,000원

※ 잘못 만들어진 책은 바꿔 드립니다.